A POLÍTICA EXTERNA
NORTE-AMERICANA
E SEUS TEÓRICOS

Perry Anderson

A POLÍTICA EXTERNA NORTE-AMERICANA E SEUS TEÓRICOS

Tradução
Georges Kormikiaris

Copyright © Perry Anderson, 2015
Copyright desta edição © Boitempo Editorial, 2015
Traduzido do original em inglês *American Foreign Policy and its Thinkers* (Nova York, Verso, 2015).

Direção editorial
Ivana Jinkings

Edição
Bibiana Leme

Coordenação de produção
Livia Campos

Assistência editorial
Thaisa Burani

Tradução
Georges Kormikiaris

Preparação
Luciana Lima

Revisão
Mariana Tavares

Capa
Studio DelRey
sobre cartaz de James Montgomery Flagg, de 1917

Diagramação
Crayon Editorial

Equipe de apoio: Ana Yumi Kajiki, Artur Renzo, Elaine Ramos, Fernanda Fantinel, Francisco dos Santos, Isabella Marcatti, Kim Doria, Marlene Baptista, Maurício Barbosa, Nanda Coelho e Renato Soares

CIP-BRASIL. CATALOGAÇÃO-NA-FONTE
SINDICATO NACIONAL DOS EDITORES DE LIVROS, RJ

A561p

Anderson, Perry, 1938-
 A política externa norte-americana e seus teóricos / Perry Anderson ; tradução Georges Kormikiaris. - 1. ed. - São Paulo : Boitempo, 2015.

 Tradução de: American foreign policy and its thinkers
 ISBN 978-85-7559-424-7

 1. Relações internacionais 2. Política internacional 3. Estados Unidos - Relações exteriores. I. Título.

15-19002   CDD: 327
                                                              CDU: 327

É vedada a reprodução de qualquer
parte deste livro sem a expressa autorização da editora.

1ª edição: fevereiro de 2015;
1ª reimpressão: outubro de 2020

BOITEMPO
Jinkings Editores Associados Ltda.
Rua Pereira Leite, 373
05442-000 São Paulo SP
Tel.: (11) 3875-7250 / 3875-7285
editor@boitempoeditorial.com.br | www.boitempoeditorial.com.br
www.blogdaboitempo.com.br | www.facebook.com/boitempo
www.twitter.com/editoraboitempo | www.youtube.com/tvboitempo

Sumário

Prefácio 7

I. Império 9
    1. Pródromos 13
    2. Cristalização 21
    3. Segurança 33
    4. Bases 51
    5. Perímetros 67
    6. Recalibração 85
    7. Liberalismo militante 103
    8. O incumbente 119

II. Conselho 137
    9. Tradições nativas 141
    10. Cruzados 147
    11. Ideais realistas 165
    12. A economia em primeiro lugar 187
    13. Fora do castelo 195

Apêndice 201
Posfácio 215
Índice onomástico 221

Agradecimentos

Agradeço especialmente ao Instituto de Estudos Avançados, em Nantes, em cujo ambiente ideal foi realizada a maior parte da pesquisa e da redação deste livro; a Anders Stephanson, por seus comentários críticos; e a Susan Watkins, editora da *New Left Review* – onde o texto foi inicialmente publicado, em outubro de 2013 –, cujas injunções foram essenciais para sua conclusão.

Prefácio

As duas partes que compõem este livro, "Império" e "Conselho", oferecem um balanço do sistema imperial norte-americano que se espalha por todo o mundo nos dias de hoje. Como esse tema atraiu uma extensa literatura, composta essencialmente de história diplomática e estratégia geopolítica, é razoável perguntar que contribuição específica tais ensaios procuram dar. O âmbito de "Império" se afasta dessa literatura anterior de três modos: temporal, espacial e político. O primeiro é uma questão do período cronológico abarcado. Há um extenso corpo de pesquisas, em sua maioria de grande qualidade, sobre a política externa norte-americana. Mas ele, caracteristicamente, se divide em corpos bastante distintos de escrita histórica – em especial, estudos acerca de sua expansão territorial e no exterior, no século XIX; análises da conduta dos EUA na luta contra a URSS durante a Guerra Fria; e discussões a respeito da projeção do poder dos Estados Unidos desde a última década do século XX. O que se pretende aqui, em comparação, é uma interpretação associada da dinâmica da estratégia e diplomacia norte-americanas em um único arco que vai da guerra contra o México à guerra contra o Terror. A segunda diferença é uma questão de atenção geográfica. A cobertura do exercício do poder imperial dos EUA tende a se concentrar ou em suas operações naquele que um dia foi o Terceiro Mundo de antigas terras coloniais ou em sua batalha com o que outrora foi o Segundo Mundo dos Estados comunistas. No geral, tem havido menor preocupação com os objetivos perseguidos por Washington no Primeiro Mundo do próprio capitalismo avançado. Aqui, é feito um esforço para manter em foco, ao mesmo tempo, as três frentes de expansão dos EUA.

Por fim, há uma diferença política. Grande parte da literatura sobre o poder imperial norte-americano é crítica, muitas vezes – embora, como observarei, de modo algum invariavelmente – escrita de pontos de vista que podem ser considerados, em geral, como de esquerda, distintos das celebrações tradicionais do papel dos Estados Unidos no mundo que tendem a vir do centro ou da direita do espectro ideológico. Uma característica comum dessa escrita à esquerda é não apenas a crítica da hegemonia global dos Estados Unidos, mas a confiança de que ela está em declínio acentuado, quando não em crise terminal. Uma oposição radical ao império norte-americano, no entanto, não exige garantias de seu recuo ou colapso iminentes. A mudança do equilíbrio de forças em cujo centro a sua hegemonia continua a se manter tem de ser reconhecida de forma objetiva, sem pensamentos ilusórios. Quão longe grande parte da própria elite norte-americana está de tal balanço sóbrio é o assunto da segunda parte deste livro, "Conselho", que foca o pensamento atual de seus estrategistas. Esse pensamento forma um sistema de discurso sobre o qual relativamente pouco tem sido escrito. Seu levantamento aqui oferece um primeiro balanço sinóptico. A esse levantamento adicionei, em um apêndice, uma consideração anterior a respeito de uma das mais conhecidas de todas as suas mentes contemporâneas.

Devo a composição destes ensaios a um ano no Instituto de Estudos Avançados, em Nantes, tendo terminado o último deles em outubro de 2013; foram publicados pela primeira vez na *New Left Review* (*NLR*), no mês subsequente. No tempo decorrido desde então, o cenário internacional foi dominado por uma série de acontecimentos, no Oriente Médio estendido, na antiga União Soviética e no Extremo Oriente, que renovou o debate sobre a condição do poder norte-americano. Um breve posfácio considera esses acontecimentos e seus desfechos, ainda em curso.

Perry Anderson
Outubro de 2014

I
Império

Desde a Segunda Guerra Mundial, o ordenamento externo do poder norte-americano tem sido, em grande medida, mantido à parte do sistema político interno. Se a competição partidária na arena interna tem dependido de blocos eleitorais rivais, combinando uma significativa fluidez de contornos com crescente nitidez no que tange aos conflitos, na arena global tais diferenças são muito menos visíveis. Uma perspectiva comum e a continuidade dos objetivos separam a administração do império do governo da terra natal[1]. Até certo ponto, o *contraste* entre os dois é uma função da distância geral entre o horizonte das chancelarias ou corporações e o dos cidadãos em todas as democracias capitalistas – o que acontece fora do país tem consequências muito maiores para banqueiros e diplomatas, funcionários do governo e industriais do que para os eleitores, o que resulta, proporcionalmente, em efeitos mais focados e coerentes.

No caso norte-americano, isso decorre também de outras duas particularidades locais: o provincianismo de um eleitorado com conhecimentos mínimos do mundo externo e um sistema político que – em contradição aguda com o projeto dos pais fundadores – tem cada vez mais dado um poder virtualmente irrestrito ao Executivo na condução dos assuntos externos, liberando presidências, frequentemente frustradas em suas metas domésticas por legislaturas turbulentas, a agir sem pressões transversais similares no exterior. Na esfera criada

---

[1] Sobre o primeiro tema, ver Perry Anderson, "Homeland", *New Left Review*, n. 81, maio-jun. 2013. Em disputas presidenciais, a retórica das campanhas ataca, rotineiramente, o governo da situação por fraqueza ou má administração da política externa. Os vitoriosos continuarão a agir, então, da mesma forma que os antigos vencedores.

por essas condições objetivas de formação diplomática, desenvolveu-se em torno da presidência, a partir da metade do século, uma pequena elite responsável pela política externa e um vocabulário ideológico característico sem correspondente na política interna: concepções acerca da "grande estratégia" a ser seguida pelo Estado norte-americano em suas tratativas com o mundo[2]. Os parâmetros destas foram traçados à medida que a vitória na Segunda Guerra Mundial surgia no horizonte e, com isso, a expectativa de um poder planetário.

---

[2] Sobre a composição geral dos formuladores da política externa, ver o melhor estudo sucinto no âmbito da política externa dos EUA no século XX: Thomas J. McCormick, *America's Half-Century* (2. ed., Baltimore, Johns Hopkins University Press, 1995), p. 13-5; composto de ⅓ de burocratas de carreira, ⅔ de – em geral, mais influentes – funcionários que "entram-e-saem", sendo 40% deles recrutados em bancos de investimentos e corporações, 40% em escritórios de advocacia e a maior parte dos restantes em departamentos de ciência política.

1
Pródromos

O império dos EUA que passou a existir depois de 1945 teve uma longa pré-história. Na América do Norte, de forma singular, as coordenadas originárias do império foram coetâneas da nação. Elas se assentavam na combinação de uma economia de colonização livre de quaisquer resíduos ou impedimentos feudais do Velho Mundo e um território continental protegido por dois oceanos, produzindo a forma mais pura de capitalismo nascente, no maior Estado-nação de toda a Terra. Tal característica se manteve como a duradoura matriz material da ascensão do país no século posterior à Independência. Aos privilégios objetivos de uma economia e geografia sem paralelos foram acrescentados dois potentes legados subjetivos, um de cultura, outro de política: a ideia (oriunda da colonização puritana inicial) de uma nação que gozava de privilégio divino, imbuída de uma vocação sagrada; e a crença (oriunda da Guerra da Independência) de que uma república dotada de uma constituição de liberdade eterna havia surgido no Novo Mundo. A partir desses quatro ingredientes se desenvolveu, muito cedo, o repertório ideológico de um nacionalismo norte-americano que propiciava uma passagem suave e contínua a um imperialismo norte-americano, caracterizado por uma *complexio oppositorum** de excepcionalismo e universalismo. Os Estados Unidos foram um caso único entre as nações e, simultaneamente, uma estrela-guia para o mundo: são uma organização historicamente sem precedentes ao mesmo tempo que servem de exemplo convincente às outras.

Essas eram as convicções dos fundadores. O esplendor da nação seria, em primeiro lugar, territorial, dentro do hemisfério ocidental. Como Jefferson disse a Monroe, em 1801:

---
* União de opostos. Em latim no original. (N. T.)

> Por mais que nossos interesses presentes possam nos restringir aos nossos limites, é impossível não olhar para a frente, para tempos longínquos, em que nossa multiplicação os expandirá além desses limites, cobrirá todo o continente Norte, e talvez o continente Sul, com pessoas falando a mesma língua, governadas de forma similar e por meio de leis semelhantes.

Finalmente, no entanto, esse esplendor seria mais do que territorial: ele seria moral e político. Nas palavras de John Adams a Jefferson, em 1813: "Nossa república federativa pura, virtuosa e dotada de espírito público perdurará para sempre, governará o globo e introduzirá a perfeição do homem"[3]. Por volta da metade do século, os dois registros se fundiram no famoso slogan de um sócio de Jackson: "o direito a nosso destino manifesto de cobrir e possuir o continente por inteiro, direito que a Providência nos deu para o grande experimento da liberdade e do autogoverno federado". Pois uma terra "vigorosa e recém-saída das mãos de Deus" tinha uma "missão abençoada para com as nações do mundo". Quem poderia duvidar de que "o futuro ilimitado e de grande alcance será o de uma era de grandeza norte-americana"[4]? A anexação de metade da superfície do México aconteceu logo na sequência.

Quando os limites atuais dos Estados Unidos foram amplamente alcançados, o mesmo sentido de futuro tomou forma mais comercial do que territorial, mirando o Oeste em vez de o Sul. O secretário de Estado de Lincoln exortou seus compatriotas:

> Vocês já são a grande potência continental da América. Mas será que isso os contenta? Eu acredito que não. Vocês querem o comércio do mundo. Isso é algo que deve ser buscado no Pacífico. A nação que extrai o máximo da terra e fabrica mais, e mais vende a nações estrangeiras, deve ser e será a grande potência da Terra.[5]

---

[3] Ver o perspicaz estudo de Robert Kagan, *Dangerous Nation: America and the World – 1600-1900* (Londres, Atlantic, 2006), p. 80, 156; para uma avaliação, ver "Conselho", p. 137-40 deste volume.

[4] John O'Sullivan, responsável por cunhar o slogan e autor dessas declarações, servia de ideólogo para Andrew Jackson e Martin van Buren; ver Anders Stephanson, *Manifest Destiny: American Expansionism and the Empire of Right* (Nova York, Hill & Wang, 1995), p. 39-42, estudo sem igual nesse terreno.

[5] Seward não se descuidou da expansão territorial, adquirindo o Alasca e as Ilhas Midway e pressionando para obter o Havaí, mas a considerava um meio, e não um fim, para o acúmulo e a construção do poder norte-americano.

O que o Destino Manifesto e a conquista do México foram em terra, o navio do comodoro Perry e o princípio *Open Door** poderiam ser nos mares – o horizonte de uma primazia norte-americana marítima e mercantil no Oriente, levando o livre-comércio e o cristianismo às suas margens. Com a eclosão da Guerra Hispano-Americana, o conflito interimperialista clássico trouxe como resultado as colônias do Pacífico e do Caribe e sua entrada de pleno direito nas fileiras das grandes potências. Sob o primeiro Roosevelt, o Panamá foi arrancado da Colômbia e transformado em uma dependência dos Estados Unidos para ligar os dois mares, e raça – reprodução e solidariedade anglo-saxãs – foi adicionada a religião, democracia e comércio na retórica da vocação da nação.

Isso nunca foi incontestável. Em cada um desses estágios, vozes norte-americanas eloquentes denunciaram a megalomania do Destino Manifesto, a pilhagem do México, a tomada do Havaí, o massacre nas Filipinas, atacando todo tipo de racismo e imperialismo como uma traição ao patrimônio hereditário anticolonial da República. A rejeição a aventuras estrangeiras – anexações ou intervenções – não era uma ruptura com os valores nacionais, mas sempre uma possível versão destes. Desde o início, a excepcionalidade e o universalismo formaram um composto potencialmente instável. A convicção no primeiro elemento permitiu a crença de que os Estados Unidos poderiam preservar suas virtudes únicas apenas se permanecessem como uma sociedade à parte de um mundo degradado. O compromisso com o segundo elemento autorizou um ativismo messiânico por parte dos Estados Unidos para resgatar esse mundo. A opinião pública poderia abruptamente alternar mais de uma vez entre esses dois polos – "separação" e "intervenção regenerativa", como Anders Stephanson os descreveu[6].

Assim que os EUA entraram no novo século, no entanto, essas mudanças de humor passaram a ser menos importantes do que o puro crescimento econômico e demográfico do país. Em 1910, o capitalismo norte-americano já se encontrava em um nível único, com uma magnitude industrial maior do que a da Alemanha e a da Grã-Bretanha juntas. Em uma época permeada por crenças sociais-darwinistas na

---

* Literalmente, "Porta Aberta". Princípio de política externa norte-americana inaugurado em 1899 com os Memorandos da Política de Portas Abertas, comunicado diplomático que solicitava a não interferência de qualquer nação estrangeira em acordos portuários já estabelecidos e propunha que a China pudesse negociar em igualdade de condições com qualquer nação do mundo. O objetivo dos EUA era um só: conquistar o mercado chinês. (N. T.)

6 Anders Stephanson, *Manifest Destiny*, cit., p. 12-3; um dos pontos fortes desse estudo, que reúne um conjunto dos pronunciamentos mais extravagantes do chauvinismo norte--americano, é também fornecer o (muitas vezes fervoroso) contraponto de seus adversários.

sobrevivência dos mais aptos, tais índices de produção só poderiam significar, para os ambiciosos contemporâneos de então, a vinda de um poder proporcional àqueles números. Quando a Guerra Civil alcançou a cifra de meio milhão de seus compatriotas mortos em combate, Walt Whitman exultou que "temos, sem dúvida, nos Estados Unidos a maior potência militar do mundo"[7]. No entanto, após a Reconstrução*, a força do Exército em tempos de paz se manteve modesta em relação aos padrões internacionais. A Marinha – isto é, os fuzileiros navais despachados para intervenções regulares no Caribe e na América Central – teve mais futuro. Sintomaticamente, a entrada dos Estados Unidos na arena intelectual da *Weltpolitik* ocorreu na esteira do impacto do livro de Alfred Mahan, *The Influence of Sea Power upon History* [A influência do poder naval na história], estudado com atenção em Berlim, Londres, Paris e Tóquio, e usado como pedra de toque para os dois Roosevelts ao afirmarem que "tudo que se move sobre a água" – em oposição à terra – possui "a prerrogativa da defesa ofensiva"[8]. Uma década depois, Brooks Adams estabeleceu a lógica global da preeminência industrial norte-americana em *America's Economic Supremacy* [A supremacia econômica dos Estados Unidos]. Em 1900, escreveu:

> Pela primeira vez na experiência humana, uma única nação, este ano, lidera a produção de metais preciosos, cobre, ferro e carvão; e, neste ano também, pela primeira vez, o mundo tem feito seus negócios bancários na direção Oeste, e não Leste, do Atlântico.

Na luta pela vida entre as nações, o império era "o prêmio mais deslumbrante pelo qual qualquer povo pode lutar". Desde que o Estado norte-americano adquirisse a forma de organização necessária, os EUA poderiam, no futuro, superar a riqueza e o poder imperial de Inglaterra e Roma[9]. Mas quando a guerra eclodiu, em

---

[7] Victor G. Kiernan, *America, the New Imperialism: from White Settlement to World Hegemony* (Londres, Zed Books, 1978), p. 57, que oferece um relato vívido das fantasias imperiais nas "décadas médias" do século XIX.

* Período (1865-1877) que se seguiu à Guerra Civil norte-americana e durante o qual leis de cunho social foram introduzidas. (N. T.)

[8] Capitão A. T. Mahan, *The Influence of Sea Power upon History: 1660-1783* (Londres, Courier Dover, 1890), p. 87. Um comentarista prolífico de assuntos internacionais, assessor do secretário de Estado John Hay nos Memorandos da Política de Portas Abertas e íntimo do primeiro Roosevelt, Mahan foi um defensor vigoroso de um espírito marcial e de um poder naval robusto: a paz era apenas a "divindade tutelar do mercado de ações".

[9] "Dentro de duas gerações", Adams dizia a seus leitores, os "grandes interesses" dos Estados Unidos "cobrirão o Pacífico, o qual eles controlarão como um mar interior", e, presidindo sobre "o desenvolvimento da Ásia Oriental, irão reduzi-la a uma parte do nosso sistema". Para isso, "os Estados

1914, ainda havia uma grande diferença entre essas premonições e qualquer consenso acerca de os EUA deverem ou não se envolver nas disputas da Europa.

II

Com a chegada de Woodrow Wilson à Casa Branca, no entanto, uma reviravolta convulsiva na trajetória da política externa norte-americana estava prestes a acontecer. Como nenhum outro presidente antes ou depois dele, Wilson deu voz, em tom messiânico, a cada acorde de presunção no repertório imperial. A religião, o capitalismo, a democracia, a paz e o poder dos Estados Unidos eram um só. "Ergam seus olhos para o horizonte dos negócios", disse ele a vendedores norte-americanos,

> e, com a inspiração do pensamento de que vocês são norte-americanos e estão destinados a levar a liberdade, a justiça e os princípios da humanidade aonde quer que vão, saiam e vendam bens que tornarão o mundo mais confortável e feliz, e convertam essas pessoas aos princípios da América.[10]

Em um discurso de campanha de 1912, ele declarou:

> Se eu não acreditasse na Providência, me sentiria como um homem que caminha com os olhos vendados por um mundo sem sentido. Eu acredito na Providência. Eu acredito que Deus presidiu a criação desta nação. Eu acredito que ele plantou nos EUA as visões da liberdade.

Além disso, um "destino divino" aguardava os EUA: "Somos escolhidos, e escolhidos de forma proeminente, para mostrar às nações do mundo como elas deverão andar nos caminhos da liberdade"[11]. A rota podia ser árdua, mas os objetivos eram claros.

Unidos devem se expandir e se concentrar até que o limite do possível seja alcançado; pois governos são simplesmente grandes corporações em competição, na qual o mais econômico, em relação a sua energia, sobrevive, e os esbanjadores e lentos são desvalorizados e eliminados". Tendo em conta que "essas grandes lutas às vezes envolvem um apelo à força, a segurança está em se armar e organizar contra todas as emergências"; *America's Economic Supremacy* (Nova York, Macmillan, 1900), p. 50--1, 85, 194, 222. Adams e Mahan eram amigos no círculo da Casa Branca de Theodore Roosevelt.

[10] Discurso ao World's Salesmanship Congress [Congresso Mundial de Vendedores], em Detroit, em 10 de julho de 1916. *The Papers of Woodrow Wilson* (Princeton, Princeton University Press, 1981), v. 37, p. 387.

[11] Discurso de campanha em Jersey City, em 26 de maio de 1912. *Papers of Woodrow Wilson* (Princeton, Princeton University Press, 1977), v. 24, p. 443.

Subindo lentamente a tediosa escalada que leva às terras altas finais, alcançaremos nossa visão suprema dos deveres da humanidade. Enfrentamos uma parte considerável dessa escalada e, logo, em uma ou duas gerações, chegaremos a essas grandes alturas onde a luz da justiça de Deus brilha desobstruída.[12]

Após enviar tropas norte-americanas a mais países do Caribe e da América Central do que qualquer de seus antecessores – México, Cuba, Haiti, República Dominicana, Nicarágua –, em 1917, Wilson mergulhou o país na Primeira Guerra Mundial, um conflito no qual os Estados Unidos tinham "o privilégio infinito de cumprir seu destino e salvar o mundo"[13].

Se a entrada dos EUA na guerra tornou a vitória da Entente uma conclusão previamente determinada, impor uma paz norte-americana provou ser algo mais difícil. Os Catorze Pontos* de Wilson, uma tentativa apressada de contraposição à denúncia de Lenin sobre os tratados secretos e o domínio imperialista, distinguiam-se principalmente por seu apelo por uma Porta Aberta global – "a remoção, tanto quanto possível, de todas as barreiras econômicas" – e o "ajuste imparcial", não a abolição, de "todas as reivindicações coloniais". Ao contrário da lenda, a autodeterminação não aparece em nenhum lugar dessa enumeração. Os boletins de libertação democrática de Wilson foram tratados com desdém por seus parceiros em Versalhes. Em casa, a Liga que ele propôs para evitar conflitos futuros não se saiu melhor. "O palco está montado, e o destino, revelado", anunciou, apresentando seus arranjos para a paz perpétua em 1919: "a mão de Deus levou os EUA a esse caminho"[14]. O Senado não se comoveu. Os EUA puderam prescindir das ambições de Wilson.

---

[12] Discurso ao Southern Commercial Congress [Congresso Comercial do Sul], em Mobile, em 27 de outubro de 1913. *Papers of Woodrow Wilson*, (Princeton, Princeton University Press, 1978), v. 28, p. 52.

[13] Discurso no Teatro Princess, em Cheyenne, em 24 de setembro de 1919. *Papers of Woodrow Wilson*, (Princeton, Princeton University Press, 1990), v. 63, p. 469.

* Referência ao discurso de Woodrow Wilson que declarava que a Primeira Guerra Mundial ocorria por razões morais. A fala de Wilson, de 8 de janeiro de 1918, clamava por tratados de livre-comércio e democracia em meio a catorze itens de uma lista de políticas propostas pelos norte-americanos e buscava a intervenção dos EUA no processo de paz que deveria ocorrer na Europa com o fim da guerra. (N. T.)

[14] *Papers of Woodrow Wilson*, (Princeton, Princeton University Press, 1981), v. 61, p. 436. Depois de estimular a histeria contra qualquer pessoa de origem alemã durante a guerra, Wilson não teve pudores em declarar que "as únicas forças organizadas neste país" contra o Tratado de Versalhes que ele havia apresentado ao Senado eram "as forças dos norte-americanos hifenizados" [referência aos norte-americanos de origem germânica, *German-Americans* em inglês] – "o hífen é a faca que está sendo enfiada no documento" (*sic*). *Papers of Woodrow Wilson*, v. 63, cit., p. 469, 493.

O país não estava preparado para um prolongamento indefinido da intervenção regenerativa nos assuntos do mundo em geral. Sob os próximos três presidentes, os Estados Unidos se concentraram na recuperação dos seus empréstimos à Europa, limitando suas outras operações fora do hemisfério a tentativas ineficazes de levar a Alemanha a se recompor e de restringir a expansão exagerada do Japão em direção à China. Para muitos, a virada para o polo da separação – no vocabulário de seus adversários, o "isolacionismo" – parecia longe de estar completa.

A verdade era que a entrada dos Estados Unidos na Primeira Guerra Mundial não havia respondido a nenhum interesse nacional determinável. Decisão gratuita de seu presidente, executada com vasta perseguição étnica e repressão política doméstica, foi produto de um enorme excesso de poder dos EUA sobre quaisquer objetivos materiais por ela alcançáveis. A retórica do expansionismo norte-americano havia previsivelmente projetado mercados no exterior como se fossem uma fronteira externa, com a alegação de que, agora, os produtos e os investimentos norte-americanos exigiam estabelecimentos fora do país que somente uma política do tipo Portas Abertas poderia garantir. No entanto, a economia estadunidense, com seus recursos naturais abundantes e seu grande mercado interno, continuou a ser, em grande medida, autárquica. O comércio exterior respondia por menos de 10% do PIB até a Primeira Guerra Mundial, quando a maior parte das exportações dos EUA ainda era composta pela venda de matérias-primas e alimentos processados. Também não havia, claro, qualquer "porta aberta" para o próprio mercado norte-americano, tradicionalmente protegido por tarifas elevadas, com pouca atenção aos princípios do livre-comércio. A ameaça remota de ataque ou invasão por parte da Europa era ainda menos presente no país. Foi essa disjunção entre ideologia e realidade que levou o globalismo milenar de Wilson a um fim abrupto. Os Estados Unidos poderiam se dar ao luxo de ditar o resultado militar da guerra na Europa. No entanto, se o custo da sua intervenção era pequeno, o ganho foi nulo. Nem no nível popular, nem no nível da elite sentiu-se qualquer necessidade premente pela execução de projetos institucionais. Os EUA poderiam cuidar de si mesmos, sem se preocupar indevidamente com a Europa. Sob a bandeira de um retorno à normalidade, em 1920, Harding enterrou seu oponente democrata na maior vitória eleitoral dos tempos modernos.

Em uma década, porém, a chegada da Grande Depressão foi um sinal de que a pré-história do império norte-americano se aproximava do fim. Se a quebra inicial de Wall Street, em 1929, foi o estouro de uma bolha de crédito endógena, o fósforo das falências bancárias que queimou a economia dos EUA na direção de uma queda brusca real foi aceso pelo colapso do Creditanstalt na Áustria, em

1931, e por seus efeitos cumulativos em toda a Europa. A crise deixou claro que, por mais que as fábricas norte-americanas – as fazendas em menor escala – estivessem relativamente isoladas do comércio mundial, os depósitos dos EUA não estavam isolados dos mercados financeiros internacionais, em um sinal de que, com o fim do papel de Londres como eixo do sistema e, na ausência de outro candidato, e com o fracasso de Nova York em assumir o papel de sua sucessora, a ordem do capital como um todo estava em risco, na ausência de um centro de estabilização. As preocupações imediatas do primeiro mandato de Roosevelt se assentavam em medidas internas para superar a crise, o que levou ao abandono sem cerimônia do padrão-ouro e à rejeição brusca de qualquer tentativa internacional coordenada para administrar taxas de câmbio. Mas, comparado a padrões anteriores, o New Deal não foi protecionista. O Ato Tarifário Smoot-Hawley foi desmantelado, as tarifas baixaram de forma seletiva e um defensor fervoroso do livre-comércio – de acordo com especificações norte-americanas – foi encarregado da política externa: Cordell Hull, o "Cobden do Tennessee"*, se tornaria o secretário de Estado a permanecer o maior tempo no cargo na história dos EUA.

No fim do segundo mandato de Roosevelt, à medida que a guerra assolava a Ásia Oriental e ameaçava a Europa, o rearmamento começou a compensar as fraquezas (colocadas em destaque por conta da recessão, em 1937) da recuperação nacional, dando ao New Deal um segundo fôlego. As fortunas internas da economia e as posições externas do Estado norte-americano foram doravante unidas como nunca o haviam sido. Mas, embora a Casa Branca estivesse cada vez mais alerta aos desdobramentos no exterior e a prontidão militar tivesse se intensificado, a opinião pública se manteve avessa a qualquer perspectiva de uma repetição de 1917-1920 e, no âmbito do governo, havia pouca ou nenhuma concepção de qual poderia ser o papel dos EUA ou quais seriam as prioridades norte-americanas caso uma dessas se tornasse real. Roosevelt se assustava cada vez mais com a beligerância alemã e, em menor medida, com a japonesa. Hull estava preocupado, sobretudo, com o recuo das economias nacionais sob a proteção de barreiras tarifárias e a construção de blocos comerciais. No Ministério da Guerra, Woodring não cogitou qualquer envolvimento em uma nova rodada de conflitos entre as grandes potências. Além dos conflitantes temores negativos, ainda não se sabia muito bem qual era o lugar do poder norte-americano no mundo por vir.

---

* Referência a Richard Cobden (1804-1865), político inglês famoso por suas campanhas em favor do livre-comércio. Publicou alguns livretos onde defendia princípios liberais, como a não intervenção do Estado em assuntos econômicos, e criticava políticas externas baseadas no uso de grandes forças militares para manter o chamado "equilíbrio de poder" entre as nações. (N. T.)

2
Cristalização

O vácuo de reflexões de maior alcance em Washington seria sublinhado pela aparição de uma obra notável composta antes de Pearl Harbor, mas publicada pouco depois: *America's Strategy in World Politics* [A estratégia dos Estados Unidos na política mundial], cujo autor, Nicholas Spykman – um holandês versado em Egito e Java, então ocupante de uma cadeira na Universidade de Yale –, morreu um ano depois do lançamento do livro[15]. No que talvez se mantenha como o exercício mais marcante de literatura geopolítica entre todos os já realizados, Spykman definiu uma grade conceitual básica para o entendi-

---

[15] Spykman teve uma carreira notável, mas os primeiros anos não despertaram curiosidade em seu país de adoção e os posteriores foram ignorados em seu país natal, onde ele aparentemente ainda é, em grande escala, pouco conhecido. Educado em Delft, Spykman foi para o Oriente Médio em 1913, aos vinte anos, e para a Batavia em 1916, como jornalista e – pelo menos em Java, e talvez também no Egito – agente secreto do governo holandês, encarregado da gestão de opiniões, conforme referenciado em Kees van Dijk, *The Netherlands Indies and the Great War 1914-1918* (Leiden, KITLV, 2007), p. 229, 252, 477. Enquanto esteve em Java, publicou um livro bilíngue – escrito em malaio e holandês – intitulado *Hindia Zelfbestuur* [Autogoverno para as Índias] (Batavia, G. Kolff & Co., 1918), em que aconselha o movimento nacional a pensar mais seriamente sobre as questões econômicas relacionadas à independência e a fomentar cooperativas e sindicatos em vez de simplesmente denunciar o investimento estrangeiro. Em 1920, apareceu na Califórnia, completou um doutorado sobre Simmel, em Berkeley, em 1923, publicado como livro pela Universidade de Chicago, em 1925, quando foi, então, contratado por Yale como professor de relações internacionais. Não são poucos os mistérios que ainda precisam ser desvendados nessa trajetória, mas está claro que Spykman foi desde o início uma mente atraente e original que, ao contrário de Morgenthau ou Kelsen, os dois outros intelectuais europeus nos EUA com quem poderia ser comparado, chegou aos país não como refugiado, mas como um *esprit fort* (espírito forte) das Índias que, depois da naturalização, não se sentiu inibido a produzir opiniões afiadas sobre a sociedade em que fora acolhido.

mento das relações contemporâneas entre os Estados e um mapa abrangente das posições e perspectivas norte-americanas dentro dela. Em um sistema internacional sem uma autoridade central, o principal objetivo da política externa de cada Estado era necessariamente a preservação e o aumento do seu poder, em um esforço para conter o poder de outros Estados. A ideia de um equilíbrio político – um equilíbrio de forças – era um ideal nobre, mas "a verdade é que os Estados só estão interessados em um equilíbrio a seu favor. Seu objetivo não é um equilíbrio, mas uma margem generosa de poder". Os meios de se obter poder eram quatro: persuasão, compra, troca e coerção. Embora a força militar fosse o principal requisito de cada Estado soberano, todos esses meios eram instrumentos de uma política externa eficaz. Combinando tais requisitos, a hegemonia era uma "posição de poder que permite a dominação de todos os Estados ao seu alcance"[16].

Os Estados Unidos haviam gozado dessa hegemonia sobre a maior parte do hemisfério ocidental por muito tempo. Mas era um erro perigoso pensar que o país poderia, por causa disso, contar com a proteção de dois oceanos, e dos recursos da massa de terra interligada que se encontrava entre eles, para manter sua posição de poder *vis-à-vis* Japão e Alemanha. Um inventário detalhado dos materiais estratégicos necessários para o sucesso nas guerras modernas mostrou que a América Latina, apesar de todas as suas matérias-primas valiosas, não poderia fornecer cada item crítico que faltava aos EUA[17]. Também não era realista imaginar um apoio natural aos Estados Unidos vindo do Sul. A reputação de Washington na região, onde "o nosso chamado imperialismo indolor tem pare-

---

[16] Nicholas Spykman, *America's Strategy in World Politics: the United States and the Balance of Power* (Nova York, Harcourt, Brace and Company, 1942), p. 7, 21, 19.

[17] Seis décadas mais tarde, no único envolvimento sério com o trabalho de Spykman, Robert Art argumentou que seu "livro magistral" errou ao pensar que os EUA eram inexpugnáveis contra algum tipo de invasão militar, mas vulneráveis a um estrangulamento econômico pelas potências do Eixo caso elas fossem vitoriosas na Europa. O quarto de região do hemisfério americano no qual os EUA se encontravam, Art mostrou, tinha as matérias-primas necessárias para resistir a qualquer bloqueio: os Estados Unidos poderiam ter ficado de fora da Segunda Guerra Mundial sem correr qualquer tipo de risco. Sua entrada na guerra foi, no entanto, uma atitude racional com relação aos fins da Guerra Fria. "Ao lutar na Segunda Guerra Mundial e ajudar a derrotar a Alemanha e o Japão, os Estados Unidos, com efeito, estabeleceram bases operacionais avançadas contra a União Soviética sob a forma da Europa ocidental e do Japão. Ter essas áreas econômico--industriais, juntamente com o petróleo do Golfo Pérsico, do lado dos Estados Unidos levou ao cerco da União Soviética, em vez do cerco dos EUA, o que teria sido o caso se estes não tivessem entrado na guerra." "The United States, the Balance of Power and World War II: Was Spykman Right?", *Security Studies*, 2005, p. 365-406, agora incluído em Robert Art, *America's Grand Strategy and World Politics* (Nova York, Routledge, 2009), p. 69-106.

cido indolor apenas para nós", impedia isso. Nada semelhante à "moderna economia de crédito capitalista" dos Estados Unidos – com seu sistema industrial altamente desenvolvido, suas corporações gigantes, suas lutas promovidas por sindicatos militantes e seus vigilantes fura-greves – existia nas sociedades ainda amplamente feudais da América Latina, enquanto os Estados ABC* de seu extremo sul estavam "muito longe do centro do nosso poder para ser facilmente intimidados por medidas que não fossem as de uma guerra propriamente dita"[18]. Qualquer defesa puramente hemisférica era uma ilusão; mais ainda, um quarto dessa esfera de defesa se restringia apenas à América do Norte, caso os EUA quisessem evitar se tornar um mero Estado-tampão entre os impérios alemão e japonês. A estratégia norte-americana teria de ser ofensiva, golpeando pelos mares os dois poderes então em guerra – no momento em que o livro foi lançado – contra os EUA, do outro lado do Atlântico e do Pacífico.

A refutação sobre o isolacionismo feita por Spykman se transformou em sabedoria convencional quando os EUA entraram na guerra. Mas não sua visão mais ampla, que, com sua atraente rejeição das verdades norte-americanas recicladas pelo governo como objetivos de um tempo de guerra, permaneceu incompatível com quaisquer das doutrinas que terminaram por ser formuladas em Washington durante o conflito. *America's Strategy in World Politics* explicava que a democracia liberal havia se tornado um mito obsoleto; o *laissez-faire* levava a um crescente monopólio e à concentração do poder econômico; o livre-comércio era uma ficção ridicularizada pelos subsídios estatais; em casa, a luta de classes, declarada como inexistente, fora resolvida com bombas de gás lacrimogêneo e violência; no exterior, baionetas norte-americanas ensinaram contabilidade moderna a raças inferiores[19]. Recusando-se a tomar a retórica-padrão das lutas ao

---

* Argentina, Brasil e Chile. (N. T.)
[18] Nicholas Spykman, *America's Strategy in World Politics*, cit., p. 62, 64, 213.
[19] "O mito social da democracia liberal como um todo perdeu a maior parte de sua força revolucionária a partir de meados do século XIX, e na sua forma presente é pouco adequado para sustentar as práticas democráticas nos países onde se originou, e ainda menos para inspirar novas lealdades em outros povos e outras terras." Quanto ao credo econômico do país, "as firmas norte-americanas ainda acreditam que a mão invisível orienta o processo econômico e que um egoísmo inteligente e uma operação livre e sem entraves do sistema de preços produzirão o maior bem para o maior número de pessoas". Tomada em sua integralidade, a "ideologia norte-americana, como seria de se esperar, é essencialmente uma ideologia de negócios de classe média" – embora tenha incluído também, é claro, "alguns elementos religiosos", ibidem, p. 215-7, 258. Para ver as sarcásticas anotações de Spykman sobre a Doutrina Monroe, o Corolário Roosevelt e a Política de Boa Vizinhança no "mediterrâneo americano", ver ibidem, p. 60-4.

pé da letra, Spykman chegou a conclusões que só poderiam ser chocantes para os dirigentes políticos de então. Os EUA já deviam estar contando com uma inversão das alianças quando a guerra foi ganha. Na Europa, a Grã-Bretanha não gostaria de ver a Rússia, não mais do que a Alemanha, às margens do mar do Norte e poderia ser aliada da Alemanha contra a Rússia; já na Ásia, os Estados Unidos teriam de reconstruir o Japão para que este atuasse contra a China, cujo poder em potencial era infinitamente maior e, uma vez "modernizada, vitalizada e militarizada", seria a principal ameaça à posição das potências ocidentais no Pacífico[20]. À medida que o Exército Vermelho lutava contra a Wehrmacht às portas de Moscou e porta-aviões japoneses se moviam em direção ao atol Midway, essas previsões se tornaram obsoletas. A hora deles chegaria.

II

O quadro mental dos funcionários encarregados da política externa norte-americana estava longe de ser uniforme. Mas alguns pressupostos centrais eram amplamente compartilhados. Quando a guerra europeia eclodiu, em 1939, praticamente todos os seus possíveis desdobramentos deixaram os planejadores de Washington alarmados. O sucesso alemão seria, certamente, terrível: poucos tinham quaisquer ilusões acerca de Hitler. Mas uma vitória britânica obtida por meio de uma mobilização estatal, fortificando ainda mais o bloco da libra esterlina, poderia não ser algo muito melhor. O pior de tudo talvez fosse uma destruição mútua tal que, no caos que se seguiria, uma ou outra forma de socialismo pudesse tomar o controle do continente[21]. Depois que Washington entrou na guerra e a aliança com Londres e Moscou foi fundamental para sua vitória, as prioridades do campo de batalha passaram a ter primazia sobre os cálculos do capital. No entanto, esses cálculos permaneceram, do começo ao fim, como fundo estratégico da luta global. Para os planejadores de Roosevelt, as prioridades de longo prazo eram de dois tipos[22]. O mundo deveria ser transformado em um lugar seguro para o capitalismo em geral; e, dentro do mundo

---

[20] Ibidem, p. 460, 466-70.
[21] Para saber sobre esses temores, consulte a documentação abundante que se encontra em Patrick Hearden, *Architects of Globalism: Building a New World Order during World War II* (Lafayetteville, University of Arkansas Press, 2002), p. 12-7s, de longe o melhor e mais detalhado estudo sobre os estrategistas norte-americanos em tempos de guerra.
[22] O principal grupo desse tempo de guerra incluía Hull, Welles, Acheson, Berle, Bowman, Davis e Taylor no Estado. Hopkins era mais um escudeiro do que um planejador.

do capitalismo, os Estados Unidos deveriam reinar supremos. O que esse duplo objetivo poderia significar para o cenário pós-guerra?

Em primeiro lugar, e o mais importante, com referência ao tempo conceitual, a construção de um quadro internacional para o capital que pusesse um fim à dinâmica da divisão autárquica e do controle estatal que tinham precipitado a própria guerra, das quais o Terceiro Reich de Hitler e a Esfera de Coprosperidade* do Japão haviam sido os exemplos mais destrutivos, mas a Preferência Imperial** da Grã-Bretanha era outro caso retrógrado. O próprio sistema de livre iniciativa nos Estados Unidos estava em risco sem o acesso aos mercados estrangeiros[23]. O que seria necessário depois da guerra era uma generalização da Política de Portas Abertas que Washington havia instado seus rivais a seguir na corrida para tomar o controle dos mercados chineses: uma liberalização do comércio em todas as direções, mas de agora em diante – isto era crucial – firmemente inserida nas novas instituições internacionais. Tal ordem econômica seria não só uma garantia de relações pacíficas entre os Estados como também permitiria que os EUA assu-

---

* Slogan criado pelo Império japonês (1868-1947) para justificar a ocupação de nações asiáticas por forças do Japão, que seria o líder de um bloco asiático autossuficiente, livre de potências ocidentais. (N. T.)

** Reduções tarifárias e acordos de livre-comércio recíprocos concedidos a membros do Império britânico. (N. T.)

[23] "Precisamos desses mercados para dar vazão à produção dos Estados Unidos", Acheson disse ao Congresso em novembro de 1944. "Meu argumento é de que não podemos ter pleno emprego e prosperidade nos Estados Unidos sem os mercados externos." Ao negá-los, os Estados Unidos poderiam ser forçados também ao estatismo, um medo comum na época. Em 1940, a chamada Mesa Redonda da revista *Fortune* se preocupava em "haver um perigo real de que, como resultado de uma longa guerra, todas as potências beligerantes aceitem permanentemente algum tipo de sistema econômico dirigido pelo Estado", levantando "a questão de maior alcance sobre se o sistema capitalista norte-americano poderia ou não continuar a funcionar se a maior parte da Europa e da Ásia abolissem a livre iniciativa em favor de uma economia totalitária"; Patrick Hearden, *Architects of Globalism*, cit., p. 41. A preocupação de que os EUA pudessem ser forçados em uma direção desse tipo já havia sido expressa por Brooks Adams na virada do século. Adams temia que, caso uma coligação europeia dominasse o comércio com a China em algum momento, "serão boas as perspectivas de que eles tenham de retornar consideráveis superávits às nossas mãos, para que sejam digeridos por nós da melhor forma possível", reduzindo a América à condição semiestacionária da França e a uma batalha com os rivais que poderia "ser vencida apenas com a superação do inimigo pelos seus próprios métodos". Resultado: "Oriente e Ocidente estariam competindo pelo mais perfeito sistema de socialismo de Estado"; Brooks Adams, *America's Economic Supremacy*, cit., p. 52-3. Em 1947, o livro de Adams foi relançado com uma introdução de Marquis Childs, em que este avaliava o livro como uma visão profética do desafio que a Rússia representaria para os EUA durante a Guerra Fria.

missem seu lugar natural como o primeiro entre eles. Dos tempos de Jefferson e Adams em diante, tradições nacionais conspícuas haviam sido genericamente expansionistas e, como agora eram, de longe, a maior e mais avançada potência industrial do mundo, os EUA poderiam ter a certeza de que o livre-comércio garantiria sua hegemonia em geral, como tinha garantido à Grã-Bretanha um século antes. O complemento político dessa ordem econômica se basearia nos princípios da democracia liberal, conforme estabelecido na Carta do Atlântico*.

De 1943 em diante, conforme a vitória se aproximava, os requisitos dessa visão passaram a ter um foco político mais nítido. Três preocupações eram as mais importantes[24]. A primeira era a ameaça a um acordo pós-guerra satisfatório devido à potencial manutenção da Preferência Imperial por parte da Grã-Bretanha. Washington não toleraria nenhuma barreira para as exportações norte-americanas. Desde o início, os EUA insistiram que uma das condições do arranjo do qual a Inglaterra dependia para sobreviver depois de 1940 era ter de abandonar a Preferência Imperial assim que as hostilidades cessassem. Churchill, furioso com a imposição do artigo VII do acordo**, pôde apenas tentar enfraquecer o *diktat* norte-americano com uma cláusula de suspensão temporária formulada de forma vaga. A segunda preocupação, crescente à medida que o fim da guerra se aproximava e amplamente partilhada pela Grã-Bretanha, dizia respeito à disseminação de movimentos de resistência na Europa – França, Bélgica, Itália, Iugoslávia, Grécia –, nos quais correntes variadas da esquerda eram forças líderes, do modo como os planejadores em Washington haviam inicialmente temido que ocorresse. A terceira era o avanço, a partir da primavera de 1944, do Exército Vermelho na Europa oriental, em pouco tempo uma preocupação aguda. Se a perspectiva mais imediatamente presente na mente dos planejadores norte-americanos no início

---

*   Declaração de oito princípios comuns de relações internacionais que serviu de base ideológica para a criação da Organização das Nações Unidas. Foi costurada por Churchill e Roosevelt e tornada pública em 14 de agosto de 1941. (N. T.)

[24]   Essas preocupações são objeto da grande obra de Gabriel Kolko, *The Politics of War: the World and United States Foreign Policy, 1943-1945* (Nova York, Random House, 1968), cuja magistral amplitude permanece inigualada na literatura – cobrindo os objetivos econômicos gerais dos EUA; a redução da dimensão das posições imperiais britânicas; o exame da esquerda na Itália, Grécia, França e Bélgica; o papel da União Soviética na Europa oriental; o reparo da ONU; o planejamento do futuro da Alemanha; a assistência ao Kuomintang na China; e o bombardeio nuclear do Japão.

**   Penúltimo dos oito artigos, o artigo VII teve a seguinte redação final após uma pesada intervenção de Churchill no texto originalmente proposto por Roosevelt: "Essa paz deverá permitir a todos os homens cruzar livremente os mares e oceanos". (N. T.)

da guerra era o perigo de qualquer reversão às condições que haviam produzido a Alemanha nazista e o Japão militarista, conforme a guerra chegava ao fim, uma ameaça ainda maior estava se configurando na forma de seu aliado mais importante na batalha contra os dois últimos: a União Soviética.

Pois aqui se encontrava não apenas uma forma alternativa como também uma negação do capitalismo, tencionando nada menos do que sua derrocada em todo o planeta. O comunismo era um inimigo muito mais radical do que o fascismo jamais havia sido: não um membro extravagante da família de sistemas políticos que respeitavam a propriedade privada dos meios de produção, e sim uma força alienígena dedicada a destruí-la. Governantes norte-americanos sempre tiveram consciência, é claro, dos males do bolchevismo, que Wilson tinha tentado extirpar em sua origem ao enviar uma expedição para ajudar o Movimento Branco, em 1919. Mas, apesar de a intervenção estrangeira não ter obtido sucesso em sufocá-la ao nascer, a URSS dos anos entreguerras permaneceu uma potência isolada e aparentemente fraca. Vitórias soviéticas sobre a Wehrmacht, muito antes da presença de um pé anglo-americano em solo europeu, alteraram abruptamente sua posição nos cálculos do pós-guerra. Enquanto a luta durou, Moscou se manteve como um aliado a ser assistido de forma prudente e, onde necessário, condescendente. Assim que a luta terminasse, porém, um acerto de contas teria de ser feito.

III

No comando durante a Segunda Guerra Mundial, Roosevelt conduziu a entrada de seu país no conflito não por causa de qualquer convicção antifascista genérica – embora fosse hostil a Hitler, admirava Mussolini, ajudou Franco a chegar ao poder e manteve boas relações com Pétain[25] –, mas por conta do medo de

---

[25] Itália: logo após sua posse, em 1932, Franklin Delano Roosevelt confidenciava a um amigo: "Eu tenho me aproximado bastante desse admirável cavalheiro italiano". Questionado cinco anos mais tarde por seu embaixador em Roma sobre se "ele tinha alguma coisa contra ditaduras", respondeu: "É claro que não, a não ser que elas atravessassem suas fronteiras e criassem problemas em outros países". Espanha: um mês após a ascensão de Franco, Roosevelt impôs um embargo de armas sem precedentes à república espanhola – "um gesto que nós, nacionalistas, jamais esqueceremos", declarou o Generalíssimo: "O presidente Roosevelt se comportou como um verdadeiro cavalheiro". França: ele sentia uma "velha e profunda afeição" por Pétain, cujo regime em Vichy manteve relações diplomáticas com os EUA até 1944, e igual repulsa por De Gaulle – uma *prima donna*, um "sujeito arrogante" e "fanático". Ver, respectivamente, David Schmitz, *The United States and Fascist Italy, 1922-1940* (Chapel Hill,

uma expansão japonesa e alemã. Também, devido à sua posição social, não era particularmente anticomunista: à vontade com a URSS como aliada, Roosevelt era um pouco mais realista sobre Stalin do que este havia sido sobre Hitler. Embora gostasse de Churchill, não demonstrava nenhum sentimento pelo império que ele defendia e não tinha tempo para De Gaulle. Pensamentos estratégicos de qualquer profundidade eram estranhos a ele. Não sendo um realizador particularmente bem informado ou consistente no cenário mundial, utilizava sua autoconfiança pessoal como substituta do entendimento analítico e seus caprichos deixavam os subordinados frequentemente consternados[26]. Possuía, no entanto, um conjunto permanente de premissas. Nas palavras do mais talentoso apologista da sua conduta dos negócios exteriores, sua consistência estava simplesmente no fato de que "Roosevelt era um nacionalista, um norte-americano cujo etnocentrismo era parte do seu ponto de vista": um administrador tomado por uma "calma e silenciosa convicção de que o norte-americanismo", concebido como uma "combinação de livre iniciativa e valores individuais", seria avidamente adotado pelo restante do mundo quando o poder norte-americano tivesse acabado com os obstáculos à sua expansão. Embora tivesse orgulho do trabalho do New Deal que salvou o capitalismo norte-americano, sentia-se desconfortável com relação a questões econômicas. Entre-

---

University of North Carolina Press, 1988), p. 139, 184; Douglas Little, *Malevolent Neutrality: the United States, Great Britain, and the Origins of the Spanish Civil War* (Ithaca, Cornell University Press, 1985), p. 237-8; e Dominic Tierney, *Franklin Delano Roosevelt and the Spanish Civil War* (Durham, NC, Duke University Press, 2007), p. 39, 45-7; Mario Rossi, *Roosevelt and the French* (Westport, Praeger, 1993), p. 71-2; e John Lamberton Harper, *American Visions of Europe: Franklin D. Roosevelt, George F. Kennan and Dean G. Acheson* (Cambridge, Cambridge University Press, 1994), p. 113.

[26] Para concepções convergentes sobre as falhas de Franklin Delano Roosevelt como líder em tempos de guerra por parte de observadores com outros pontos de vista teóricos, consulte Kennan: "Roosevelt, apesar de todo o seu charme e habilidade como líder político, foi, em se tratando de política externa, um homem muito superficial, ignorante, diletante, com um horizonte intelectual severamente limitado"; e Kolko: "Como líder, Roosevelt era um elemento sempre desestabilizador na condução dos assuntos norte-americanos durante as crises em tempos de guerra, assuntos complexos que, muitas vezes, exigiam um domínio dos fatos como pré-requisito para as avaliações mais críticas", Harper, *American Visions of Europe*, cit., p. 174; Kolko, *The Politics of War*, cit., p. 348-50. Leviandade ou ignorância levaram Roosevelt a assumir compromissos e a tomar decisões – sobre o *Lend-Lease* [acordo militar com os britânicos e outros aliados, de 1941; em troca de armamentos fornecidos pelos norte-americanos, estes podiam usar bases militares estrangeiras], o Plano Morgenthau, a Palestina, o Império francês – que, muitas vezes, deixaram seus companheiros horrorizados e tiveram de ser revertidas.

tanto, "como a maioria dos norte-americanos, Roosevelt inquestionavelmente concordou com os objetivos expansionistas do programa econômico de Hull". Ali, "ele não liderou, mas sim seguiu"[27].

O modo como o presidente via o mundo do pós-guerra, formado enquanto a URSS ainda lutava por sua vida contra o Terceiro Reich e os Estados Unidos gozavam, intocados, do *boom* do século, deu primazia à construção de uma ordem internacional liberal de comércio e segurança mútua que os EUA podiam ter a certeza de dominar. Um produto da guerra, essa visão marcou uma ruptura de época na política externa dos EUA. Até então, sempre havia existido uma tensão dentro do expansionismo norte-americano entre a condenação do separatismo hemisférico e o apelo a um intervencionismo redentor, cada qual gerando seus próprios temas ideológicos e pressões políticas, separatismo e intervencionismo que se cruzavam ou colidiam de acordo com a conjuntura, sem nunca se unirem para formar um ponto de vista estável acerca do mundo exterior. Na onda de indignação patriótica e de prosperidade que se seguiu ao ataque japonês a Pearl Harbor, os conflitos do passado foram deixados para trás. Tradicionalmente, as fortalezas do nacionalismo isolacionista se localizavam nas pequenas empresas e na população de agricultores do centro-oeste; e os bastiões de um nacionalismo mais intervencionista – ou, na linguagem local, um "internacionalismo" –, nas elites bancárias e corporativas da Costa Leste. A guerra uniu esses dois lados. O primeiro sempre havia olhado de forma mais positiva para o Pacífico como uma extensão natural da fronteira e procurou vingança irrestrita pelo ataque ao Havaí. O último, orientado para os mercados e investimentos por todo o Atlântico, ameaçados pela Nova Ordem de Hitler, possuía horizontes mais amplos. Renovados pela ascensão dos novos bancos de investimento e empresas de capital intensivo comprometidos com o livre-comércio, cada qual um componente-chave no bloco político que apoiava Roosevelt, esses interesses satisfaziam os gestores da economia de guerra. Eles aguardavam an-

---

[27] Warren Kimball, *The Juggler: Franklin Roosevelt as Wartime Statesman* (Princeton, Princeton University Press, 1991), p. 185, 186, 10, 59. Em termos culturais, o nacionalismo de Roosevelt possuía um persistente fator de antipatia em relação ao Velho Mundo. O ponto de vista do pré-guerra dominante em seu governo é descrito por Harper como um "semiesferismo eurofóbico", *American Visions of Europe*, cit., p. 60s – "os registros estão cheios de expressões presidenciais de ansiedade, desconfiança e aversão que animavam aquela tendência". Ao mesmo tempo, ao imaginar que o mundo estaria excessivamente ansioso por adotar o *American way of life* quando a oportunidade lhe fosse dada, o nacionalismo de Roosevelt – Kimball capta esse aspecto muito bem – mantinha um tom de tranquilidade, apenas porque era muito inocentemente arrogante e autoconfiante.

siosamente, para além dos exorbitantes lucros internos durante o combate, "limpar" a Europa depois disso[28].

Nessas condições, os dois nacionalismos – o isolacionista e o intervencionista – puderam finalmente começar a se fundir em uma síntese durável. Para Franz Schurmann, cujo *Logic of World Power* [Lógica do poder mundial] se coloca ao lado de Spykman e seu *America's Strategy* e de Kolko e seu *The Politics of War* [Política da guerra] em termos de originalidade dentro da literatura sobre a política externa dos EUA, esse foi o verdadeiro advento do imperialismo norte-americano, bem compreendido – não uma consequência natural do expansionismo incremental dos de baixo, vindo do passado, mas a cristalização súbita de um projeto dos de cima para refazer o mundo à imagem e semelhança dos EUA[29]. Além disso, ele acreditava que esse imperialismo só era possível porque repousava sobre as bases democráticas do New Deal e por causa do líder habilidoso que procurou estendê-lo no exterior, em uma ordem global de comparável bem-estar popular, garantindo aos EUA a hegemonia consensual sobre a humanidade do pós-guerra em geral. "O que Roosevelt sentiu e ao que deu expressão visionária foi que o mundo estava maduro para um dos experimentos mais radicais da história: a unificação de todo o mundo sob uma dominação centrada nos Estados Unidos."[30] Nesse empreendimento, os impulsos contrários de isolamento e intervenção, orgulho nacionalista e ambição internacionalista, seriam agluti-

---

[28] Ver a famosa taxonomia de interesses em Thomas Ferguson, "From Normalcy to New Deal: Industrial Structure, Party Competition and American Public Policy in the Great Depression", *International Organization*, v. 1, n. 38, 1984, p. 41-94. Em 1936, Roosevelt podia contar com o apoio dos bancos de investimento Chase Manhattan, Goldman Sachs, Manufacturers Trust e Dillon, Read & Co.; e das empresas Standard Oil, General Electric, International Harvester, Zenith, IBM, ITT, Sears, United Fruit e Pan Am.

[29] "Há uma diferença qualitativa importante entre expansionismo e imperialismo." O expansionismo foi a adição, passo a passo, de território, bens de produção, bases estratégicas e elementos semelhantes, como sempre havia sido praticado por impérios mais antigos, prática continuada pelos Estados Unidos desde a guerra por meio de uma rede difusa de investimentos, Estados clientes e tropas no exterior em todos os continentes. Entretanto, "o imperialismo como visão e doutrina tem uma qualidade total, de amplitude mundial. Ele prevê a organização de grandes partes do mundo de cima para baixo, em contraste com o expansionismo, que é o crescimento por justaposição de baixo para cima", Franz Schurmann, *The Logic of World Power* (Nova York, Pantheon, 1974), p. 6.

[30] "O imperialismo norte-americano não foi a extensão natural de um expansionismo que começou com as origens dos próprios EUA, tampouco consequência natural de um sistema capitalista mundial de mercado que ajudaram a reviver depois de 1945. O imperialismo norte-americano, por meio do qual os EUA tomaram a seu cargo dominar, organizar e dirigir o mundo livre, foi um produto da política rooseveltiana do New Deal", ibidem, p. 5, 114.

nados e sublimados na tarefa de reorganizar o mundo de acordo com as linhas de interesse dos EUA, em benefício dos EUA – e da humanidade.

A imaginativa compreensão de Schurmann acerca da iminente mutação no império norte-americano continua insuperável[31]. Apesar de ambivalente, em sua idealização de Roosevelt, porém, excedeu-se em relação à época e ao personagem por boa margem. A Casa Branca possuía, então, apenas noções esquemáticas da ordem que ela buscava quando a paz foi restaurada, e essas noções não incluíam conferir um New Deal à humanidade como um todo. Suas preocupações se focavam, em primeira instância, no poder, não no bem-estar. No sistema do pós-guerra que Roosevelt tinha em mente, haveria um lugar para a Rússia e para a Grã-Bretanha na condução do mundo – até mesmo para a China, mesmo que *pro forma*, já que era possível contar com Chiang Kai-shek para dar ordens em nome dos EUA. No entanto, não poderia haver nenhuma dúvida quanto a qual dentre os "quatro policiais", como ele gostava de intitulá-los, seria o chefe de polícia. Em 1945, com seu território intocado pela guerra, os Estados Unidos tinham uma economia três vezes maior que a da URSS e cinco vezes maior que a da Grã-Bretanha, controlavam metade da produção industrial do mundo e três quartos das suas reservas de ouro. As bases institucionais de uma paz estável teriam de refletir essa predominância[32]. Antes de morrer, Roosevelt havia traçado duas delas. Em Bretton Woods, o berço do Banco Mundial e do FMI, a Grã-Bretanha foi obrigada a abandonar a política de Preferência Imperial e o dólar foi estabelecido como mestre do sistema monetário internacional, a moeda de reserva à qual todas as outras tiveram de se atrelar para fixar seus preços[33]. Em Dumbarton Oaks, conseguiu-se que a es-

---

[31] A formação de Schurmann o distinguia das duas principais correntes de produção teórica (a radical e a liberal) sobre a política externa dos EUA. Schumpeter, Polanyi, Schmitt, juntamente com Marx e Mao, deixaram marcas em seu pensamento: ver sua autodescrição, ibidem, p. 561-5. Schurmann influenciou Giovanni Arrighi de forma significativa.

[32] "A noção dos 'quatro policiais' de Roosevelt tinha a aparência de igualdade internacional, enquanto, na verdade, assume uma China fraca e um impasse anglo-soviético na Europa", Warren Kimball, *The Juggler*, cit., p. 191.

[33] Ironicamente, o arquiteto da imposição da vontade norte-americana em Bretton Woods, Harry Dexter White, simpatizante secreto da Rússia, era um crítico do "imperialismo desenfreado" que incitava "os EUA a obter o máximo que pudessem por meio de nossa dominação financeira e força militar e a se tornar a nação mais poderosa do mundo", Benn Steil, *The Battle of Bretton Woods: John Maynard Keynes, Harry Dexter White and the Making of a New World Order* (Princeton, Princeton University Press, 2013), p. 40-1. O relato de Steil deixa claro não só o modo como Keynes foi completamente ludibriado por White em suas tentativas desastradas de defender os interesses britânicos em 1944, mas também como ele estava

trutura do Conselho de Segurança se transformasse em uma futura Organização das Nações Unidas, conferindo assentos permanentes e direitos de veto aos quatro futuros gendarmes, estrutura sobreposta a uma Assembleia Geral na qual $^2/_5$ dos delegados seriam fornecidos por Estados clientes de Washington na América Latina, reunidos às pressas para aquele propósito com declarações de guerra à Alemanha de última hora. Desavenças com a Grã-Bretanha e a Rússia foram mantidas em grau mínimo[34]. Hull, premiado – o primeiro de uma longa linhagem nessa premiação – com o Nobel da Paz por seu papel no nascimento da nova organização, tinha razões para considerá-la um triunfo. Quando a ONU passou a existir em São Francisco, em 1945, estava tão firmemente sob o controle dos Estados Unidos que o tráfego diplomático dos delegados à sua conferência de fundação era interceptado durante todo o dia pela vigilância militar presente na base de Presídio, nas proximidades da cidade[35].

Roosevelt estaria em seu túmulo antes de a Alemanha se render. O sistema cujas fundações seu governo havia estruturado estava incompleto quando ele morreu, com muito ainda por fazer. Nem a Grã-Bretanha nem a França haviam concordado em se separar das colônias asiáticas ou africanas que ele via como um anacronismo. A Rússia, com seus exércitos se aproximando de Berlim, tinha planos para a Europa oriental. Ela podia não se encaixar tão facilmente na nova arquitetura. Mas, com sua população dizimada e grande parte de sua indústria em ruínas conforme a Wehrmacht recuava, a URSS não representaria uma ameaça significativa à ordem por vir e talvez, com o passar do tempo, pudesse ser persuadida em direção a ela. O papel exato de Moscou após a vitória era uma preocupação secundária.

---

iludido ao se deixar convencer de que os trabalhos da conferência refletiam a extrema boa vontade dos EUA para com a Grã-Bretanha.

[34] Para compensar a entrada de sua *bête noire*, a França gaullista, no Conselho de Segurança por insistência de Churchill, Roosevelt pressionou sem sucesso pela inclusão do Brasil como outro subordinado de Washington e, apesar da oposição britânica, procurou criar "administrações curadoras" para projetar planos norte-americanos do pós-guerra em ilhas-chave no Pacífico. O veto teve de ser incondicional por insistência soviética. Para saber mais sobre essas manobras, ver o competente estudo de Robert Hilderbrand, *Dumbarton Oaks: the Origins of the United Nations and the Search for Postwar Security* (Chapel Hill, University of North Carolina Press, 1990), p. 123-7, 170-4, 192-228.

[35] Para mais informações sobre o pródigo controle do palco e as escutas clandestinas da Conferência, consulte o relato entusiasmado de Stephen Schlesinger, *Act of Creation: the Founding of the United Nations* (Boulder, Westview Press, 2003), e a mordaz reconstrução de Peter Gowan, "US: UN", *NLR,* n. 24, nov.-dez. 2003.

3
Segurança

A indiferença de Roosevelt não sobreviveu a ele. Depois que o Exército Vermelho se entrincheirou na Europa oriental e os regimes comunistas o apoiaram, com partidos comunistas de massa ativos para o Oeste e o Norte, na França, Itália e Finlândia, as prioridades em Washington se inverteram. Opor-se à ameaça soviética era mais urgente do que o ajuste fino da Pax Americana: alguns de seus princípios teriam de ser protelados na resistência a ela. Ganhar aquilo que havia se transformado na Guerra Fria teria de vir em primeiro lugar. Truman, que um dia havia se alegrado com a invasão nazista da União Soviética, na esperança de que cada um desses Estados destruísse o outro, estava bem preparado para a mudança de direção[36]. Quatro dias após a rendição alemã, Truman cancelou o acordo militar* com a Rússia sem aviso prévio. A princípio inseguro, alternando entre bazófia e jovialidade, seu temperamento e o de seu antecessor, quando as armas nucleares norte-americanas haviam mostrado do que eram capazes no Japão, ele mal olhou para trás. Na primavera de

---

[36] A declaração é famosa: "Se virmos que a Alemanha está ganhando, devemos ajudar a Rússia, e se a Rússia estiver ganhando, devemos ajudar a Alemanha, e, desse modo, deixá-los matar o maior número possível de pessoas"; discurso no Senado, em 5 de junho de 1941. Na Casa Branca, ele citaria mais de uma vez o testamento de Pedro, o Grande, documento sabidamente falsificado – contraponto polonês do século XIX aos protocolos dos sábios de Sião –, como modelo dos planos soviéticos de conquista do mundo. No julgamento severo de seu biógrafo mais lúcido, cujas conclusões acerca do biografado são contundentes: "Ao longo de sua presidência, Truman se manteve um nacionalista paroquial", Arnold Offner, *Another Such Victory: President Truman and the Cold War, 1945-1953* (Stanford, Stanford University Press, 2002), p. 177.

* A União Soviética também participava de um acordo do tipo *Lend-Lease* (armas em troca do uso de bases militares). (N. T.)

1946, relações reconciliadoras com Moscou, do tipo que Roosevelt havia vagamente previsto e pelas quais Stalin esperava com dúvida, estavam encerradas. Em um ano, a Doutrina Truman soou o clarim para dar início a uma batalha em defesa das nações livres em todos os lugares contra a agressão e a subversão pelo totalitarismo, e o presidente saboreava seu papel em acordar o país de seu sono profundo[37].

Na Guerra Fria então em vigor, os dois lados eram assimétricos. Sob Stalin, a política externa soviética foi essencialmente defensiva: intransigente em sua exigência de uma fortificação de segurança na Europa oriental para evitar qualquer repetição da invasão que ela havia acabado de sofrer, não importando o grau de repressão política ou militar necessário para sua imposição, porém mais do que disposta a impedir ou drenar qualquer revolução – na Grécia ou na China – fora dessa zona que ameaçasse gerar problemas com um Ocidente claramente muito mais poderoso do que ela própria[38]. A URSS ainda estava apenas construindo – reconstruindo, depois da destruição nazista – o socialismo em um só país. Stalin nunca abandonou a convicção bolchevique de que o comunismo e o capitalismo

---

[37] A crueza e a violência dos pontos de vista de Truman o distinguiram de Roosevelt, dando-lhe o direito a inúmeros elogios por parte de Wilson Miscamble em seu veemente *From Roosevelt to Truman: Potsdam, Hiroshima and the Cold War* (Cambridge, Cambridge University Press, 2007), p. 323-8, cuja única queixa é ele não ter rompido o quanto antes a colaboração de Roosevelt com Stalin. É bastante improvável que Roosevelt, ao demitir um membro do seu gabinete, esbravejasse contra "Todos os 'Artistas' com A maiúsculo, os vermelhinhos de butique e os homens com voz de soprano" como um "perigo nacional" e uma "frente de sabotagem" de Stalin. Ver Arnold Offner, *Another Such Victory*, cit., p. 177.

[38] Nos últimos meses da guerra, Stalin se preocupou tanto em manter boas relações com os aliados que atrapalhou a captura de Berlim quando o Grupo Militar de Zhukov estava a apenas 65 quilômetros da cidade, em linha reta, com ordens do seu comandante, em 5 de fevereiro, para invadi-la entre os dias 15 e 16 de fevereiro. Stalin cancelou essas instruções no dia seguinte por medo de exaltar os ânimos em Ialta, onde os Três Grandes haviam acabado de se reunir, mas não recebeu nenhum favor em troca. Se tivesse deixado seus generais avançarem como havia acordado anteriormente, a posição soviética para barganhar na Alemanha do pós-guerra teria sido inteiramente transformada. "No fim de março, Zhukov o encontrou muito cansado, tenso e visivelmente deprimido. Sua angústia foi muito pouco minorada pelo pensamento de que todas as incertezas poderiam ter sido evitadas se ele tivesse permitido que o Exército Vermelho atacasse Berlim e, possivelmente, desse fim à guerra em fevereiro, como originalmente havia sido planejado." Vojtech Mastny, *Russia's Road to the Cold War: Diplomacy, Warfare and the Politics of Communism, 1941-1945* (Nova York, Columbia University Press, 1979), p. 238-9, 243-4, 261. Esse não seria seu único erro grave e desastroso – não o de uma tentativa exagerada e agressiva de fazer mais do que era possível, mas o de uma ação limitada e ansiosa, à medida que a Segunda Guerra Mundial chegava ao fim.

eram antagonistas mortais[39]. No entanto, o último horizonte de uma livre associação mundial de produtores – a sociedade sem classes que Marx havia previsto – encontrava-se muito distante. Por enquanto, o equilíbrio de forças se mantinha pendente em favor do capital. Em longo prazo, as contradições interimperialistas brilhariam com intensidade novamente e enfraqueceriam o inimigo, como haviam feito duas vezes no passado, mudando a vantagem para o lado do trabalho[40]. Nesse ínterim, era vital que as forças revolucionárias de fora do perímetro do bloco soviético não ameaçassem sua segurança, provocando o imperialismo prematuramente, nem questionassem a autoridade do PCUS sobre elas.

Tanto na doutrina como no poder, a posição dos Estados Unidos era totalmente distinta. Ideologicamente, dois universalismos se engalfinhavam durante a Guerra Fria. Entre ambos, porém, havia uma diferença ontológica. Na formulação incisiva de Stephanson:

> Enquanto a União Soviética, representando (assim alegava) a penúltima etapa da história, estava presa em uma luta dialética pela libertação final da humanidade, os Estados Unidos *são* a própria libertação. É o fim, é já um império mundial, não pode ter um igual, um Outro dialético. O que não é como os Estados Unidos não pode, em princípio, ter qualquer eficácia propriamente dita. Ou é uma perversão ou, na melhor das hipóteses, um ainda-não.[41]

Além disso, em termos materiais, não havia nenhuma medida comum entre os Estados rivais ao emergirem da guerra. A URSS de 1946-1947 não tinha a

---

[39] Para uma descrição arguta da perspectiva de Stalin no fim da guerra, consultar Vladislav Zubok e Constantino Pleshakov, *Inside the Kremlin's Cold War* (Cambridge, Harvard University Press, 1996), p. 11-46.

[40] Esse foi o tema de seu discurso ao Soviete Supremo em 9 de fevereiro de 1946. Já que a primeira guerra interimperialista havia gerado a Revolução de Outubro e a segunda havia levado o Exército Vermelho a Berlim, uma terceira revolução conseguiria acabar com o capitalismo – perspectiva que oferecia a vitória definitiva sem alterar a passividade estratégica. Até o fim de sua vida, Stalin defendeu a posição de que as contradições interimperialistas permaneciam como as mais fundamentais sob as circunstâncias da época. Contradições entre os campos capitalista e socialista eram, desse ponto de vista, secundárias.

[41] "Se o fim da história como humanidade emancipada está encarnado nos 'Estados Unidos', então o lado externo nunca poderá ser idêntico ou, em última instância, igual. Existe uma diferença, mas que é intrinsecamente injusta e ilegítima, presente apenas para ser superada e erradicada." Essas passagens vêm de Stephanson, "Kennan: Realism as Desire", em Nicolas Guilhot (org.), *The Invention of International Relations Theory* (Nova York, Columbia University Press, 2011), p. 177-8.

mais remota esperança de possuir a ambição na qual a grande estratégia norte-americana se baseava: uma "preponderância de poder" em todo o mundo, a sua anunciação encenada sobre Hiroshima e Nagasaki. A iniciativa no conflito entre os dois estava com a parte mais forte. Seu rótulo ideológico era "contenção", como se o objetivo dos planejadores norte-americanos fosse conter uma onda de agressão soviética. Mas a substância da doutrina estava longe de ser defensiva. Em termos nominais, o conselho era ser firme e ter paciência tática com o objetivo de cansar o inimigo pela "aplicação hábil e vigilante de forças contrárias em uma série de pontos geográficos e políticos em constante mudança", como seu criador o definia. Desde o início, porém, o objetivo não era frear, mas eliminar o adversário. A vitória, não a segurança, era o alvo[42].

Anos mais tarde, Kennan representaria sua concepção da contenção como uma estratégia política de aplicação geográfica limitada – não um convite à atividade armada em todo o mundo, como Lippmann o acusou, um raro crítico de primeira hora – e a contrastaria com as noções aventureiras de "recuo", posição defendida por Dulles, e de "resposta flexível", defendida por Kennedy, como uma postura de defesa prudente. É conhecida a imagem, desde então consagrada, de um assessor sóbrio cujos conselhos de moderação e sabedoria foram distorcidos e transformados em um ativismo anticomunista imprudente que traria desastres contra os quais ele se manifestou abertamente, mantendo-se fiel a si mesmo como um crítico da autoconfiança excessiva e da intransigência norte-americanas. A realidade era outra. Instável e irritável, Kennan não tinha a firmeza de seu amigo e sucessor Nitze, mas em seus dias de poder em Washington foi um promotor da Guerra Fria, estabelecendo o curso rumo a décadas de intervenção global e contrarrevolução[43]. No início de sua carreira como diploma-

---

[42] "A Guerra Fria era certamente uma batalha até a morte, mas em direção a uma espécie de morte abstrata. A eliminação da vontade do inimigo para lutar – vitória – significava mais do que a vitória militar no campo de batalha. Ela representava, em princípio, a própria liquidação do inimigo, cujo direito a existir, e, ainda mais, à igualdade, não se reconhecia. Apenas a liquidação poderia trazer a paz real. A liquidação é, portanto, a 'verdade' da Guerra Fria", Stephanson, "Fourteen Notes on the Very Concept of the Cold War", em Gearóid Ó Tuathail e Simon Dalby, *Rethinking Geopolitics* (Londres, Routledge, 1998), p. 82.

[43] Na extravagância de suas flutuações entre exultante autoestima e torturada autoflagelação – assim como na volatilidade de suas opiniões: ele frequentemente dizia uma coisa e seu oposto quase de um dia para o outro –, Kennan estava mais próximo de um personagem de Dostoiévski do que de qualquer figura presente em Tchekhov, com quem alegava possuir afinidade. Suas inconsistências, que tornaram mais fácil retratá-lo em retrospectiva como um oráculo do realismo temperado, eram de tal importância que ele nunca poderia ser considerado um simples condensado ou arquétipo do *establishment* da política externa que conduziu

ta, Kennan havia decidido que os bolcheviques eram "um pequeno grupo de odiosos parasitas judeus" que, em sua "covardia inata" e "insolência intelectual", abandonam "o navio da civilização europeia ocidental como um enxame de ratos". Não poderia haver nenhum compromisso com eles. Em Praga durante a tomada nazista da Tchecoslováquia, sua primeira reação foi a de que os tchecos julgavam o domínio alemão uma bênção; tempos depois, visitando a Polônia ocupada – seu posto agora era em Berlim –, achou que os poloneses também poderiam acabar encarando o mando de Hans Frank como uma melhora da sua área. Quando Hitler atacou a União Soviética, Kennan disse a seus superiores que, da Escandinávia ao mar Negro, a Rússia era, por toda parte, mais temida do que a Alemanha e deveria sofrer as "consequências morais" da Operação Barbarossa sozinha, sem "nenhum direito a simpatias ocidentais"[44].

os Estados Unidos à Guerra Fria. Seu papel como formulador de políticas, de qualquer modo, chegou ao fim em 1950. No entanto, conforme passou a ser representado como o guardião ajuizado da consciência política externa dos EUA, sua folha corrida real – violenta e errática até seus setenta e pouco anos – serve como um indicador do que poderia passar por um senso de proporção na busca do interesse nacional. Na volumosa literatura a respeito de Kennan, o estudo de Anders Stephanson, *Kennan and the Art of Foreign Policy* (Cambridge, Harvard University Press, 1989), destaca-se como o único exame sério da substância intelectual de seus escritos, uma desconstrução cortês dos textos, mas devastadora, em última análise. Um retrato político-cultural agudo de Kennan não antipático à sua figura de conservador da sua época pode ser encontrado no livro de Harper, *American Visions of Europe*, cit., p. 135-232. Em seus últimos anos, Kennan tentou encobrir seus rastros no período em que manteve um pouco de poder, para proteger sua reputação e a de seu slogan. Devemos algumas páginas notáveis a esse impulso e, por isso, não temos nenhuma razão para reclamar, mas também nenhuma para tomar sua autoapresentação acriticamente. Sua melhor escrita foi a de cunho autobiográfico e histórico: vívida, mesmo que distante de memórias sinceras – ladeando *suggestio falsi*, repleta de *suppressio veri*; vinhetas desoladas do cenário norte-americano em *Sketches from a Life*; e o posterior *Decline of Bismarck's European Order: Franco-Russian Relations 1875-1890* (Princeton, Princeton University Press, 1979).

[44] Sob o regime nazista, "os tchecos gozavam de privilégios e satisfação superiores a qualquer coisa com a qual eles tivessem 'sonhado em dias austríacos'", e poderiam "alegremente alinhar--se com o mais dinâmico dos movimentos na Europa", como o melhor relato dessa fase em sua carreira resume sua opinião. Na Polônia, Kennan relatou que "a esperança de melhores condições materiais e de uma administração ordenada e eficiente pode ser suficiente para esgotar as aspirações de um povo cuja educação política sempre foi primitiva". Ver David Mayers, *George Kennan and the Dilemmas of US Foreign Policy* (Nova York, Oxford University Press, 1988), p. 71-3. Para a carta de Kennan, de 24 de junho de 1941, dois dias após o lançamento do ataque de Hitler à União Soviética, descrito simplesmente como "o esforço de guerra alemão", ver seu *Memoirs, 1925-1950* (Nova York, Pantheon, 1968), p. 133-4, que não dá nenhum indício de sua resposta inicial à tomada nazista do que restava da Tchecoslováquia e não faz nenhuma menção a sua viagem à Polônia ocupada.

Depois da guerra, promovido a vice-comandante da National War College [Escola Nacional de Guerra], declarou que, se a indústria militar russa progredisse mais rapidamente do que a norte-americana, "teríamos justificativas para considerar uma guerra preventiva" usando armas nucleares: "com prováveis dez bons acertos com bombas atômicas, você poderia, sem grande perda de vidas ou de prestígio ou de reputação dos Estados Unidos, praticamente incapacitar o potencial russo de fazer a guerra"[45]. No comando da Equipe de Ordenamento Político do Departamento de Estado e como *consigliere* de Acheson, Kennan iniciou operações paramilitares secretas na Europa oriental; defendeu, se necessário fosse, a intervenção militar norte-americana no sul da Europa e no sudeste da Ásia; pediu com insistência apoio para o colonialismo francês na África do Norte; supervisionou o cancelamento de reformas no Japão; endossou a repressão na América Latina; propôs a tomada de Taiwan pelos EUA; e exultou quando tropas norte-americanas foram enviadas para a Coreia[46]. A contenção não era limitada em seu alcance nem em seus meios. Ela era uma *Ermattungskrieg**, não uma *Niederwerfungskrieg***, mas o objetivo era o mesmo. Os Estados Unidos podiam esperar que, "dentro de cinco ou dez anos", a URSS seria "dominada por nuvens

---

[45] C. Ben Wright, "Mr. 'X' and Containment", *Slavic Review*, mar. 1976, p. 19. Furioso com a divulgação de sua folha corrida, Kennan publicou uma tentativa petulante de negação na mesma edição, demolida por Wright em "A Reply to George F. Kennan", *Slavic Review*, jun. 1976, p. 318-20, que passou a limpo sua documentação a respeito do tema. Ao longo de sua crítica a Kennan, Wright observou com precisão a seu respeito: "Seu domínio da língua inglesa é inegável, mas não se deve confundir o dom da expressão com a clareza de pensamento".

[46] Taiwan: "Realizada com resolução, velocidade, crueldade e autoconfiança suficientes, da maneira como Theodore Roosevelt poderia ter feito", a conquista da ilha "teria um efeito eletrizante nesse país e em todo o Extremo Oriente", Anna Kasten Nelson (org.), *The State Department Policy Planning Staff Papers* (Nova York, Garland, 1983), v. III, p. 65. Coreia: "George estava dançando nas nuvens porque os homens de MacArthur haviam sido mobilizados para o combate sob os auspícios das Nações Unidas. Ele carregava sua balalaica, instrumento russo que tocava com alguma habilidade em reuniões sociais, e com um grande e vigoroso movimento me deu um tapinha nas costas com ela, quase me derrubando na calçada. 'Bem, Joe', ele gritou: 'O que você acha das democracias agora?'", Joseph Alsop, *"I've Seen the Best of It": Memoirs* (Nova York, Norton, 1992), p. 308-9. Alsop, com as memórias de antes da guerra do jovem Kennan lhe dizendo que "os Estados Unidos estavam condenados à destruição porque já não eram mais dirigidos por sua 'aristocracia'", lembrara-lhe acidamente de suas severas críticas à democracia poucos dias antes, ibidem, p. 274, 307. Dois milhões de coreanos morreram durante uma intervenção norte-americana cujo bombardeamento maciço destruiu de forma completa o norte do país ao longo de três anos. Ver Bruce Cumings, *The Korean War* (Nova York, Modern Library, 2010), p. 147-61.

* Guerra de exaustão. Em alemão no original. (N. T.)
** Guerra de conquista. Em alemão no original. (N. T.)

de desintegração civil" e o regime soviético em breve "afundaria em violência". Enquanto isso, "todos os meios possíveis" deveriam ser colocados em prática para desestabilizar Moscou e seus colaboradores na Europa oriental[47]. A intenção era a de que contenção e recuo fossem um só desde o início.

II

Eufemismo burocrático, "contenção" era um termo árido demais para galvanizar a opinião pública para o lançamento da Guerra Fria. Mas poderia ser facilmente traduzido pelo que, doravante, seria a peça central da ideologia imperial norte-americana: segurança. Nos anos críticos de 1945-1947, essa palavra se tornou o slogan-chave que liga a atmosfera interna e as operações externas em uma única frente e garante a passagem do New Deal para a Doutrina Truman[48]. A Lei de Segurança Social* havia sido a reforma mais popular da era Roosevelt, consagrando um novo valor no vocabulário da política nacional. Qual complemento poderia ser mais natural do que uma Lei de Segurança Nacional para enfrentar o perigo não mais da depressão, mas sim da subversão? Em março de 1947, Truman proferiu o discurso de alerta sobre os perigos apocalípticos do comunismo na região do Mediterrâneo, planejado por Acheson "para deixar o país apavorado" com uma mensagem que fosse forçosamente "mais cristalina do que a própria verdade". Chamando seus compatriotas para combater na Guerra Fria, Kennan manifestou

> certa gratidão à Providência que, ao prover o povo norte-americano com esse desafio implacável, fez toda sua segurança como nação depender de sua cooperação e aceitação das responsabilidades de uma liderança moral e política que a história claramente tencionava colocar em suas costas.[49]

---

[47] David Foglesong, "Roots of 'Liberation': American Images of the Future of Russia in the Early Cold War, 1948–1953", *International History Review*, mar. 1999, p. 73-4; Gregory Mitrovich, *Undermining the Kremlin: America's Strategy to Subvert the Soviet Bloc, 1947-1956* (Ithaca, Cornell University Press, 2009), p. 6, 29, 180, que observa: "Não haveria atraso: contenção e uma estratégia 'compelidora' seriam exercidas em paralelo, não em sequência".

[48] Schurmann foi o primeiro a identificar essa posição e colocá-la no centro de seu balanço sobre o imperialismo norte-americano: "Uma nova ideologia, diferente do nacionalismo e do internacionalismo, forjou a base sobre a qual o bipartidarismo pôde ser criado. A palavra-chave e o conceito dessa nova ideologia eram *segurança*", *The Logic of World Power*, cit., p. 64-8.

* Lei promulgada por Roosevelt em 1935 que instituiu o sistema de seguridade social público nos EUA. (N. T.)

[49] "X, The Sources of Soviet Conduct", *Foreign Affairs*, jul. 1947, p. 582.

No mesmo mês, a Lei de Segurança Nacional criou o Departamento de Defesa (não mais da Guerra), o Estado-Maior Unificado*, o Conselho de Segurança Nacional e – a *pièce de résistance* – a Agência Central de Inteligência [CIA, na sigla em inglês]. Em torno desse complexo institucional se desenvolveu a ideologia permanente de segurança nacional que preside o império norte-americano até os dias de hoje[50]. Se a profundidade do seu domínio no imaginário nacional foi um produto da Guerra Fria, os temores nos quais essa ideologia se baseava tiveram uma longa pré-história em cenários alarmistas de vulnerabilidade por parte dos EUA a ataques externos e em uma ampliação dos perigos estrangeiros, de Lodge a Roosevelt, passando por Wilson[51]. Mascarando estratégias de ataque como exigências de defesa, nenhum tema foi mais bem calculado para preencher a potencial lacuna existente entre os sentimentos populares e os intentos da elite. O estudo de maior autoridade da entrada do governo Truman na Guerra Fria oferece uma crítica da concepção "expandida" de segurança nacional que acabou por dominar Washington. A ideologia da segurança nacional, ao estilo norte-americano, no entanto, era inerentemente expansionista[52]. Durante um conflito global que não havia iniciado, Roosevelt telegrafou a Stalin, em 1944: "Não há literalmente nenhuma questão, militar

---

*   Conselho de militares de alta patente que assessora o secretário de Defesa e o presidente dos Estados Unidos. (N. T.)

[50] Para o pano de fundo burocrático da lei e a ideologia gerada e cristalizada à sua volta, um estudo essencial é o de Michael Hogan, *A Cross of Iron: Harry S. Truman and the Origins of the National Security State, 1945-1954* (Cambridge, Cambridge University Press, 1998). O título é uma alusão pungente ao famoso brado de William Jennings Bryan: "Não crucificarás a humanidade em uma cruz de ouro". Forrestal foi o principal arquiteto da lei, tornando-se o primeiro secretário de Defesa do país, antes que sua paranoia pessoal e política explodisse em um salto para a morte de uma janela de hospital.

[51] O extenso registro desses temores foi levantado por John A. Thompson, "The Exaggeration of American Vulnerability: the Anatomy of a Tradition", *Diplomatic History*, 1992, p. 23-43, que conclui: "A dramática extensão do envolvimento e dos compromissos dos Estados Unidos no exterior nos últimos cem anos reflete mais um crescimento do poder do que um declínio da segurança. Ainda assim, a execução plena e efetiva desse poder exigiu disciplinas e sacrifícios do povo norte-americano, que este está disposto a suportar apenas se estiver convencido de que a segurança da nação está diretamente em jogo". Entre os resultados, "a expansão da segurança nacional passa a incluir a defesa dos valores norte-americanos e a manutenção da ordem mundial" e "a tendência recorrente de exagerar a vulnerabilidade do país a ataques".

[52] Para o principal historiador da Guerra Fria, John L. Gaddis, essa era, de forma admirável, uma longa tradição do país: "Expansão, nós admitimos, é o caminho para a segurança", *Surprise, Security and the American Experience* (Cambridge, Harvard University Press, 2004), p. 13.

ou política, na qual os Estados Unidos não estejam interessados". *A fortiori*, o interesse incluiu a Guerra Fria.

A organização do discurso pós-guerra do império em torno da segurança não significou, é claro, que os temas de base do patriotismo norte-americano foram por ela eclipsados. As legitimações do expansionismo dos EUA haviam sempre formado um complexo móvel de ideologemas, cuja ordem e ênfase mudavam caleidoscopicamente de acordo com a conjuntura histórica. O primado da segurança, depois de 1945, alterou a hierarquia dos apelos, sem eliminá-los. Logo abaixo dela vinha, agora, a democracia – o presente norte-americano ao mundo, protegido pela segurança. O que tinha de ser protegido – isto é, expandido – contra a ameaça totalitária do comunismo era um mundo livre à imagem e semelhança da liberdade norte-americana. Na luta dos EUA contra a URSS, a força da reivindicação de ser o que o inimigo não era, uma democracia liberal, era óbvia: onde houvesse qualquer experiência ou perspectiva de um governo representativo, isso era normalmente uma carta na manga. Em particular, é claro, os gestores da segurança nacional frequentemente desprezavam a democracia que estavam supostamente defendendo. Kennan, um admirador de Schuschnigg e Salazar, governantes que mostraram que um "despotismo benevolente tinha mais possibilidades para produzir o bem" do que a democracia, argumentou às vésperas da Segunda Guerra Mundial que imigrantes, mulheres e negros deveriam ser privados do voto nos Estados Unidos. A democracia era um "fetiche": era preciso uma "mudança constitucional para um Estado autoritário" – um *Estado Novo* norte-americano[53]. Após a guerra, Kennan comparou a democracia a "um daqueles monstros pré-históricos com um corpo tão comprido quanto esta sala e um cérebro do tamanho de um alfinete", e nunca deixou de acreditar que o país era mais bem governado por uma elite esclarecida imune a paixões populares. Acheson descartava "a premissa de que a democracia é algo bom" e observava: "Eu não acho que ela valha um centavo. Eu sou da opinião de que o Congresso é representativo demais. Ele é tão estúpido quanto as pessoas; tão ignorante, tão idiota, tão egoísta

---

[53] "Fair Day Adieu!" e "The Prerequisites: Notes on Problems of the United States in 1938", documentos ainda mantidos em segredo – o resumo mais completo está em David Mayers, *George Kennan and the Dilemmas of US Foreign Policy*, cit., p. 49-55. Para uma discussão irrefutável sobre os pontos de vista defendidos por Kennan nesses textos, ver Joshua Botts, "'Nothing to Seek and... Nothing to Defend': George F. Kennan's Core Values and American Foreign Policy, 1938-1993", *Diplomatic History*, nov. 2006, p. 839-66.

quanto elas"[54]. Confidências desse tipo não chegavam ao conhecimento público. Oficialmente, a democracia era um valor tão proeminente na missão norte-americana para com o mundo quanto no tempo do Destino Manifesto.

Esse destino, no entanto, havia passado por uma mudança. Depois da Guerra Hispano-Americana, ele tinha deixado de ser territorial, e com Wilson se tornou tudo, menos metafísico. Durante a Guerra Fria, ele foi articulado com menos arrebatamento, em um registro político-moral que ocupava uma posição inferior na hierarquia ideológica. No entanto, a ligação com a religião permaneceu. Em seu último discurso inaugural de 1944, Roosevelt declarou:

> O Deus Todo-Poderoso abençoou nossa terra de muitas maneiras. Ele deu ao nosso povo corações robustos e braços fortes com os quais podemos desferir golpes poderosos por nossa liberdade e verdade. Ele deu ao nosso país uma fé que se tornou a esperança de todos os povos em um mundo angustiado.

Truman, ao falar sobre o dia em que jogou a segunda bomba atômica sobre Nagasaki, era igualmente franco a respeito dos braços fortes do país: "Agradecemos a Deus por [a bomba atômica] ter vindo a nós, e não aos nossos inimigos; e oramos para que Ele possa nos guiar para usá-la em Seus caminhos e para Seus propósitos". Em meio às ruínas do pós-guerra, o presidente era mais expansivo. "Nós estamos indo em frente para cumprir o nosso destino, um destino que eu penso que Deus Todo-Poderoso tencionava que tivéssemos", e anunciou: "Nós seremos os líderes"[55]. Vendo a destruição na Alemanha, Kennan se descobriu "silenciado pela percepção de que havíamos sido nós os escolhidos pelo Todo-

---

[54] Acheson: entrevista com Theodore Wilson e Richard McKinzie de 30 de junho de 1971. Johnson era ainda mais grosseiro: "Nós pagamos um bom punhado de bons dólares americanos para os gregos, senhor embaixador", disse a um enviado após soltar um palavrão de forma arrastada: "Se o seu primeiro-ministro me dá um discurso sobre a democracia, o parlamento e a constituição, ele, seu parlamento e sua constituição poderão não durar muito tempo", Philip Deane [Gerassimos Gigantes], *I Should Have Died* (Toronto, Longman, 1976), p. 113-4. Nixon e Kissinger tiveram a mesma percepção exuberante.

[55] John Fousek, *To Lead the World: American Nationalism and the Cultural Roots of the Cold War* (Chapel Hill, University of North Carolina Press, 2000), p. 44, 23; Lloyd Gardner, em Lloyd Gardner, Arthur Schlesinger e Hans Morgenthau, *The Origins of The Cold War* (Ann Arbor, University of Michigan Press, 1970), p. 8. Em 1933, Roosevelt, com seriedade, alertou Litvinov de que, em seu leito de morte, ele queria "fazer as pazes com Deus", acrescentando que "Deus vai castigar os russos, se vocês continuarem perseguindo a Igreja", David Foglesong, *The American Mission and the "Evil Empire"* (Nova York, Cambridge University Press, 2007), p. 77.

-Poderoso para ser agentes dessa destruição"[56], mas, no devido tempo, animado pelo desafio impressionante que a mesma Providência havia concedido aos norte-americanos sob a forma da Guerra Fria. Desde então, a divindade continuou a guiar os Estados Unidos, dos tempos de Eisenhower, quando "Em Deus confiamos" se tornou o lema oficial da nação, aos de Kennedy, quando ele exclamava "Tendo uma boa consciência como nossa única recompensa garantida e a história como última juíza de nossas ações, sigamos em frente para liderar a terra que amamos, pedindo Sua bênção e Sua ajuda, sabedores, porém, de que aqui na Terra a obra de Deus deve, em verdade, ser obra nossa", até a declaração do jovem Bush de que "Nossa nação foi escolhida por Deus e comissionada pela história para ser um modelo para o mundo" e a confiança de Obama de que Deus continua a chamar os norte-americanos para seu destino: levar, com Sua graça, "a grande dádiva da liberdade" para a posteridade[57]. Os Estados Unidos não seriam os Estados Unidos sem sua fé no sobrenatural. No entanto, por razões óbvias, esse componente da ideologia nacional é dirigido mais a um público interno, sem muito apelo no exterior, e, por isso, agora se encontra relegado ao degrau mais baixo na estrutura da justificativa imperial.

Para ser eficaz, uma ideologia tem tanto de refletir como de distorcer, ou ocultar, a realidade. No início da Guerra Fria, assim como em seu fim, os Estados Unidos possuíam poucas colônias, eram de fato uma democracia eleitoral, confrontaram efetivamente um sistema sociopolítico que não o era e, como no passado, gozavam de vantagens naturais extraordinárias de tamanho, localização e qualidades físicas. Tudo isso podia ser, e foi, sintetizado em uma ideologia imperial a comandar um consenso popular, mesmo que não unânime, em casa, e um poder de atração, mesmo que não onipresente, fora dela. No entanto, a instância determinante definitiva na formação da política externa norte-americana se encontrava em outro lugar e pôde receber apenas uma articulação cautelosa até que a Guerra Fria fosse vencida. Enquanto o comunismo era uma ameaça, o termo capitalismo era tudo menos um termo tabu no vocabulário do Ocidente. Nos EUA mesmo, as virtudes da livre iniciativa sempre foram, cer-

---

[56] George F. Kennan, *Memoirs*, cit., p. 429.

[57] Discurso de posse de Kennedy em 20 de janeiro de 1961: "Os direitos do homem vêm não da generosidade do Estado, mas das mãos de Deus"; George W. Bush, discurso à convenção da entidade judaica B'nai B'rith International em 28 de agosto de 2000; discurso de posse de Obama, 20 de janeiro de 2009: "Essa é a fonte de nossa confiança: o conhecimento de que Deus nos convoca a dar forma a um destino incerto", discurso que lembrava seu público, entre outras coisas, do heroísmo daqueles que lutaram pela liberdade em Gettysburg e Khe Sanh.

tamente, proeminentes na liturgia nacional, mas, mesmo nesse idioma, raramente eram projetadas como *leitmotifs* da defesa global da liberdade contra o perigo totalitário. Os gestores do império estavam cientes de que seria contraproducente trazê-las para o primeiro plano. Os rascunhos iniciais do discurso presidencial que se transformariam na Doutrina Truman, preparados por seus assessores Clifford e Elsey, apresentavam a Grécia como uma linha estratégica de defesa para o acesso ao petróleo do Oriente Médio e, notando que "tem havido uma tendência mundial de afastamento do sistema da livre iniciativa", advertiam que, "se por omissão permitirmos que a livre iniciativa desapareça nas outras nações do mundo, a própria existência da nossa economia e da nossa democracia estará seriamente ameaçada". Falar desse modo era deixar as coisas claras demais. Truman objetou que isso "fazia a coisa toda soar como um prospecto de investimento", e Acheson se certificou de que segredos dessa natureza não fossem revelados[58]. Nem mesmo ao livre-comércio, por mais essencial que fosse à Pax Americana, era concedido um lugar de destaque como imperativo ideológico. Mas o que, sob as circunstâncias de então, era menos patente na hierarquia de suas legitimações seria, como os eventos futuros mostrariam, extremamente decisivo no mapa das suas operações. Naquele momento, a Guerra Fria tinha de ser ganha e o catecismo da segurança era fundamental.

III

A Grande Disputa, conforme Deutscher a apelidou, ainda é, em geral, considerada como a estrutura definidora da grande estratégia norte-americana na época do pós-guerra. Mas as exigências da luta contra o comunismo, obsessivas como se tornaram, foram apenas uma fase, mesmo que prolongada, dentro de um arco maior e mais amplo de projeção do poder norte-americano, projeção que sobreviveu a tais exigências por mais da metade dos anos. Desde que chegou ao fim, a Guerra Fria produziu um corpo muitas vezes notável de estudos internacionais. No entanto, estes têm quase sempre se mantido cegos à dinâmica que a antecede, engloba e supera. Por toda sua extensão e intensidade, a Guerra Fria foi – nas palavras de uma ilustre exceção em meio a essa literatura –

---

[58] McCormick, *America's Half-Century*, cit., p. 77. A revista *Business Week* podia se dar ao luxo de ser mais direta, observando que a tarefa do governo norte-americano era "manter o capitalismo em evidência no Mediterrâneo – e na Europa", enquanto no Oriente Médio "já é certo que os negócios têm um enorme interesse em qualquer papel que os Estados Unidos venham a desempenhar".

"apenas um subenredo" dentro da história maior de dominação global por parte dos Estados Unidos[59].

Essa exceção veio da tradição que inaugurou o estudo moderno do imperialismo norte-americano, fundado em Wisconsin por William Appleman Williams, nos anos 1950. Os livros de Williams, *American-Russian Relations* [Relações entre Estados Unidos e Rússia] (1952), *Tragedy of American Diplomacy* [A tragédia da diplomacia norte-americana] (1959) e *The Contours of American History* [Os contornos da história norte-americana] (1961), argumentavam que a marcha em direção à fronteira interna dos EUA, permitindo que uma sociedade de colonizadores se desvencilhasse das contradições de raça e classe de uma economia capitalista emergente, havia sido estendida ao longo do Pacífico em busca de um império comercial do tipo Portas Abertas e, em seguida, na *fuite en avant** de um lance pelo domínio global que não podia tolerar sequer uma União Soviética defensiva. Para Williams, essa trajetória era moralmente desastrosa, gerada por um afastamento da visão de uma comunidade de iguais que havia inspirado os primeiros desembarques do Velho Mundo em solo norte-americano. Produzido antes do ataque aéreo norte-americano ao Vietnã, o relato de Williams sobre um imperialismo norte-americano de longa data ressoou com força profética nos anos 1960. Os historiadores que aprenderam com ele – Lloyd Gardner, Walter LaFeber, Thomas McCormick, Patrick Hearden – irradiaram o idealismo de seu quadro explicativo, explorando com mais documentação e precisão a dinâmica econômica da diplomacia, do investimento e da guerra norte-americanos do século XIX ao fim do século XX. A Escola de Wisconsin não estava sozinha em sua historiografia crítica do império. O monumental *The Politics of War*, de Kolko, compartilhava o mesmo pano de fundo político de repulsa à guerra no Vietnã, apesar de não possuir a mesma filiação intelectual.

Para o liberalismo reinante do tempo, e desde então, essa era uma lente aberrante para visualizar o papel dos Estados Unidos no mundo do pós-guerra. Não foram exigências de rentabilidade, mas sim de segurança que formaram a regra geral da política externa norte-americana, definida mais pelo conflito da Guerra Fria do que pelos objetivos da Política de Portas Abertas. John Lewis Gaddis, que ao longo de quatro décadas, e de forma incansável, defendeu verdades patrióticas sobre o seu país e os perigos à frente, liderava a reação. A Guerra Fria, explicou ele, no auge do bombardeio dos EUA ao Vietnã, em 1972,

---

[59] Ibidem, p. 13.
* Fuga para a frente. Em francês no original. (N. T.)

havia sido forçada a um relutante governo norte-americano que não a queria, mas queria ainda menos a insegurança. A responsabilidade pelo conflito recaiu sobre um ditador soviético que não respondia à opinião pública e, assim, poderia ter evitado um confronto que os governantes democráticos em Washington, obrigados a atender aos sentimentos populares indignados com o comportamento russo, não podiam. O sistema político nacional, em vez de ter algo a ver com a economia, determinava a condução das relações exteriores da nação[60]. Se havia algo como um império norte-americano – talvez o "revisionismo", apesar de tudo, tivesse alguma coisa a dizer aí –, era um império por convite, livremente procurado na Europa ocidental a partir do medo de uma agressão soviética, ao contrário do império russo, imposto à Europa oriental[61]. A política norte-americana em relação ao mundo, insistiu uma década mais tarde, sempre havia sido fundamentalmente defensiva. Seu *leitmotif* era o da contenção, rastreável em sucessivas declinações desde o tempo de Truman até o de Kissinger, em um arco de impressionante comedimento e clarividência[62].

Passados outros dez anos, com a Guerra Fria já ganha, Gaddis poderia revelar o que *nós agora sabemos* de sua verdadeira natureza: uma batalha do bem contra o mal, como os contemporâneos a viam, na qual concepções norte-americanas de segurança coletiva, corporificadas em uma aliança como a da Otan, inspirada por princípios federais semelhantes aos da Constituição dos EUA, haviam triunfado sobre concepções soviéticas estreitas de segurança unilateral e, ao fazê-lo, difundiram a democracia em todo o mundo. A corrida armamentista nuclear, sozinha, havia adiado um colapso da URSS que, de outro modo, teria ocorrido muito antes[63]. Nem todos os perigos à liberdade, no entanto, haviam sido afastados. Em 2001, os terroristas que atacaram as

---

[60] John L. Gaddis, *The United States and the Origins of the Cold War, 1941-1947* (Nova York, Columbia University Press, 1972), p. 353, 356-8, 360-1. Em um prefácio à reedição do livro, em 2000, Gaddis expressava alegria por sua boa sorte, como estudante no Texas, em não sentir nenhuma obrigação "de condenar o *establishment* norte-americano e todas as suas obras".

[61] Idem, "The Emerging Post-Revisionist Synthesis and the Origins of the Cold War", *Diplomatic History*, jul. 1983, p. 181-3.

[62] Idem, *Strategies of Containment* (Nova York, Oxford University Press, 1982), p. 8, passim. Gaddis se tornara, a essa altura, o principal exegeta de Kennan, passando a biógrafo oficial e ganhando o apelido de "padrinho da contenção". A esse respeito, ver Sarah-Jane Corke, *US Covert Operations and Cold War Strategy: Truman, Secret Warfare and the CIA, 1945-1953* (Londres, Routledge, 2007), p. 39-42s.

[63] John L. Gaddis, *We Now Know: Rethinking Cold War History* (Nova York, Oxford University Press, 1997), p. 51, 199-201, 280, 286-7, 292.

Torres Gêmeas e o Pentágono, assim como os japoneses que bombardearam Pearl Harbor, haviam "dado aos EUA mais uma oportunidade de liderar o mundo em direção a uma nova era", e George W. Bush – o subestimado Príncipe Hal da hora – encontrava forças para o desafio de criar um "império de liberdade" ao se manter à altura da vocação do país como, nas palavras de Lincoln, "a última e melhor esperança da humanidade"[64].

No momento desses pronunciamentos, o clima intelectual havia mudado. De meados da década de 1980 em diante, a crônica do Estado norte-americano durante a Guerra Fria passou a ser vista sob uma luz mais cética. A atuação em dois teatros de sua operação atraiu especial crítica em muitos dos estudos posteriores, sendo vista como excessiva e desnecessariamente agressiva. A primeira dessas atuações foi o papel dos EUA no início da Guerra Fria na Europa; a segunda, suas intervenções subsequentes no Terceiro Mundo. Estudos sobre isso resultaram, por sua vez, na ampliação e no aprofundamento gerais da historiografia da Guerra Fria, o que foi possível devido à abertura dos arquivos soviéticos e chineses e a um senso mais crítico das fontes ocidentais[65]. A imponente, em três volumes, *Cambridge History of the Cold War* [A história da Guerra Fria, da Cambridge] (2010), um monumento à pesquisa atual, é testemunho dessa mudança; e seus coeditores, Melvyn Leffler e Odd Arne Westad, são representantes do avanço que essa nova literatura representa e dos seus limites. Cada um deles é autor de obra de referência em seus respectivos campos, obras humanas e profundamente imbuídas de reflexão histórica: *A Preponderance of Power* [Uma preponderância de poder] (1992), de Leffler, e *The Global Cold War* [A Guerra Fria global] (2005), de Westad. A volumosa e meticulosa análise de Leffler sobre as doutrinas e ações norte-americanas nos primeiros cinco anos da Guerra Fria não deixou dúvidas do ímpeto de Washington por hegemonia global –

---

[64] Idem, "And Now This: Lessons from the Old Era for the New One", em Strobe Talbott e Nayan Chanda (org.), *The Age of Terror* (Nova York, Basic Books, 2001), p. 21; John L. Gaddis, *Surprise, Security and the American Experience*, cit., p. 115, 117. Para "uma das transformações mais surpreendentes de um subestimado líder nacional desde que o príncipe Hal se tornou Henrique V", o que levou à comparação do Afeganistão com Agincourt, ver p. 82, 92; e ainda p. 115, 117. Em momento oportuno, Gaddis escreveria discursos para o presidente texano.

[65] Para acompanhar as sucessivas fases dessa historiografia, ver Stephanson, "The United States", em David Reynolds (org.), *The Origins of the Cold War in Europe: International Perspectives* (New Haven, Yale University Press, 1994), p. 25-48. Uma atualização mais sucinta pode ser encontrada em John Lamberton Harper, *The Cold War* (Oxford, Oxford University Press, 2011), p. 83-9, um elegante trabalho que, atualmente, é a melhor síntese nesse campo.

"preponderância" em geral – e da sua desconsideração das apreensões previsíveis que isso despertava em Moscou, na esteira de uma invasão da Alemanha e do medo de outras, à medida que os EUA dividiam o país para manter o Ruhr ao seu alcance de modo seguro[66]. O estudo de Westad rompeu decisivamente com o foco convencional centrado na Europa, aderindo a uma narrativa poderosa sobre os campos de batalha do Terceiro Mundo, tratado como a mais importante frente particular da Guerra Fria, especialmente desastrosa para os povos apanhados no fogo cruzado das tentativas norte-americana e soviética de controlar seu destino.

Por mais imponente que cada uma dessas obras seja em seu terreno, elas se mantêm circunscritas. Em termos de alcance histórico, nenhuma das duas está à altura da integração de Kolko, que, dentro de seus limites, dá conta de toda a gama de ações e objetivos estratégicos norte-americanos enquanto o Exército Vermelho lutava contra a Wehrmacht, com um sentido pleno das experiências populares de sofrimento e revolta do Yangtzé ao Sena, no mundo além de Washington[67]. As quarenta páginas de bibliografia no primeiro volume da *Cambridge History of the Cold War* não contêm nenhuma referência a *The Politics of War*, uma omissão reveladora. Na melhor das hipóteses, essa literatura produziu obras importantes de história política de natureza clara e coerente. Mas, embora não sejam apologéticas, muitas vezes detendo-se longamente em erros injustificados e excessos da política externa norte-americana que comprometeram a chance de obter melhores resultados diplomáticos após a guerra ou, então, em crimes cometidos com medo de que coisas piores se sucedessem no mundo subdesenvolvido, essas obras têm se revelado consistentemente incapazes de chegar a um acordo sobre a matriz que tornou tais erros e crimes racionais o suficiente para os seus propósitos. O sintoma dessa incapacidade é o silêncio geral com o qual elas têm tratado o trabalho crescente dos historiadores norte-americanos que fizeram desse ponto em especial o principal objeto de suas

---

[66] Para o grau de rejeição da versão da Guerra Fria de Gaddis por parte de Leffler, ver sua corrosiva demolição de *We Now Know*: "The Cold War: What Do 'We Now Know'?", *American Historical Review*, abr. 1999, p. 501-24. Ele havia começado a questionar a versão de Gaddis já em 1984: "The American Conception of National Security and the Beginnings of the Cold War, 1945-48", *American Historical Review*, abr. 1984, p. 346-81.

[67] Em 1990, Kolko acrescentou um prefácio de brilho excepcional à republicação de *The Politics of War*, que estende seu argumento a reflexões comparativas sobre os regimes alemão e japonês e seus governantes, e os resultados políticos diversos das experiências populares francesa e alemã da guerra.

pesquisas. Distorções ideológicas e exageros quanto à insegurança são as causas aceitáveis dos erros de julgamento norte-americanos ou da sua má conduta no exterior. A lógica política de uma economia continental dinâmica, que foi o quartel-general do capital mundial, é a matéria – na melhor das hipóteses – para evasivas ou constrangimento[68].

Não era esse o caso no início dos anos 1970, quando a influência de Williams estava no auge. Naquela época, surgiram duas críticas pungentes da Escola de Wisconsin, cuja clareza e rigor estão em notável contraste com os arrastados textos que se seguiram. Robert Tucker e John Thompson miraram, cada qual, as elisões do termo "expansão" no uso que Wisconsin lhe dava, ressaltando que

---

[68] Atacado por Bruce Cumings por seu fracasso em resolver ou até mesmo mencionar o trabalho de Kolko ou, de modo mais geral, os historiadores da Escola de Wisconsin descendentes de Williams, Leffler só pôde responder defensivamente que, para ele, "os escritos de William Appleman Williams ainda fornecem a melhor base para as reconfigurações arquitetônicas que eu imagino", uma vez que "Williams capturou a verdade essencial de que a política externa norte-americana tem girado em torno da expansão do território, comércio e cultura norte--americanos" – uma trindade, no entanto, cujo único elemento a figurar de modo significativo em seu trabalho sobre a Guerra Fria é o último. Ver, sobre essa discussão, Michael Hogan (org.), *America in the World: the Historiography of American Foreign Relations since 1941* (Cambridge, Cambridge University Press, 1995), p. 52-9, 86-9. Por sua vez, Westad pôde escrever de forma inocente até 2000 que "os formuladores políticos norte-americanos parecem ter entendido muito mais rapidamente do que a maioria de nós pôde acreditar que havia uma ligação intrínseca entre a expansão do capitalismo como um sistema e a vitória dos valores políticos norte-americanos", Odd Arne Westad (org.), *Reviewing the Cold War: Approaches, Interpretations, Theory* (Londres, Frank Cass, 2000), p. 10. Cinco anos mais tarde, *The Global Cold War* contém algumas páginas indecisas e tensas sobre considerações econômicas da política externa dos EUA, sem relação significativa com a narrativa posterior, antes de concluir com perceptível alívio no fim do livro que – como exemplificado pela invasão do Iraque – "liberdade e segurança têm sido, e continuam a ser, as forças motrizes da política externa dos EUA" (Nova York, Cambridge University Press, 2005), p. 27-32, 405. Uma nota de rodapé discreta em Kimball nos informa que "os historiadores só agora começaram a atacar as intrigantes questões colocadas por William Appleman Williams" e a lidar com Gardner e Kolko, como quando se posicionam contra "o ponto de vista mais comumente aceito, que enfatiza a política de poder e o idealismo wilsoniano" e não "lidam de verdade com a questão das metas econômicas gerais dos Estados Unidos e seus efeitos sobre a política externa" – um tópico de certa forma manuseado com cuidado, por vezes sem o mínimo senso de realidade no capítulo que se segue sobre os empréstimos do tipo *Lend-Lease*: *the Juggler*, cit., p. 218-9, 43-61. A respeito das típicas modulações à ortodoxia tradicional da Guerra Fria, McCormick uma vez observou, de modo justo: "Embora os pós-revisionistas possam notar com exatidão fatores materialistas, depois disso eles os escondem em uma lista de compras de variáveis indiferenciadas e desconectadas. A premissa operativa é que a multiplicidade, em vez da articulação, é equivalente à sofisticação", "Drift or Mastery? A Corporatist Synthesis for American Diplomatic History", *Reviews in American History*, dez. 1982, p. 318-9.

a expansão territorial em toda a América, ou até no Pacífico, não significava que a economia dos EUA exigia mercados estrangeiros para prosperar no século XIX ou na primeira metade do século XX nem que as crenças equivocadas por parte de políticos ou empresários na posição contrária poderiam servir como prova de qualquer continuidade proposital na política externa norte-americana, conspicuamente ausente. Que havia ocorrido expansão, Tucker prontamente o admitiu. Mas ela era mais bem entendida como uma projeção não da estrutura socioeconômica do capitalismo norte-americano e sim do enorme crescimento do poder dos EUA e da dinâmica proveniente da competição interestatal, acompanhada de ideias de uma missão de difundir os valores do país no exterior. Para Thompson, um sem-número de crenças foi expresso pelos norte-americanos como justificativa da política externa de seu país e não havia nenhuma razão para atribuir, *a priori*, mais importância a argumentos comerciais do que a argumentos estratégicos, morais ou políticos àquelas justificativas. Considerações acerca de segurança, invocadas com frequência, estavam presentes no repertório utilizado. Legítimas até meados dos anos 1950, na opinião de Tucker, tais considerações haviam se tornado excessivas depois desse período, abandonando a busca racional de um equilíbrio de poder pela vontade de hegemonia de um globalismo expansionista. Nesse sentido, a crítica de Wisconsin à política externa norte-americana na Guerra Fria era correta. "Para conter a expansão de outros, ou o que foi percebido como tal, tornou-se necessário que nos expandíssemos. Desse modo, o curso da contenção se tornou o curso do império."[69]

---

[69] Robert W. Tucker, *The Radical Left and American Foreign Policy* (Baltimore, Johns Hopkins University Press, 1971), p. 11, 23, 58-64, 107-11, 149, um estudo conservador de grande elegância intelectual. Da mesma forma, de um liberal inglês, John A. Thompson, "William Appleman Williams and the 'American Empire'", *Journal of American Studies*, abr. 1973, p. 91-104, uma análise textual mais aprofundada.

4
Bases

A estrutura geral das relações entre Estado e capital na era moderna e a forma histórica particular que essas relações haviam tomado nos Estados Unidos permaneceram sem solução nas discussões acerca daquele período. Que a configuração dos incentivos e constrangimentos aos quais os dois estavam sujeitos nunca poderia ser a mesma estava escrito nas origens independentes de cada um. O capitalismo, como um sistema de produção sem fronteiras, surgiu em um mundo europeu já territorialmente dividido em uma pluralidade de Estados feudais tardios, em disputa uns contra os outros, cada qual com seus próprios meios de agressão e sistemas de coerção. No devido tempo, quando monarquias absolutistas se tornaram Estados-nações capitalistas, os poderes econômico e político, fundidos na ordem feudal, tornaram-se estruturalmente separados. Assim que os produtores diretos foram privados dos meios de subsistência, tornando-se dependentes de um mercado de trabalho para sua sobrevivência, a coação extraeconômica deixou de ser necessária para explorá-los. Mas seus exploradores ainda estavam divididos entre a multiplicidade de Estados que haviam herdado, além das tensões existentes entre eles. O resultado, na fórmula clássica de Robert Brenner, era duplo[70]. Por um lado, esses Estados não poderiam contradizer os interesses do capital sem se comprometerem, já que seu poder dependia da prosperidade de uma economia governada pelos requisitos da rentabilidade; por outro lado, as atividades dos Estados não poderiam estar sujeitas ao mesmo conjunto de incentivos e constrangimentos daquela das empresas, pois, enquanto o campo de relações interestatais – como também o

---

[70] Robert Brenner, "What Is, and What Is Not, Imperialism?", *Historical Materialism*, v. 14, n. 4, 2006, p. 79-95, especialmente p. 83-5.

das relações entre empresas – também era um campo de competição, faltavam-lhe tanto as regras institucionais de um mercado quanto a transparência de um mecanismo de preços para julgar alegações de racionalidade ou eficiência. Não havia contrapartida externa para a resolução interna do problema de coordenação. A consequência disso foi um risco contínuo de erros de cálculo e resultados menos que ótimos – no limite, desastrosos – para todas as partes em conflito.

O objetivo do capital é o lucro. Qual é o objetivo equivalente do Estado? Em um linguajar educado, "segurança", cuja chegada como a definição convencional da finalidade última do Estado coincidiu, depois de 1945, com a sublimação universal dos ministérios da Guerra em ministérios da Defesa. Nebuloso como poucos, o termo era – e continua a ser – ideal para fins de uso ideológico de todo tipo[71]. Spykman havia observado friamente a realidade por detrás do termo: "A luta pelo poder é idêntica à luta pela sobrevivência, e a melhoria da posição de poder relativa se torna o principal objetivo da política interna e externa dos Estados", pois "não há nenhuma segurança real em ser tão forte quanto um potencial inimigo; há segurança apenas quando somos um pouco mais fortes"[72]. Depois de 1945, mesmo esse "pouco" se tornaria um arcaísmo. O estudo de Leffler dos anos Truman pode ser lido como uma vasta esfoliação acadêmica da incisiva conclusão de Tucker, vinte anos antes: o significado de segurança nacional havia sido estendido até os limites da Terra[73]. Conceitualmente, no entanto, o trabalho de Leffler manteve uma ambiguidade

---

[71] Para um adepto contemporâneo desse tipo de discurso, Joseph Nye, presidente do Conselho Nacional de Inteligência durante o governo Clinton, "a segurança é como o oxigênio: você não percebe até perdê-lo", "East Asian Security: the Case for Deep Engagement", *Foreign Affairs*, jul.-ago. 1995, p. 91. Como Lloyd Gardner observou sobre o uso ubíquo do termo por parte de Gaddis, "ele paira diante de nós como uma abstração ou, com desculpas a T. S. Eliot, 'forma sem forma, sombra sem cor'", "Responses to John Lewis Gaddis", *Diplomatic History*, jul. 1983, p. 191. Para a elaboração de Gaddis, duas décadas mais tarde, de que a segurança norte-americana sempre significou expansão, ver nota 52, na p. 40.

[72] Nicholas Spykman, *America's Strategy in World Politics*, cit., p. 18, 20.

[73] A crítica de Tucker a essa inflação era a mais radical: "Ao interpretar a segurança como uma função não apenas de um equilíbrio entre os Estados, mas da ordem interna por eles mantida, a Doutrina Truman equiparou a segurança dos Estados Unidos a interesses que, evidentemente, iam muito além dos requisitos convencionais de segurança. Essa concepção não pode ser descartada como mera retórica, concebida à época apenas para mobilizar a opinião pública em apoio a ações de política limitada, posto que era uma retórica levada a sério por sucessivos governos. Em vez disso, ela expressava com precisão a magnitude da concepção dos Estados Unidos de seu papel e interesses no mundo desde o princípio da Guerra Fria", *The Radical Left and American Foreign Policy*, cit., p. 107.

prudente. "Medo e poder", escreveu – "não uma pressão soviética implacável nem impulsos humanitários, considerações políticas externas ou a influência britânica" – foram "os principais fatores a moldar as políticas norte-americanas"[74]. Medo e poder – a necessidade de segurança, o impulso por primazia: possuíam eles igual importância ou um significava mais do que o outro? O título e as evidências do livro de Leffler apontavam inequivocamente para uma direção; a judiciosa casuística do fim do livro, para outra.

Na Washington do pós-guerra, uma "preponderância do poder" não era simplesmente, no entanto, a meta-padrão de qualquer grande Estado – a busca, como Spykman apontou, "não de um equilíbrio, mas de uma generosa margem" de força. Objetivamente, ela tinha outro significado, enraizado no caráter singular dos EUA como um Estado capitalista que não apenas abrange a maior e mais autossuficiente economia industrial no mundo, por uma grande margem, mas que também se abriga por detrás de seus oceanos de todo e qualquer ataque digno de crédito de rivais ou inimigos. No plano da *Weltpolitik*, surgiu no país, assim, uma grande distância entre o poder potencial do Estado norte-americano e a verdadeira extensão dos interesses norte-americanos. A entrada na Segunda Guerra Mundial estreitou a distância e transformou a estrutura da relação entre esses pontos. A Depressão havia deixado claro aos formuladores políticos que a economia dos Estados Unidos não estava isolada das ondas de choque no sistema mundial do capital. O estouro da guerra, por sua vez, deixara claro que blocos comerciais autárquicos não só ameaçavam excluir o capital norte-americano de grandes zonas geográficas como traziam riscos de conflagrações militares que poderiam pôr em perigo a estabilidade da civilização burguesa como um todo. Por conta disso, a participação na guerra rendeu um bônus duplo: a economia norte-americana cresceu a uma taxa fenomenal sob o estímulo de aquisições militares, dobrando seu PIB entre 1938 e 1945; e seus três principais rivais industriais – Alemanha, Grã-Bretanha e Japão – emergiram do conflito destruídos ou enfraquecidos, deixando Washington em uma posição que lhe permitiria remodelar o universo do capital de acordo com suas exigências.

As elites da Grande Potência que adquiriram essa capacidade estavam mais próximas de empresas e bancos do que as de qualquer outro Estado do período. Os mais altos escalões responsáveis por políticas públicas no governo Truman estavam cheios de banqueiros de investimento e advogados de grandes empre-

---

[74] Melvyn P. Leffler, *A Preponderance of Power* (Stanford, Stanford University Press, 1992), p. 51.

sas, grandes industriais e comerciantes: Forrestal, Lovett, Harriman, Stettinius, Acheson, Nitze, McCloy, Clayton, Snyder, Hoffman – um estrato cuja probabilidade de ignorar os interesses do capital norte-americano em redesenhar a paisagem do pós-guerra era bastante improvável. A livre iniciativa era a base de todas as outras liberdades. Os EUA sozinhos poderiam garantir a sua preservação e extensão em nível mundial, e teriam direito aos benefícios gerados por realizarem tal manobra. No imediato rescaldo da guerra, quando os temores de um possível retorno à depressão, na esteira da desmobilização, eram comuns, a abertura de mercados externos para as exportações dos EUA – uma ideia fixa dentro do Departamento de Estado no período da guerra – era amplamente considerada como vital para a prosperidade futura.

A Guerra Fria alterou esse cálculo. A recuperação econômica da Europa ocidental e do Japão sempre havia sido vista como uma condição do sistema de livre-comércio, na qual produtos norte-americanos poderiam fluir para mercados consumidores restaurados à condição de solventes no exterior. No entanto, a chegada do Exército Vermelho ao Elba e a travessia do Yangtzé pelo PLA [Exército de Libertação do Povo] impuseram um tipo diferente de urgência – e direção – na construção de uma ordem internacional liberal. No momento, as Portas Abertas teriam de ser deixadas apenas entreabertas, com os mercados europeu e japonês mais protegidos do que o norte-americano, ou por mais algum tempo ainda, se um adversário totalitário dos mercados de qualquer tipo tivesse de ser derrotado. Foi então que a preponderância do poder norte-americano sobre os interesses norte-americanos se tornou pela primeira vez totalmente funcional, sob a forma de uma hegemonia imperial. O Estado norte-americano agiria, doravante, não primariamente como uma projeção das preocupações de seu capital, mas como um guardião do interesse geral de todos os capitais, sacrificando – onde necessário e por tanto tempo quanto fosse preciso – o ganho nacional por uma vantagem internacional, confiante em um saldo final positivo mais à frente.

Os EUA podiam se dar ao luxo de agir desse modo porque depois da guerra, como antes dela, a medida do poder norte-americano – agora não apenas econômico, mas também militar e político – era ainda muito superior à dos bancos e corporações norte-americanos para ser alcançada por eles. Havia grande folga disponível para as concessões aos Estados subalternos e a seus grupos dominantes, essenciais para a construção de um sistema hegemônico. Seu consentimento à nova ordem não foi comprado apenas com aquelas concessões: eles tinham tanta razão para temer o inimigo comum quanto o Estado superior que agora se transformava no seu escudo. Eles também precisavam da força armada, indissociável de qualquer hegemonia. Um novo tipo de guerra estava em curso, exigindo os nervos fortes de uma superpotência. Os meios e fins estratégicos do império norte-americano em construção foram assim sumarizados por Forrestal:

> Enquanto pudermos produzir mais do que qualquer outro país do mundo, controlar os mares e golpear em terra com a bomba atômica, podemos assumir certos riscos que, de outra forma, seriam inaceitáveis, em um esforço para restaurar o comércio mundial, restaurar o equilíbrio de poder – poder militar – e eliminar algumas das condições que produzem guerras.[75]

Nessa agenda, restaurar o equilíbrio de poder era parte do mesmo léxico de eufemismos de contenção: segundo a observação de Spykman, "Estados estão interessados apenas em um equilíbrio a seu favor". Moscou e Washington compreendiam a questão desse modo, e em nenhuma das duas capitais havia qualquer ilusão sobre o que essa condição implicava. O capitalismo e o comunismo eram ordenamentos de sociedade incompatíveis, como seus governantes sabiam, cada um empenhado em trazer – cedo ou tarde: mais cedo para o primeiro, muito mais tarde para o segundo – o outro a um fim. Enquanto o conflito entre os dois durasse, a hegemonia dos Estados Unidos no campo do capital estava assegurada.

II

De início, a tarefa mais urgente para Washington era ter certeza de que as duas regiões industriais avançadas que se encontravam entre os EUA e a URSS, e que haviam detonado a guerra, não caíssem nas mãos do comunismo. Seus níveis historicamente elevados de desenvolvimento econômico e científico tornavam Europa ocidental e Japão os grandes prêmios em qualquer cálculo de poder do pós-guerra. A reconstrução de ambos sob a orientação e proteção norte-americanas era, assim, a principal prioridade de contenção. Desprovidas de suas conquistas, as antigas potências do Eixo precisavam ser reconstruídas com

---

[75] Carta a Chandler Gurney, presidente do Comitê das Forças Armadas do Senado, em 8 de dezembro de 1947, em Walter Millis (org.), *The Forrestal Diaries* (Nova York, The Viking Press, 1951), p. 336. Para Forrestal, a luta contra a União Soviética poderia ser mais bem descrita como uma semiguerra do que como Guerra Fria.

a ajuda dos EUA como prósperos baluartes do mundo livre e posições avançadas do poderio militar norte-americano; e as antigas potências aliadas, menos destroçadas pela guerra, precisavam ser apoiadas em seu retorno a uma vida econômica normal. A Europa ocidental, o maior dos dois troféus e vulnerável a ataques por terra do Exército Vermelho, algo ao qual o Japão insular não estava sujeito, exigia mais atenção e assistência. Essa era, Acheson explicou ao Congresso, "a pedra angular do mundo"[76].

Em 1946-1947, a Grã-Bretanha se tornou o campo de provas para as abruptas alterações da política norte-americana exigidas pela Guerra Fria. Financeiramente falido por sua segunda luta contra a Alemanha, o Reino Unido foi obrigado, em meados de 1946, a submeter-se a condições draconianas para receber um empréstimo norte-americano a fim de manter-se solvente: não apenas o pagamento de juros, contra o qual protestou, mas a eliminação dos controles de importação e a conversibilidade plena no prazo de um ano. Com os preços norte-americanos em ascensão, a conta das importações britânicas disparou, mergulhando o país em uma enorme crise no balanço de pagamentos. O governo Attlee foi forçado a suspender a conversibilidade poucas semanas após sua introdução[77]. O maximalismo de livre-comércio de Hull havia excedido seus alvos imperiais e se tornado contraproducente. Não havia sentido em arruinar um ex-aliado, se a intenção era torná-lo um protetorado viável. *A fortiori*, os países mais precários da Europa ocidental, sobretudo França e Itália, ainda mais fracos economicamente do que a Grã-Bretanha e menos seguros politicamente. Em 1947, a diferença em dólar entre as importações europeias dos EUA e sua capacidade de pagar por elas era brutal, e uma mudança de rumo era indicada. O Plano Marshall canalizou algo em torno de 13 bilhões de dólares em fundos de contrapartida para a recuperação europeia – controlados por executivos de empresas dos EUA e vinculados à compra de bens norte-americanos – e renunciou à insistência pela abolição imediata das tarifas e dos controles de câmbio. Em vez disso, passou a pressionar por contração fiscal e por uma integração europeia[78]. O corolário não demorou muito a chegar. Os

---

[76] Melvyn P. Leffler, *A Preponderance of Power*, cit., p. 277.
[77] "A assinatura de Truman da legislação referente ao empréstimo britânico em 15 de julho de 1946 lançou a libra esterlina em uma marcha agonizante rumo à morte que durou um ano", observa Benn Steil, *The Battle of Bretton Woods*, cit., p. 309 – expressão adequada para a crueldade do *diktat* norte-americano.
[78] Além disso, é claro, trouxe resultados eleitorais apropriados: "O Plano Marshall enviou uma forte mensagem aos eleitores europeus de que a generosidade norte-americana dependia de

fundos Marshall trouxeram assistência econômica; a Otan, um broquel militar. O Pacto do Atlântico foi assinado na primavera de 1949.

A Alemanha, dividida entre quatro potências ocupantes, com um terço do país sob controle soviético, não poderia ser tratada exatamente da mesma maneira. A zona ocidental, que abrange o Ruhr, era uma possessão muito valiosa para que se desistisse dela em qualquer unificação na qual Moscou tivesse algo a dizer. Em meados de 1947, Washington deixou claro que a Rússia não poderia esperar nenhuma reparação pela grande destruição infligida pelo Terceiro Reich, enquanto os EUA deleitavam-se com seu crescimento em tempos de guerra, e que a zona ocidental estava marcada para ser separada da zona oriental na forma de um novo governo alemão sob jurisdição anglo-americana[79]. Mas, mesmo sob forma reduzida como República Federal, a Alemanha permaneceu um objeto de medo para os seus vizinhos, algo que não ocorreu com o Japão. Reconstruí-la como um bastião da liberdade, portanto, exigia não apenas a ajuda e a blindagem norte-americanas, mas sua integração em um sistema europeu de segurança mútua, dentro do qual o poderio industrial alemão poderia ajudar a revitalizar as economias vizinhas e o rearmamento alemão poderia fortalecer as barreiras ao Exército Vermelho. Assim, Washington foi, desde o

---

seus governos eleitos estarem dispostos a aceitar as regras de comércio multilateral e o conservadorismo fiscal que a acompanhariam", ao mesmo tempo que lhes pouparia de uma drástica repressão salarial que, de outro modo, poderia ter causado mal-estar social. Thomas J. McCormick, *America's Half-Century*, cit., p. 78-9; Arnold Offner, *Another Such Victory*, cit., p. 242. Alan Milward, no entanto, demonstrou que o efeito econômico real da ajuda proporcionada pelo Plano Marshall na recuperação europeia, em andamento no momento em que aquela chegou, foi menor do que o anunciado, "Was the Marshall Plan Necessary?", *Diplomatic History*, abr. 1989, p. 231-52. Mais crítico do que o impacto material foi seu impacto ideológico.

[79] Ver o relato definitivo em Carolyn Eisenberg, *Drawing the Line: the American Decision to Divide Germany, 1944-1949* (Cambridge, Cambridge University Press, 1996). Stephanson conjectura que os EUA terem renegado as reparações prometidas à URSS, em Ialta – não só eminentemente justificáveis, mas perfeitamente viáveis –, foi o ato decisivo no lançamento da Guerra Fria. Ver Anders Stephanson, *Kennan and The Art of Foreign Policy*, cit., p. 127-32. Na opinião dele, a recusa dos EUA após meados de 1947 a se engajar em uma diplomacia normal foi o elemento definidor da Guerra Fria e deve ser visto como um "desenvolvimento do conceito de 'rendição incondicional', tirado diretamente da guerra civil" e proclamado por Roosevelt em Casablanca; ver "Liberty or Death: the Cold War as American Ideology", em Odd Arne Westad (org.), *Reviewing the Cold War*, cit., p. 83. De modo mais convincente e claro do que qualquer outro autor, Stephanson afirmou que "a Guerra Fria foi, desde o início, não só uma expressão dos EUA, mas um projeto dos EUA". Para essa afirmação, consulte seu "Cold War Degree Zero", em Joel Isaac e Duncan Bell (orgs.), *Uncertain Empire* (Nova York, Oxford University Press, 2012), p. 19-49.

início, um patrono de cada passo rumo à unidade europeia. Depois que sua versão mais desejada – o projeto militar de uma Comunidade Europeia de Defesa – foi bloqueada na França, em 1954, os EUA trouxeram a Alemanha Ocidental para a Otan. A integração econômica, porém, continuou a ser um objetivo fundamental, não dando ao Estado e à Defesa nenhuma razão para se preocupar com minúcias acerca de tarifas estabelecidas em torno do Mercado Comum pelo Tratado de Roma, apesar dos protestos do Departamento de Comércio. Os imperativos de livre-comércio não haviam sido negligenciados com a entrada em cena da Guerra Fria – o Gatt* foi assinado logo após o Plano Marshall, a Rodada Kennedy ocorreu no devido tempo –, mas não eram mais a frente principal de combate. Derrogações daqueles imperativos tiveram de ser aceitas em função dos interesses em garantir a estabilidade do capitalismo nos grandes centros industriais em cada extremidade da Eurásia.

Ainda mais no outro grande prêmio da paz. O Japão, cercado por mar, estava seguro contra o risco de uma invasão soviética. Ali, onde os EUA eram o único poder ocupante, o controle político norte-americano foi mais cerrado e a assistência econômica foi menor do que na Europa. Reformas do pós-guerra foram abruptamente canceladas após uma incursão de Kennan ter instalado a política do Curso Reverso, preservando os *zaibatsu*** e restabelecendo a classe política do pré-guerra, com seus criminosos de guerra mais perigosos, algo que não foi possível fazer na Alemanha. A Ocupação, observou, poderia "dispensar os lugares-comuns acerca da democratização"[80]. O Plano Dodge foi mais

---

* Acordo Geral de Tarifas e Comércio, assinado em 1947. (N. T.)
** Palavra japonesa que designava os conglomerados financeiros e industriais no período do Império do Japão, a monarquia constitucional que vigorou no país entre 1868 e 1947. (N. T.)
[80] Confiante de que tinha "alterado o curso de toda nossa política de ocupação", Kennan considerava seu papel no Japão como "a contribuição construtiva mais significativa que eu jamais fui capaz de fazer no governo"; John L. Gaddis, *George F. Kennan: an American Life* (Nova York, The Penguin Press, 2011), p. 299-303. Wilson D. Miscamble, um admirador, comenta que "Kennan não mostrou nenhuma preocupação real em relação a desenvolvimentos no Japão em seus próprios termos. Ele parecia não somente bastante desinteressado e não perturbado com o fato de que os *zaibatsu* haviam provado ser dispostos parceiros dos militaristas japoneses, como também indiferente ao fato de que sua preservação limitaria a verdadeira abertura da economia japonesa. Ele não possuía nenhum zelo ou inclinação por reformas", em seu livro *George F. Kennan and the Making of American Foreign Policy* (Princeton, Princeton University Press, 1992), p. 255. O artigo para o PPS [Policy Planning Staff, ou Equipe de Planejamento de Políticas Públicas, braço estratégico do Departamento de Estado dos EUA] que Kennan apresentou em seu retorno de Tóquio clamava que o expurgo de funcionários dos tempos da guerra fosse reduzido.

um programa de estabilização convencional do que uma réplica do Plano Marshall, e o Tratado de Segurança chegou uma década depois da Otan. No entanto, em meio a uma paisagem de pós-guerra muito mais devastada, onde uma grande insurreição trabalhista tinha de ser esmagada, Washington não criou nenhuma dificuldade em relação a um modelo de desenvolvimento baseado em um alto grau de proteção e de intervenção do Estado *de facto*, em notável desacordo com a ordem econômica liberal imposta em outros lugares. O dirigismo era um pequeno preço a pagar pela imunidade à revolução.

No geral, nessa zona industrial avançada, os objetivos norte-americanos foram todos bem-sucedidos. Desde o início, essas eram sociedades com elites empresariais que se comportavam como aliadas naturais dos EUA, classes médias extensas e, em geral (ou sempre), movimentos trabalhistas moderados, com um passado pré-guerra de instituições parlamentares e eleições competitivas. Quando a reconstrução do pós-guerra permitiu vinte anos de rápido crescimento econômico e o aumento dos padrões de vida, a transformação desses países em prósperos protetorados dentro do ecúmeno norte-americano foi alcançada praticamente sem empecilhos. No Japão, onde o partido que continua a governar o país foi criado pelo ocupante, quocientes significativos de coerção e corrupção foram inicialmente necessários para a montagem de um regime satisfatório. Na Europa ocidental, por sua vez, a quantidade de pressão necessária para bloquear sociedades locais e incorporá-las ao sistema de segurança dos EUA nunca foi grande. A força determinou o resultado apenas na periferia pobre da Grécia, onde os britânicos haviam liderado o caminho para uma contrarrevolução militar[81]. Em outros lugares – especialmente Itália e França –, o financiamento secreto norte-americano de partidos, sindicatos e periódicos ajudou a causa

---

[81] Desde o início, Roosevelt havia apoiado o envio de tropas britânicas de Churchill em 1944 para esmagar a principal formação militar da resistência grega. Sob Truman, o país se tornou a própria luz para o avanço norte-americano rumo à Guerra Fria, com Acheson dizendo aos congressistas que o fracasso em manter um governo amigável poderia "abrir três continentes à penetração soviética. Como maçãs em um barril infectado por uma maçã podre, a corrupção da Grécia afetaria o Irã e todos os países a leste". Nada menos do que o destino de "dois terços da área do mundo" estava em jogo. Marshall logo instruiria a embaixada norte-americana a "não interferir na administração da justiça grega", assim que a execução em massa de prisioneiros políticos teve seguimento. Vinte anos mais tarde, com a junta no poder em Atenas, Acheson informou os habitantes do país que não havia "nenhuma alternativa realista aos seus coronéis", pois a Grécia "não estava preparada para a democracia"; Lawrence S. Wittner, *American Intervention in Greece: 1943–1949* (Nova York, Columbia University Press, 1982), p. 12–3, 71, 145; Gerassimos Gigantes, *I Should Have Died*, cit., p. 122-4.

anticomunista. Intervenção militar, embora em estado de alerta, não foi necessária[82]. O saldo da opinião pública em cada país era por si só favorável o suficiente. Fundamentalmente, o processo foi consensual: democracias capitalistas aceitando livremente seu lugar em uma ordem imperial na qual prosperavam. Não se tratou de "império por convite", na excessiva frase de um admirador norueguês[83]. O convite veio do império, não para ele, e era do tipo que não podia ser recusado. Alemanha e Japão, potências derrotadas, agora despojadas de suas conquistas, tinham poucos motivos para fazê-lo: ajudadas a ficar de pé pelos EUA e abrigando-se sob seu guarda-chuva nuclear, foram libertadas para se dedicar única e exclusivamente a seus milagres econômicos. Os governantes da Grã-Bretanha e França, potências vitoriosas ainda no controle de possessões ultramarinas, teriam por um tempo mais autonomia, com seu potencial de conflitos. Todos os quatro, juntamente com países europeus menores, tiveram direito a um pouco de tato diplomático como auxiliares no campo de batalha da Guerra Fria. O comando permaneceu norte-americano.

III

A guerra era fria, mas uma guerra, ainda assim. A URSS não era apenas um Estado cujos governantes estavam comprometidos com a derrubada política do capitalismo. Esse compromisso a União Soviética mantinha desde a Revolução de Outubro. Ela se constituía em um formidável poderio militar que havia

---

[82] Para tais contingências, ver o cabograma de Kennan para Acheson de 15 de março de 1948: "A Itália é, obviamente, um ponto-chave. Se os comunistas estivessem em posição de ganhar a eleição lá, toda a nossa posição no Mediterrâneo, assim como, possivelmente, na Europa ocidental, estaria prejudicada. Estou convencido de que os comunistas não poderiam ganhar sem um forte fator de intimidação ao seu lado, e seria claramente melhor que as eleições não ocorressem do que os comunistas vencerem nestas circunstâncias. Por essas razões, questiono se não seria preferível que o governo italiano tornasse o Partido Comunista ilegal e tomasse medidas enérgicas contra o PCI antes das eleições. Os comunistas presumivelmente responderiam com uma guerra civil, o que daria aos EUA motivos para a reocupação dos campos de Foggia e quaisquer outras instalações que pudéssemos desejar. Isso, reconhecidamente, resultaria em muita violência e, provavelmente, uma divisão militar da Itália; mas estamos chegando perto de um prazo final e acho que isso pode muito bem ser preferível a uma vitória eleitoral sem sangue, sem oposição de nossa parte, o que daria aos comunistas, de um só golpe, toda a península e enviaria ondas de pânico a todas as áreas ao redor", Anders Stephanson, *Kennan and the Art of Foreign Policy*, cit., p. 99.

[83] Geir Lundestad, *The United States and Western Europe Since 1945* (Oxford, Oxford University Press, 2003), p. 2-3, passim.

subjugado os exércitos de Hitler em um momento em que os Estados Unidos eram pouco mais que espectadores na Europa, e agora gozava de uma vantagem esmagadora em relações de força convencionais no continente. A ameaça representada pelo Exército Vermelho teve de ser intimidada com um arsenal superior de destruição. Com a obliteração de Hiroshima e Nagasaki, Washington pareceu possuir justamente isto: uma advertência a Moscou antes mesmo que a Guerra do Pacífico tivesse terminado, advertência que Truman esperava que pudesse excluir a entrada da Rússia na guerra[84]. Durante quatro anos, os EUA tiveram o monopólio da bomba atômica. Então, em 1949, muito antes do que a inteligência norte-americana esperava, ocorreu o primeiro teste soviético de uma bomba desse tipo. O Pentágono não havia estado ocioso, no entanto, e em 1952 testou uma bomba de hidrogênio. Dessa vez, a réplica soviética foi ainda mais rápida, com uma explosão rudimentar em 1953. Mas os EUA ainda estavam muito à frente – o dispositivo que eles explodiram sobre o atol de Bikini, no ano seguinte, seria trinta vezes mais destrutivo do que o contra-ataque soviético de 1955.

---

[84] Nunca houve qualquer dúvida de que os Estados Unidos usariam suas armas atômicas no Japão, independentemente de quaisquer exigências militares ou considerações morais: "A guerra havia brutalizado os líderes norte-americanos de tal maneira que a queima de um grande número de civis já não representava uma situação difícil ou embaraçosa na primavera de 1945". Dois meses antes de serem utilizadas, Stimson registrou uma troca de ideias típica com Truman: "Eu estava um pouco receoso de que, antes que estivéssemos prontos, a Força Aérea pudesse ter bombardeado o Japão de modo tão intenso que a nova arma não teria um contraponto justo para mostrar sua força". A isso, o presidente "riu (*sic*) e disse que entendia"; Gabriel Kolko, *The Politics of War*, cit., p. 539-40. Felicíssimo, nas palavras de Stimson, com o "*royal straight flush*" em sua mão em Potsdam, Truman partiu para casa no encouraçado Augusta. "À medida que o Augusta se aproximou da costa de Nova Jersey, em 6 de agosto, o capitão Frank Graham, oficial responsável pela sala de mapas do encouraçado, trouxe a primeira notícia de que a bomba atômica havia sido lançada sobre Hiroshima. Dez minutos depois, um cabograma de Stimson informou que o bombardeio havia sido ainda mais 'visível' do que no Novo México. 'Essa é a coisa mais importante da história', Truman exclamou para Graham e, em seguida, correu sobre o navio para espalhar a notícia, insistindo que nunca havia feito um anúncio mais feliz. 'Nós ganhamos o jogo', disse à equipe reunida no convés do navio que dava vivas ao presidente. Não havia remorso, compaixão ou humildade no comportamento do presidente em relação a uma quase incompreensível destruição, cerca de 80 mil mortos de uma só vez e dezenas de milhares morrendo de radiação"; Arnold A. Offner, *Another Such Victory*, cit., p. 92, que acrescenta que o número de mortes norte-americanas supostamente evitadas pelos ataques nucleares ao Japão, a justificativa-padrão que eles utilizavam, não teria sido nem de longe próximo da subsequente alegação de Truman de que havia 500 mil soldados salvos, ou a de Stimson, de 1 milhão de soldados – talvez 20 mil mortes tivessem sido evitadas, ibidem, p. 97.

As armas nucleares tinham de ser não apenas desenvolvidas, mas também entregues. Nisso também a América manteve por vinte anos uma liderança contínua, pontuada por repetidas declarações de que estava ficando para trás. Em meados dos anos 1950, a lenda de uma "diferença em bombardeiros" levou à construção de mais de dois mil bombardeiros estratégicos em um momento em que a Rússia não possuía mais do que vinte dessas aeronaves. O lançamento de um satélite Sputnik pela União Soviética, rapidamente ultrapassado na corrida espacial por foguetes norte-americanos mais poderosos, provocou grande aumento dos gastos militares, justificado por alegações de que Moscou tinha aberto uma "diferença em mísseis" nas defesas norte-americanas, quando havia apenas quatro protótipos de mísseis balísticos intercontinentais soviéticos e o estoque de ogivas dos EUA era quase dez vezes maior do que o da URSS. Logo em seguida, o desenvolvimento da tecnologia Mirv* por parte do Pentágono colocou os EUA à frente novamente. No início dos anos 1970, quando a Rússia finalmente alcançara os EUA em megatoneladas nucleares e número, se não em qualidade, de lançadores e alegava paridade estratégica, as ogivas norte-americanas ainda eram o triplo das suas.

O equilíbrio estratégico global, é claro, nunca foi simplesmente uma questão de foguetes. Os Estados Unidos eram uma potência marítima no comando dos oceanos do mundo: suas frotas patrulhando as águas do mar da China Oriental ao Mediterrâneo, do Atlântico até o Golfo Pérsico, porta-aviões coroando as ondas, submarinos nucleares – em número cinco vezes maior do que a Rússia – deslizando abaixo deles. Em terra e nos céus, antes mesmo que a guerra tivesse terminado, em 1945, o Estado-Maior Conjunto dos Estados Unidos planejava uma rede global de bases e direitos de trânsito militar que cobrisse a América Latina, a África do Norte, o Mediterrâneo, o Oriente Médio, o sul da Ásia e o Extremo Oriente e, em 1946, já tinha 170 aeródromos ativos em operação em locais no exterior[85]. Em meados dos anos 1960, os Estados Unidos controlavam 375 bases de grande porte e 3 mil instalações militares menores em todo o mundo, cercando o bloco soviético por todos os lados, incluindo até mesmo a

---

* Sigla para *Multiple Independent Re-entry Vehicle*, ou veículos de reentrada independente múltipla. Mísseis com múltiplas ogivas controladas separadamente. (N. T.)
[85] Melvyn P. Leffler, *A Preponderance of Power*, cit., p. 56-9, 135, 171. Os estrategistas de 1945 tinham, é claro, não só a URSS em mente. "Ao designar bases no Pacífico, por exemplo, oficiais do Exército e da Marinha destacavam sua utilidade para subjugar a potencial agitação no nordeste e sudeste da Ásia e para manter o acesso a matérias-primas essenciais", ibidem, p. 56.

intransitável região do Ártico[86]. Uma sociedade muito mais pobre e atrasada, a URSS era, em comparação, uma potência regional, conectada a um conjunto de movimentos de oposição além de suas fronteiras por uma ideologia comum, enquanto os EUA eram uma potência global com regimes clientes em todos os continentes. Na rivalidade desigual entre os dois, a extensão imensamente maior de seu estratégico império podia ser mantida por um custo muito menor pelos Estados Unidos, de forma proporcional à sua riqueza, do que sua versão muito mais reduzida podia ser mantida pela Rússia. O esforço econômico necessário para competir com essas vantagens era enorme.

"Sem uma força militar agregada superior, existente e facilmente mobilizável, uma política de 'contenção' – que, na prática, é uma política de calculada e gradual coerção – não é mais do que uma política de blefe", declarava o comunicado oficial da estratégia dos EUA no cume da Guerra Fria, redigido em grande parte por Nitze, na primavera de 1950, onde pedia que o orçamento de defesa fosse triplicado. Era necessário, porém, mais do que simplesmente acumular força militar. A batalha contra a URSS era também indivisível em termos políticos e ideológicos, em uma luta existencial entre "a maravilhosa diversidade, a tolerância profunda e a legalidade da sociedade livre" e "a ideia da escravidão sob a repugnante oligarquia do Kremlin". Em jogo, nada menos do que "o cumprimento ou a destruição não só desta República, mas da própria civilização"[87]. Politicamente, a prioridade era "tensionar ao máximo a estrutura de poder soviética e, particularmente, as relações entre Moscou e os países satélites", ao deflagrar uma "guerra psicológica aberta para encorajar deserções em massa da fidelidade soviética" e implantar "formas encobertas de guerra econômica e guerra política e psicológica com o objetivo de fomentar e apoiar a inquietação e a revolta em países satélites estratégicos selecionados". Operações secretas

---

[86] C. T. Sandars, *America's Overseas Garrisons: the Leasehold Empire* (Oxford, Oxford University Press, 2000), p. 9.

[87] "A nossa sociedade livre se encontra mortalmente desafiada pelo sistema soviético. Nenhum outro sistema de valores é tão integralmente incompatível com o nosso, tão implacável em seu propósito de destruir o nosso, tão capaz de voltar para seu próprio uso as tendências mais perigosas e segregadoras em nossa própria sociedade, nenhum outro evoca com tanta habilidade e poder os elementos de irracionalidade na natureza humana em toda parte." O relatório NSC-68 [sigla para documento número 68 do National Security Council, ou Conselho de Segurança Nacional, de 14 de abril de 1950] foi inicialmente rejeitado pelos superiores de Nitze como elaborado demais, depois ratificado por Truman, no outono, após a Guerra Fria haver finalmente iniciado os combates no extremo Oriente. O documento era ultrassecreto, um *arcanum imperii* só tornado público um quarto de século depois.

contra a Rússia já possuíam uma pré-história sob Wilson, que preferia meios clandestinos aos mais evidentes de derrubada do poder bolchevique e deles se utilizou amplamente, legando ambos os métodos e pessoal para sua renovação trinta anos depois[88]. Colocadas em prática dois anos antes do relatório NSC-68 por Kennan[89], essas operações cresceram gradativamente durante os anos 1950, transformando-se, no seu devido tempo, no objetivo público de uma estratégia de recuo, descrita por Dulles como uma resposta mais dura a Moscou do que a contenção. A essa altura, o slogan era bazófia. Quando revoltas irromperam na Europa oriental – na Alemanha Oriental e Hungria; depois, na Tchecoslováquia –, estas foram deixadas à própria sorte por Washington. O cerco militar ao bloco soviético era possível; a intervenção política, não. Restava, então, a guerra ideológica. Os Estados Unidos não estavam defendendo o capitalismo – o termo era cuidadosamente evitado, como vocabulário do inimigo –, mas um mundo livre contra a escravidão totalitária do comunismo. Estações de rádio, organizações culturais, mídia impressa de todo o tipo foram mobilizadas para

---

[88] Allen Dulles, um dos produtos dessa experiência, diria mais tarde: "Às vezes me pergunto por que Wilson não foi o criador da CIA". Seu irmão demonstrava igual entusiasmo pela expedição de agentes para subverter o bolchevismo. Ver David S. Foglesong, *America's Secret War against Bolshevism* (Chapel Hill, University of North Carolina Press, 1995), p. 126-9, que apresenta ampla cobertura dos projetos de Wilson, "envoltos por uma combinação enevoada de autoengano e expedientes ficcionais", ibidem, p. 295. As absolvições de Leffler do papel de Wilson na Guerra Civil Russa – "ele via os bolcheviques com desprezo. Mas não temia o poder deles" – apareceram antes da publicação do livro de Foglesong, que reduz as desculpas convencionais dadas a Wilson na literatura a nada. A versão de Leffler pode ser encontrada em *The Spectre of Communism: the United States and the Origins of the Cold War, 1917–1953* (Nova York, Hill & Wang, 1994), p. 8-9s.

[89] Para o papel de Kennan em introduzir o termo e a prática da "guerra política" clandestina e em lançar as expedições paramilitares da Operação Valioso na Albânia, consultar Sarah-Jane Corke, *US Covert Operations and Cold War Strategy*, cit., p. 45-6, 54-5, 61-2, 84; e Wilson Miscamble, *George F. Kennan and the Making of American Foreign Policy*, cit., p. 110-1: "Kennan abordou as operações secretas com entusiasmo em 1948 e parece não ter manifestado qualquer sentimento de que operações secretas teriam extensão limitada. Ele também não mostrou quaisquer reservas quanto ao caráter extralegal de muito do que o OPC [Office of Policy Coordination, ou Escritório de Coordenação Política, escritório independente que acabou absorvido pela CIA em 1951, três anos após criado] iria empreender". Sobre o recrutamento de ex-nazistas para seu trabalho, ver Christopher Simpson, *Blowback* (Nova York, Weidenfeld and Nicolson, 1988), p. 112-4. As conexões de Kennan com o submundo da inteligência norte-americana, externa e interna, retroagem a seu tempo em Portugal durante a guerra e se estenderiam ao longo das três décadas seguintes, até o momento da Guerra do Vietnã.

veicular o contraste entre ambos[90]. Nas sociedades industriais avançadas da Europa ocidental e do Japão, onde a Guerra Fria podia ser facilmente projetada como um conflito direto entre a democracia e a ditadura, a batalha das ideias foi vencida sem dificuldades. Mas e o mundo além deles, que também era declarado livre? O que a liberdade significava lá?

---

[90] As organizações de fachada criadas pela CIA para a penetração cultural no país e no exterior – o Congresso para a Liberdade Cultural e afins – foram outra iniciativa de Kennan, entusiasta desse tipo de trabalho. Ver Hugh Wilford, *The Mighty Wurlitzer* (Cambridge, Harvard University Press, 2008), p. 25-8.

5
Perímetros

Proteger os flancos industrializados da Eurásia contra o comunismo e construir uma capacidade de ataque superior e um conjunto de anteparos estratégicos contra a União Soviética foram as tarefas mais urgentes para os estrategistas do pós-guerra em Washington, ocupando inteiramente sua atenção imediata. Cada um desses objetivos foi alcançado em pouco tempo. Embora sucessivos alarmes falsos fossem pontuar a corrida armamentista, e uma luta contra um oponente imaginário por Berlim continuasse, as linhas de conflito desenhadas em 1947-1948 logo se transformaram em linhas essencialmente estáticas, com uma indefinida guerra de posições se estabelecendo entre as duas potências. Desde o início, no entanto, os estrategistas norte-americanos estavam cientes de que o campo de batalha global era mais amplo. Outra paisagem os confrontava ao longo de vastos territórios na Ásia, África e América Latina. Estes não possuíam centros industriais de grande porte, tinham baixos níveis de alfabetização e eram muito mais atrasados em termos de estrutura social. Ao mesmo tempo, eram um tesouro de recursos naturais necessários para o funcionamento das economias avançadas e o desenvolvimento de poderosas tecnologias militares – petróleo no Oriente Médio, estanho e borracha no sudeste da Ásia, urânio e cobalto na África Central, cobre e bauxita na América do Sul e muito mais. Eles também acomodavam a grande maioria da população mundial. Mantê-los sob controle era, obviamente, fundamental.

Isso representava um conjunto mais complexo de problemas do que ressuscitar a Europa ocidental e o Japão ou atualizar um arsenal nuclear. Visto dos parapeitos de Washington, à medida que a Guerra Fria começava, o panorama do que mais tarde seria o Terceiro Mundo era composto por quatro zonas principais. Na Ásia, os impérios coloniais europeus que haviam sido sacudidos ou ocupados pelo Japão durante a Segunda Guerra Mundial se confrontavam com movimentos nacionalistas – alguns anteriores à guerra; outros, galvanizados por ela – que exigiam independência. No Oriente Médio, estados semicoloniais fracos – soberanos, mas ligados a ex-potências mandatárias ou fiscalizadoras – predominavam. Na África, a autoridade imperial europeia havia sido pouco afetada pela guerra e os movimentos nacionalistas ainda eram moderados. Na América Latina, repúblicas independentes mais antigas do que a maioria dos Estados europeus eram clientes dos EUA de longo prazo. Nada ali se aproximava dos sistemas representativos estáveis do Primeiro Mundo ou de algo que se transformasse neles.

Nesse cenário diversificado, os impérios coloniais da Grã-Bretanha e França – os maiores – foram os que causaram os problemas mais difíceis para Washington. Ambos os países haviam sido bastante enfraquecidos pela guerra e foram lembrados, sem cerimônia, de sua reduzida condição econômica pelos EUA, que deixaram claro que não tolerariam a volta às suas pretensões tradicionais. Dentro da comunidade do Atlântico, doravante presidida pelos EUA, que reunia os Estados capitalistas do Ocidente contra a União Soviética, eles poderiam encontrar um lugar como subordinados favorecidos. Mas o que aconteceria com sua pilhagem imperial nos trópicos? Os EUA, embora tardiamente tivessem adquirido colônias próprias no Pacífico e no Caribe, definiam-se ideologicamente como uma potência anticolonial, a "primeira nação nova" a conquistar independência do Velho Mundo, e não tinham nenhuma intenção de permitir a restauração de esferas de influência ou de controle de matérias-primas do pré-guerra. Seu domínio do hemisfério ocidental, no qual a América Latina há muito era uma zona satélite dos Estados Unidos, mostrou o caminho a seguir, em princípio: independência formal das antigas colônias, redução informal delas a clientes dos EUA.

Um século político depois, no entanto, esse caminho não se mostraria tão fácil. Pois agora o anticolonialismo, sem dúvida aceitável o suficiente em si mesmo, estava muitas vezes contaminado por ideias confusas de anticapitalismo, deixando as lutas pela libertação nacional vulneráveis à infiltração comunista. A tarefa para a grande estratégia norte-americana era, portanto, delicada. As potências coloniais europeias eram auxiliares fiéis dos EUA na Guerra Fria e não poderiam ser deixadas de lado ou humilhadas muito brutalmente. Além do mais, onde os movimentos nacionalistas que elas confrontavam eram de fato liderados por comunistas, as forças de contrainsurreição colonial eram merecedoras do apoio incondicional dos EUA. Entretanto, nos lugares onde essa ameaça ainda não havia se cristalizado, o imperialismo europeu se arriscava – agarrando-se às suas possessões e provocando justamente aquilo que tinha de ser evitado – a produzir a radicalização de um nacionalismo eclético e transformá-lo em um socialismo insurrecional. Para conter esse perigo, os impérios coloniais teriam de deixar de existir e seu legado ser desenvolvido sob nova gestão. Isso, inevitavelmente, exigiria grande dose de intervenção – econômica, política e militar – por parte dos Estados Unidos, para garantir a passagem segura da dominação europeia à proteção norte-americana e, com ela, os interesses comuns do Ocidente.

No processo, os EUA teriam de encontrar agentes eficazes de seu projeto onde fosse possível. Não fazia sentido ser exigente em relação a estes. Oligarcas e ditadores de um tipo ou outro, muitos excepcionalmente cruéis, haviam, há muito, sido os principais elementos de seu sistema de Boa Vizinhança na América Latina. Agora, governadores e vice-reis coloniais, onde ainda estivessem em vigor, poderiam ter de ser ajudados por um tempo. Monarcas, chefes de polícia, generais, xeiques, gângsteres, latifundiários: todos eram melhores do que comunistas[91]. A democracia era, certamente, o sistema político ideal. Onde ela estava firmemente estabelecida, nos países industriais avançados, os mercados eram mais extensos e os negócios, mais seguros. No entanto, onde não estava, em sociedades menos desenvolvidas, os negócios se passavam de outra maneira. Lá, se as eleições não eram à prova de atentados contra a propriedade privada, eram dispensáveis. O Mundo Livre era compatível com a ditadura: a liberdade que o definia não era a liberdade dos cidadãos, mas a do capital – o denominador comum de suas regiões ricas e pobres, independentes e coloniais, temperadas e tropicais. O que era incompatível com ele não era a ausência de parlamentos ou dos direitos de reunião, mas a revogação da propriedade privada dos meios de produção. Desses perigos, porém, havia abundância. Em sociedades atrasadas, havia não só o espectro do comunismo no exterior. Na tentativa de superar o

---

[91] Em sua crítica ao artigo "X", de Kennan, Walter Lippmann havia previsto essa paisagem desde o início. "O continente eurasiano é um lugar de grandes proporções, e o poder militar dos Estados Unidos, embora seja muito grande, tem certas limitações que devem ser levadas em conta caso o objetivo seja utilizá-lo de forma eficaz", observou secamente. "As forças contrárias que o sr. X exige têm de ser compostas por chineses, afegãos, iranianos, turcos, curdos, árabes, gregos, italianos, austríacos, e poloneses, tchecos, búlgaros, iugoslavos, albaneses, húngaros, finlandeses e alemães antissoviéticos. Essa política só pode ser executada por meio de recrutamento, subsídio e apoio a um conjunto heterogêneo de países satélites, clientes, dependentes e fantoches", Walter Lippmann, *The Cold War: a Study in US Foreign Policy* (Nova York, Harper, 1947), p. 11, 14.

subdesenvolvimento, o próprio nacionalismo estava sujeito a tentações estatizantes – confiscos arbitrários e situações afins, o que destruía a confiança dos investidores estrangeiros – às quais também se devia manter a atenção.

Para operações nesse terreno incerto, os EUA desenvolveram uma caixa de ferramentas com políticas e instrumentos específicos para o mundo colonial e o que se seguiu a ele. Guerras terrestres convencionais, impedidas de ocorrer no Primeiro Mundo, estavam em uma extremidade do espectro; a compra de líderes e o suborno da opinião pública – também úteis, no início, no Primeiro Mundo –, na outra[92]. Entre a violência inteiramente mecanizada e a corrupção seletiva, uma grande variedade de outros métodos para impor sua vontade viria a ser empregada: bombardeios aéreos, golpes militares, sanções econômicas, ataques com mísseis, bloqueios navais, espionagem compartimentada, tortura delegada ou direta, assassinatos. Comum a todas essas formas de ação, por todo o espectro, o recurso, de uma forma ou de outra, à coerção, em uma guerra de movimento que mudava rapidamente de um teatro geográfico para o próximo. O consentimento generalizado com o qual o poder imperial norte-americano podia contar no Primeiro Mundo estava em falta no Terceiro, onde teria, na grande maioria dos casos, de ser extorquido ou forjado. Os EUA não ficariam sem amigos verdadeiros e grupos leais entre as elites regionais. Haveria muitos destes. Mas onde forças populares entrassem em jogo, a força e a fraude estariam por perto.

II

O primeiro desafio veio do Extremo Oriente. Lá, o impacto do império japonês, que havia conquistado a Ásia de Seul a Mandalay – suplantando o

---

[92] Para Gramsci, a corrupção como um modo de poder se encontrava entre o consentimento e a coerção. Logicamente, portanto, seu uso se estendeu por todo o arco da ação imperial, em todas as zonas da Guerra Fria. O papel mundial da distribuição clandestina de dinheiro para garantir o império norte-americano – chamada por Spykman de "compra" – tendeu a ser lançado à sombra pelo papel da violência dissimulada. Mais discreta, a escala em que ocorre continua a ser mais secreta do que o recurso à força, mas tem sido mais universal, estendendo-se do financiamento de partidos do *establishment* político do pós-guerra na Itália, na França, no Japão e de instituições culturais em todo o Ocidente à locação de multidões no Irã e recompensas para oficiais na América Latina, subsídios para os senhores da guerra afegãos ou dissidentes poloneses, e muito mais. Até o momento, um cálculo preciso dessas práticas continua, é claro, impossível de ser realizado, uma vez que mesmo o orçamento global da CIA, e, ainda mais, seu registro de desembolsos, é segredo de Estado nos EUA.

colonialismo ocidental em todo o Sudeste Asiático e golpeando o regime do Kuomintang na China às portas da destruição –, havia, perto do fim da Guerra do Pacífico, criado uma situação única. Durante a maior parte da Esfera de Coprosperidade [da Grande Ásia Oriental], o comunismo havia se transformado na forma mais eficaz de nacionalismo, alistando os movimentos de resistência ao lado dos Aliados contra Tóquio. Dessas forças, a mais formidável, com a história mais longa e a mais ampla organização de massas era o Partido Comunista chinês. Consciente do perigo que este representava para o regime do Kuomintang, visto por Roosevelt como um apoio confiável aos EUA, quando a Guerra do Pacífico chegou ao fim o governo Truman manteve as forças japonesas na China de prontidão sob seu comando; despachou 50 mil fuzileiros navais para manter a área de Tianjin-Pequim nas mãos de Chiang Kai-shek e outros 100 mil soldados para ocupar Shandong; levou por ar meio milhão de soldados do Kuomintang para a Manchúria a fim de impedi-la de cair nas mãos dos comunistas; e ao longo dos três anos seguintes canalizou cerca de 4 bilhões de dólares para sustentar Chiang. Armas e assistência norte-americanas deram ao Kuomintang uma vantagem inicial, mas a destruição provocada pela guerra e a corrupção do pós-guerra haviam apodrecido o regime de Chiang de tal modo que a maré logo virou. À medida que os avanços comunistas, a partir de bases próximas da União Soviética, aceleravam, a intervenção norte-americana direta em um país tão vasto parecia ter um resultado incerto demais para que o risco fosse tomado. A perda da China não pôde ser interrompida. Para os estrategistas em Washington, à época, a vitória da Revolução Chinesa, um golpe tão pesado quanto poderia ser, ainda era, em termos estratégicos, um incidente menor[93]. O que importava era manter o controle dos centros industriais do Ocidente e do Extremo Oriente. No entanto, o comunismo asiático, ao contrário do europeu, estava em marcha.

A Coreia do Sul, a mais antiga conquista japonesa, deixada à própria sorte, teria sido palco de uma revolução antes da China. Após a rendição japonesa,

---

[93] Kennan, cujas opiniões sobre a China se moveram muito de uma direção a outra entre 1948 e 1949, escreveu em setembro de 1951: "Quanto menos nós norte-americanos tivermos alguma coisa a ver com a China, melhor. Não precisamos nem cobiçar os favores nem temer a inimizade de qualquer regime chinês. A China não é o grande poder do Oriente", John L. Gaddis, *Strategies of Containment*, cit., p. 45. Havia, sem dúvida, um elemento de falso desdém, juntamente com certa cegueira, nesse pronunciamento, diante do qual Spykman poderia ter esboçado um sorriso.

apenas a alocação do Sul para a ocupação por parte dos EUA e do Norte por parte da URSS impediu a vitória do comunismo coreano, a força nativa mais poderosa a surgir depois da guerra em toda a península[94]. Cinco anos depois, o regime instituído sob a proteção da Rússia no Norte, encorajado pela vitória do Exército de Libertação Popular da China e o semi-incentivo de Stalin, invadiu o Sul na esperança de bater rapidamente a contrapartida impopular criada pelos EUA, no outro lado da fronteira. Esse foi um ataque direto a uma criação norte-americana, em um espaço mais administrável, com fácil acesso a partir do Japão. Sob as ordens de Truman, um contra-ataque fez o inimigo recuar até a península, antes de ser freado um pouco abaixo do Yalu pela entrada da China na guerra e conduzido de volta às linhas originais que dividiam o país, onde o impasse se instalou. Frustrante como o resultado final se mostrou, bombardeios de saturação perpetrados pela Força Aérea norte-americana, muito tempo depois de uma trégua se tornar possível, destruíram a maior parte do Norte, salvando o Sul para o que viria a ser uma amostra do desenvolvimento capitalista e lançando o crescimento de alta velocidade no Japão com um *boom* de aquisições militares. Diplomaticamente, como uma guerra norte-americana travada sob a bandeira nominal da ONU, ela estabeleceu um sinal para o futuro.

Nos trópicos, a ameaça veio não sob a forma de exércitos regulares em uma guerra civil, mas como forças de guerrilha comunista recém-surgidas da resistência antijaponesa, lutando pela independência contra as potências coloniais ocidentais restauradas às suas possessões pré-guerra. Mesmo onde a retirada

---

[94] Especialmente por causa dos 75 mil a 100 mil veteranos coreanos que lutaram ao lado do Exército de Libertação da China durante as guerras antijaponesa e civil; a cultura nativa do regime instituído no Norte; e a força das guerrilhas do pós-guerra no Sul. Ver Bruce Cumings, *Korea's Place in the Sun: a Modern History* (Nova York, W. W. Norton & Co., 1997), p. 199, 239-42s; Charles K. Armstrong, *The North Korean Revolution 1945–1950* (Ithaca, Cornell University Press, 2003), p. 241-4, passim. Em novembro de 1947, Kennan concluiu de forma lúgubre que, enquanto os comunistas estavam "em seu elemento" na Coreia, "nós não podemos contar com as forças nativas coreanas para manter a linha contra a expansão soviética"; Anna Kasten Nelson (org.), *The State Department Policy Planning Staff Papers*, cit., v. I, p. 135. A divisão do país foi um dos dois grandes erros de Stalin, frutos de medo nos últimos meses da guerra, com consequências mais desastrosas do que seu fracasso em Berlim. Sem qualquer necessidade, como Khrushchev mais tarde se lamentaria, ele acedeu a um pedido norte-americano de que tropas dos EUA ocupassem a metade Sul do país, quando nenhuma delas estava a qualquer distância mais próxima do local, e o Exército Vermelho poderia, sem romper qualquer acordo, caminhar lentamente até Pusan. Naturalmente, Truman não retribuiu o favor e não permitiu a presença sequer de uma banda militar soviética no Japão.

colonial foi rápida, elas puderam persistir. Nas Filipinas, eleições fraudadas após a independência instalaram um regime complacente, mas os Huks* não foram esmagados até 1955. Na Birmânia, os comunistas "bandeira branca"** ainda estavam em campanha vinte anos depois dos britânicos terem deixado o país. Os principais perigos, no entanto, se encontravam nos lugares aos quais as potências europeias se mantinham ligadas. Na Malásia, onde a riqueza do estanho e da borracha descartava qualquer saída colonial rápida, a Grã-Bretanha teve considerável dificuldade em subjugar um movimento comunista enraizado apenas na minoria chinesa da população. O mais precário de todos era a Indochina. Lá, a França estava atolada em uma guerra para reconquistar uma colônia onde o Partido Comunista liderava uma luta de libertação nacional no Vietnã, que não somente tinha como base direta a maioria da população como podia contar com a assistência militar substancial do Partido Comunista da China ao longo da fronteira. Financiada por Washington, a repressão francesa era uma batalha perdida. Depois de contemplar um possível ataque nuclear como solução para o problema, os EUA recuaram, juntando-se à França e à Grã-Bretanha em Genebra, em 1954, para impor a divisão do país em linhas semelhantes às coreanas – o melhor que, naquele momento, era possível fazer.

Financiar a guerra francesa havia sido mais barato para Washington, e internamente menos visível e chamativo, do que combatê-la. No entanto, o resultado era claramente mais frágil. Se o Sul ficasse longe do alcance do Vietminh***, não haveria zona desmilitarizada capaz de isolá-lo do Norte no futuro. A república proclamada por Ho em 1945, antes de os franceses retornarem para reivindicá-la, havia se estendido por todo o país e desfrutado de uma legitimidade por toda nação que a Coreia do Norte, fundada após a divisão em 1948, nunca havia gozado. Eleições no Sul, supostamente programadas em Genebra, tiveram de ser canceladas, em vista do resultado certo que se seguiria, e montou-se um regime católico fraco em Saigon com o apoio de fundos e de conselheiros que se colocavam contra a realização de ataques de guerrilha pelo Vietminh. Não poderia haver nenhuma dúvida quanto a deixar o regime cair. Já em 1949, Kennan havia clamado pelo apoio norte-americano "*pelo tempo que fosse necessário* para garantir o

---

* Guerrilha antijaponesa formada por camponeses filipinos na maior ilha do país, a ilha de Luzon. (N. T.)

** Cisão do Partido Comunista de Burma entre revisionistas pelo fim da luta armada, os "bandeiras brancas", e seus opositores, os "bandeiras vermelhas". (N. T.)

*** Movimento revolucionário criado por Ho Chi Min em 1941 para libertar o Vietnã da França. (N. T.)

triunfo do nacionalismo indochinês sobre o imperialismo vermelho"[95]. Por doze anos, Kennedy despacharia forças norte-americanas para ajudar a manter as posições. Sob Johnson, aumentaria para mais de meio milhão o número de soldados enviados para a Coreia. No entanto, apesar de os EUA terem descarregado mais tonelagem de explosivos sobre a Indochina do que haviam feito durante toda a Segunda Guerra Mundial, com uma força destrutiva equivalente a duzentas bombas atômicas iguais à utilizada em Hiroshima; massacres de rotina pelas tropas norte-americanas; uso sistemático de tortura por interrogadores e representantes da CIA; e dois a três milhões de mortos, a Revolução Vietnamita não pôde ser vencida[96]. Na virada da década de 1970, a oposição interna havia tornado a continuação da guerra impossível, e, assim que os EUA se retiraram, o regime de Saigon caiu. Foi a maior derrota do país na sua história.

Mas nenhum efeito dominó se seguiu a essa queda. Os colonialismos britânico e francês haviam, forçosamente, contado com apoio irrestrito no sudeste da Ásia, uma vez que estavam lutando contra o comunismo: o primeiro, de forma bem-sucedida ao fim da luta; o último – confrontado com um movimen-

---

[95] George F. Kennan, "United States Policy Towards South-East Asia" (PPS/51), em Anna Kasten Nelson (org.), *The State Department Policy Planning Staff Papers*, v. III, p. 49. Ver, a respeito desse documento, Walter Hixson, "Containment on the Perimeter: George F. Kennan and Vietnam", *Diplomatic History*, abr. 1988, p. 151-2, que destaca a frase acima. No mesmo artigo, Kennan explicou que o Sudeste Asiático era um "segmento vital na linha de contenção", cuja perda constituiria uma "derrota política importante, cujas repercussões serão sentidas em todo o resto do mundo, especialmente no Oriente Médio e em uma Austrália então exposta de forma crítica" (*sic*). Tempos depois, Kennan apoiaria a expansão da guerra promovida por Johnson após a Resolução do Golfo de Tonkin, endossando o bombardeio maciço da República Democrática do Vietnã – na Operação Rolling Thunder [o bombardeio de 1965 a 1968 da RDV] –, em fevereiro de 1965, como uma arma para forçar, ao estilo de Kissinger, o inimigo à negociação. Embora criticasse cada vez mais a guerra, por achá-la prejudicial aos interesses nacionais, apenas em novembro de 1969 Kennan pediu publicamente a retirada dos EUA do Vietnã. Em casa, enquanto isso, ele queria que os manifestantes estudantis contrários à guerra fossem presos e colaborou com William Sullivan, chefe do Cointelpro [programa de contrainteligência do FBI], um associado de longa data, em operações secretas do FBI contra estudantes e opositores negros do governo. Ver Nicholas Thompson, *The Hawk and the Dove: Paul Nitze, George Kennan and the History of the Cold War* (Nova York, Henry Holt, 2009), p. 221-2, um característico exercício de baixa qualidade ao estilo *New Yorker*, feito por um funcionário que é neto de Nitze e que esporadicamente contém material em desacordo com o seu teor.

[96] Para documentação a respeito, ver Nick Turse, *Kill Anything that Moves: the Real American War in Vietnam* (Nova York, Henry Holt, 2013), p. 11-15, 79-80, 174-91, baseado, entre outras fontes, na descoberta "dos registros amarelecidos do Grupo de Trabalho dos Crimes de Guerra do Vietnã", uma força-tarefa secreta do Pentágono cujas averiguações permaneceram ocultas por meio século, bem como em material extraído de inúmeras entrevistas.

to muito mais poderoso – fracassando e, por conta disso, carente de substituição por forças norte-americanas. Com relação ao colonialismo holandês, as coisas se passaram de outro modo, por dois motivos. Em termos relativos, a Holanda, ao lado da Grã-Bretanha ou França, era uma *quantité négligeable** no tabuleiro europeu, à qual poderiam ser dadas instruções sem cerimônia; ao passo que nas Índias Orientais Holandesas, ao contrário do que ocorreu na Malásia ou no Vietnã, forças nacionalistas subjugaram um levante comunista durante a luta anticolonial[97]. Tal como o subsecretário de Marshall, Lovett, reconheceu agradecido, a nascente república indonésia – ainda em guerra com os holandeses – foi "o único governo do Extremo Oriente a ter esmagado uma grande ofensiva comunista". Seis meses mais tarde, o NSC-51 determinou que era imperativo pressionar os holandeses a entregar o poder àqueles que haviam mostrado "habilidade insuperável" na supressão de uma revolta instigada pelo Kremlin. Depois de dois dias, Acheson disse aos holandeses que nenhum Plano Marshall estaria a caminho, a menos que eles desistissem[98]. A independência não acabou, no entanto, com o comunismo na Indonésia, que em uma década se tornaria a força popular mais poderosa do país. A tolerância do regime de Sukarno ao PKI [Partido Comunista da Indonésia] motivou uma tentativa malsucedida da CIA de destruí-lo no fim dos anos 1950. O crescimento do partido alarmou os endurecidos militares indonésios da mesma forma. Depois de tropas norte-americanas desembarcarem por meses em Da Nang, em 1965, o maior partido comunista no Mundo Livre foi varrido do mapa, meio milhão de seus membros e de suas famílias massacrados por um exército que precisava de pouca motivação da CIA para fazer seu trabalho, apenas um pouco de ajuda para localizar líderes do PKI. Com a matança cumprida, a ditadura de Suharto recebeu todo tipo de beneficiamento de Washington.

O pogrom na Indonésia, um país com quase três vezes a população do Vietnã, mais do que contrabalançou os reveses na Indochina. Com a destruição do PKI,

---

* Quantia insignificante. Em francês no original. (N. T.)
[97] A presença de comunistas na luta anticolonial havia sido motivo de intenso alarme em Washington – com Kennan decidindo, de modo típico, que a Indonésia era "a questão mais crucial do momento em nossa luta com o Kremlin". Sua queda levaria a nada menos do que "uma bissecção do mundo da Sibéria a Sumatra", cortando "nossas comunicações globais de leste a oeste", tornando "apenas uma questão de tempo antes que a infecção se alastrasse para o Oeste ao longo do continente em direção a Birmânia, Índia e Paquistão"; Wilson Miscamble, *George F. Kennan and the Making of American Foreign Policy*, cit., p. 274.
[98] Robert McMahon, *Colonialism and Cold War: the United States and the Struggle for Indonesian Independence, 1945-49* (Ithaca, Cornell University Press, 1971), p. 242-4, 290-4.

o perigo de contágio revolucionário na zona onde o comunismo e o nacionalismo haviam se fundido de modo mais direto havia sido superado. Ao fim da guerra na Indochina, qualquer ameaça ao capital no sudeste da Ásia havia sido neutralizada. Nos locais em que os exércitos japoneses tinham parado, não houve detonador comparável. No subcontinente, os britânicos puderam transferir o poder para os movimentos nacionais acima de qualquer suspeita de tentações radicais. No Paquistão, Washington teve um aliado incondicional desde o início. Na Índia, o Congresso podia fazer o ruído antiamericano ocasional, mas era possível contar com ele na pouca atenção ao comunismo.

III

O Oriente Médio apresentava um cenário completamente diferente. Ali, a marca do imperialismo europeu era mais rasa. O Egito havia sido colocado sob tutela britânica no fim do século XIX, embora nunca tivesse sido anexado, e protetorados britânicos administrados a partir da Índia se estendiam ao longo da costa do Golfo. Para o restante da região, porém, a chegada do colonialismo europeu veio tarde, com a dissolução do Império Otomano ao fim da Primeira Guerra Mundial; e, camuflado sob mandatos, teve breve duração. Praticamente intocada pela Segunda Guerra Mundial, por suas consequências, toda a região era composta de Estados formalmente independentes – exceto a colônia britânica em Aden –, todos governados por monarquias ou emirados conservadores de um tipo ou outro, exceto a Síria, onde o domínio colonial francês havia sido republicano, e o Líbano, que os franceses haviam conseguido, de forma bem-sucedida, separar da Síria como uma unidade à parte ao saírem de lá. Levantes populares no Iraque e na Palestina haviam sido esmagados pelos britânicos antes da guerra, as correntes nacionalistas não haviam sido forjadas em movimentos de resistência durante a guerra e a influência do comunismo era, em geral, modesta. Até aqui, tudo bem. Mas a região estava próxima da União Soviética como o Sudeste Asiático não havia estado. Ela continha as maiores reservas de petróleo do planeta, cujos campos sauditas foram inicialmente designados por Hull como "um dos maiores prêmios do mundo"[99], seu governan-

---

[99] Patrick Hearden, *Architects of Globalism*, cit., p. 124. A principal preocupação de Hull era manter o petróleo saudita fora do alcance britânico: "A expansão das instalações britânicas serve para construir a sua posição do pós-guerra no Oriente Médio, às custas dos interesses norte-americanos". Já em fevereiro de 1943, Roosevelt publicou uma resolução que dizia que a defesa da Arábia Saudita era "vital para a defesa dos Estados Unidos"; ver David Pintor, *Oil*

te cortejado por Roosevelt em seu caminho para casa de Ialta. Ela agora continha, além disso, um Estado que devia sua existência a Truman, que havia arrancado à força uma divisão da Palestina por meio da ONU para a criação de Israel. Mas em Washington não havia um esquema global para a região. Roosevelt havia feito a conexão saudita. Truman deixou uma herança para os israelenses. Na cartografia do poder norte-americano, estes ainda eram bivaques dispersos entre as grandes plataformas da Eurásia.

Mas se na primeira fase da Guerra Fria, embora não fosse uma zona em branco, o Oriente Médio teve relevância relativamente baixa para os EUA, um país foi fonte de preocupação desde o início. O Irã não era somente o segundo maior produtor de petróleo do mundo. Ele estava diretamente ao lado da URSS e abrigava o único movimento comunista na região, com um significativo contingente de seguidores, no rescaldo da guerra. Lá, em 1951, o governo Mossadegh nacionalizou as jazidas de propriedade e controle britânicos em Abadan. Em Londres, Bevin queria despachar a Marinha Real para reavê-las. Para Washington, isso só podia piorar as coisas, inflamando um nacionalismo persa já sujeito ao contágio do comunismo na forma do partido local, Tudeh[100]. Canhoneiras não eram a solução; ações secretas, sim. Em 1953, a CIA e o MI6

---

and the American Century: the Political Economy of US Foreign Oil Policy, 1941-1954 (Baltimore, Johns Hopkins University Press, 1986): "A ideia de que os Estados Unidos possuíam um direito de preempção aos recursos de petróleo do mundo fora muito bem estabelecida pela Segunda Guerra Mundial", ibidem, p. 37, 208. Foi em meio a esse espírito que Roosevelt disse a Halifax: "O petróleo persa é seu. Nós dividimos o óleo do Iraque e do Kuwait. Quanto ao petróleo da Arábia Saudita, é nosso". Em agosto de 1945, Ibn Saud concedeu a Washington sua primeira base militar na região, em Dhahran. Mas ainda eram as bases britânicas na área do Cairo-Suez que contavam, assim que a Guerra Fria começou. "A partir de pistas controladas pelos britânicos no Egito, bombardeiros dos EUA podiam atacar mais cidades importantes e refinarias de petróleo na União Soviética e na Romênia do que de qualquer outra base potencial no mundo", Melvyn P. Leffler, *A Preponderance of Power*, cit., p. 113.

[100] Kennan estava indignado, argumentando, em 1952, que os EUA deveriam dar total apoio a uma expedição britânica para recapturar Abadan. Apenas "o brilho frio da força adequada e determinada" poderia salvar as posições ocidentais no Oriente Médio. "Abadan e Suez são importantes para os povos locais apenas em termos do seu amor-próprio... Para nós, algumas dessas coisas são importantes em um sentido muito mais grave, e por razões que hoje são mais sólidas, melhores e mais defensáveis do que jamais foram na história", escreveu a Acheson. "Para manter essas instalações e posições podemos usar, hoje, apenas uma coisa: força militar, apoiada pela resolução e coragem em utilizá-la", David Mayers, *George Kennan and the Dilemmas of US Foreign Policy*, cit., p. 253-5. Kennan continuou lamentando a oposição do governo republicano ao ataque anglo-franco-israelense ao Egito e aplaudindo seu desembarque de tropas no Líbano.

orquestraram um golpe militar para derrubar Mossadegh, instalando no poder o jovem Reza Xá Pahlavi, cujo regime rapidamente destruiu o Tudeh[101]. Por seus serviços, o governo Eisenhower forçou um relutante Whitehall a dar às grandes companhias de petróleo norte-americanas um pedaço da participação britânica em Abadan.

Nos lugares em que não havia ameaça comunista direta em solo, havia menos necessidade de colaboração com os impérios mais antigos, cujos interesses poderiam entrar em conflito com os objetivos dos Estados Unidos. Três anos depois, o potencial de tensão entre eles explodiu quando o Egito nacionalizou o canal de Suez. Os EUA não tinham tempo para Nasser, que havia rejeitado a insistência norte-americana para que ele entrasse em conversações secretas com Israel e desse as costas a Moscou. Mas temiam que qualquer ataque militar ostensivo para recuperar o canal pudesse alinhar todo o Terceiro Mundo contra o Ocidente em sua batalha contra a União Soviética[102]. Furioso com o fato de Eden ter ignorado suas advertências, Eisenhower deteve abruptamente o ataque anglo-franco-israelense ao Egito, ao cortar o apoio para a libra esterlina, deixando Londres sem recursos. A verdadeira posição dos seus aliados europeus dentro da ordem norte-americana do pós-guerra, normalmente envolta em ficções decorosas de solidariedade atlântica, foi, assim, elucidada de forma brutal.

---

[101] Sobre o golpe de Estado, a CIA registrou em sua história secreta da operação: "Aquele foi um dia que nunca deveria ter acabado. Pois trazia consigo tamanha sensação de excitação, de satisfação e de alegria que é duvidoso que qualquer outro dia possa chegar a seus pés". Ver Lloyd Gardner, *Three Kings: the Rise of an American Empire in the Middle East after World War II* (Nova York, The New Press, 2009), p. 123. Para uma recente tentativa neorrealista por parte de um ex-funcionário do xá de minimizar o papel da CIA no golpe, alegando que Mossadegh havia despertado oposição na hierarquia xiita, consultar Darioush Bayandor, *Iran and the CIA: the Fall of Mossadeq Revisited* (Nova York, Palgrave Macmillan, 2010), e refutações sucessivas na edição de setembro de 2012 da revista *Iranian Studies*.

[102] Se a Grã-Bretanha e a França enviassem tropas, Eisenhower alertou Eden em 2 de setembro, "os povos do Oriente Médio e do norte da África, e, em certa medida, de toda a Ásia e de toda a África, se consolidariam contra o Ocidente a um grau que, temo, não poderia ser superado em uma geração e talvez nem mesmo em um século, particularmente tendo em conta a capacidade dos russos para causar danos". Aconselhando paciência, os formuladores políticos norte-americanos acreditavam que a crise poderia ser resolvida por meio da diplomacia e de ações secretas. A principal contenção "dos norte-americanos", Eden comentou em 23 de setembro, "é que nós podemos derrubar Nasser aos poucos, e não do modo como Mossadegh foi derrubado", Douglas Little, "The Cold War in the Middle East: Suez Crisis to Camp David Accords", em Melvyn P. Leffler e Odd Arne Westad (orgs.), *The Cambridge History of the Cold War* (Cambridge, Cambridge University Press, 2010), v. II, p. 308.

Mas havia um custo para a operação. Tendo desafiado o Ocidente, o prestígio de Nasser no mundo árabe subiu aos céus, espalhando um nacionalismo mais radical na região, com menos inibições acerca dos laços estreitos com a União Soviética. Depois de se livrar de Mossadegh, os EUA haviam tentado criar um cordão sanitário contra o comunismo com o Pacto de Bagdá, reunindo Turquia, Iraque, Irã e Paquistão. Em 1958, o plano entrou em colapso com uma revolução iraquiana que derrubou a monarquia e levou ao poder um regime militar bem à esquerda de Nasser, apoiado pelo que agora era o movimento comunista mais forte no Oriente Médio. Em resposta, os EUA desembarcaram 14 mil fuzileiros navais no Líbano para defender seu presidente maronita do espectro da subversão. Cinco anos mais tarde, veio o golpe de Estado que primeiro levou o Baath ao poder em Bagdá, golpe cujo conhecimento prévio foi dado à CIA, que, em troca, forneceu listas de comunistas iraquianos a serem mortos no massacre que se seguiu. No entanto, nenhum dos regimes militares da época – a Síria também estava agora sob controle do Baath – poderia ter a confiança de Washington, uma vez que, independentemente de como tratavam seus próprios comunistas, eles não eram amigos da livre iniciativa ou do investimento estrangeiro e todos, da mesma maneira, não só acolhiam armas e assistência de Moscou como ameaçavam dinastias vizinhas confiáveis.

Nesse cenário insatisfatório, a blitz israelense de junho de 1967, que aniquilou a força aérea egípcia em poucas horas e tomou o Sinai, as colinas de Golã e a Cisjordânia em menos de uma semana, caiu como um trovão político. Nasser, cujo desajeitado apoio a uma república iemenita temida pela monarquia saudita havia muito incomodava, era agora uma promessa não cumprida no mundo árabe, enquanto Israel emergia de forma esmagadora como a mais forte potência militar na região. Após o ataque tripartite sobre o Egito de 1956, a França – juntamente com a Grã-Bretanha – ajudou Israel a se tornar uma potência nuclear clandestina, como parte do pacto secreto entre os três que lançou a expedição do Suez, e por algum tempo Paris foi o aliado mais próximo de Israel no Ocidente. Mas o sucesso espetacular da Guerra dos Seis Dias alterou todos os cálculos nos EUA, onde a comunidade judaica inspirou-se com um entusiasmo renovado pela pátria do sionismo e o Pentágono viu um parceiro regional prospectivo de formidável força punitiva. Daí em diante, a política norte-americana no Oriente Médio revolveu em torno de uma aliança com Israel, confiante de que os reinos árabes do petróleo teriam de tolerá-la.

Restava ainda o problema do fluxo de armas e pessoal soviéticos para o Egito e a Síria, intensificado após o desastre árabe de 1967 e visto em Washington como a ponta de lança da penetração russa no Oriente Médio. Para obter as boas graças norte-americanas, Sadat expulsou todos os conselheiros soviéticos do Egito em 1972 e, um ano depois, lançou um ataque conjunto sobre as conquistas israelenses de 1967 com a Síria e a Jordânia. Desta vez, uma ponte aérea maciça de tanques e aeronaves norte-americanos salvou o dia para Israel, cujo contra-ataque só foi impedido de atravessar o canal e aniquilar o Exército egípcio por ter sido dissuadido disso pelos norte-americanos no último minuto. A guerra de 1973 rendeu um resultado quase perfeito para Washington, demonstrando que nenhuma quantidade de armaduras soviéticas poderia competir com as capacidades combinadas de norte-americanos e israelenses na região e colocando o regime militar egípcio em seu bolso como, de agora em diante, um dependente dos Estados Unidos.

IV

Distante da União Soviética, livre dos impérios europeus, passando incólume pela guerra, a América Latina era um lugar onde Washington se sentia em casa, a província da Doutrina Monroe e do famoso corolário de Olney*: "Os Estados Unidos são praticamente soberanos nesse continente e sua sanção é lei sobre os assuntos aos quais a sua interposição se restringe", já que "seus infinitos recursos, combinados com sua posição isolada, os tornam os donos da situação". Dos últimos anos do século XIX à Grande Depressão, os EUA haviam despachado tropas e navios de guerra para aniquilar greves, subjugar levantes, derrubar governantes ou ocupar territórios no Caribe e na América Central com desinibida regularidade. Desde então, não houve apelo óbvio para agir dessa maneira novamente. Os EUA haviam se certificado da fidelidade de um cortejo latino-americano – numericamente, o maior bloco único – na Organização das Nações Unidas antes mesmo de esta ser fundada, com a Lei de Chapultepec, no início de 1945. O Tratado de Defesa Interamericana do Rio ocorreu em seguida, em 1947**, e foi coroado com a formação da Organização

---
* Referência ao secretário de Estado Richard Olney (1835-1917), no cargo entre 1895 e 1897. (N. T.)
** Também conhecido como Tratado Interamericano de Assistência Recíproca, foi assinado no Rio de Janeiro, em 2 de setembro de 1947. (N. T.)

dos Estados Americanos, com sede em Washington e expressamente dedicada à luta contra a subversão, em 1948. Dois anos mais tarde, Kennan, advertindo contra "qualquer visão indulgente e complacente em relação a atividades comunistas no Novo Mundo", deixou claro que meios cruéis poderiam ser necessários para esmagá-las: "Não devemos hesitar diante da repressão policial por parte dos governos locais. Isso não é algo do qual devemos nos envergonhar, pois os comunistas são essencialmente traidores", disse ele a embaixadores norte-americanos na América do Sul, convocados para ouvi-lo no Rio de Janeiro. "É melhor ter um regime forte no poder do que um governo liberal indulgente, relaxado e impregnado de comunistas."[103]

À época, com a notável exceção do regime de Perón na Argentina, praticamente todos os governos latino-americanos, uma miscelânea de autocracias conservadoras de um tipo ou outro – ditadores tradicionais, oligarquias neofeudais, juntas militares, governos de partido único – com uma pitada de regimes democráticos de base muito estreita, eram parceiros mais ou menos congeniais dos negócios e da diplomacia dos Estados Unidos. Padrões de vida, embora baixos para a maioria da população, eram, no entanto, no todo, um pouco mais elevados do que os existentes no sudeste da Ásia ou no Oriente Médio. Nos primeiros anos da Guerra Fria, a região oferecia menos razões para alarme do que qualquer outra no mundo pós-colonial.

A eleição de um governo de esquerda na Guatemala, que nacionalizou terras pertencentes à United Fruit Company e legalizou o partido comunista local, mudou isso. Ao organizar uma invasão por terra realizada por mercenários, com o apoio de um bloqueio naval e bombardeio por ar, a CIA derrubou o regime Arbenz, em 1954, e um exultante *New York Times* publicou que isso era "a

---

[103] Ver Walter LaFeber, *Inevitable Revolutions* (Nova York, Norton, 1993), p. 109. No caminho de volta para Washington, Kennan trabalhou duro em sua mensagem para casa: "Onde os conceitos e as tradições de governo popular são fracos demais para absorver com sucesso a intensidade do ataque comunista, temos então de admitir que as duras medidas de repressão podem ser a única resposta; que essas medidas podem ter de partir de regimes cujas origens e métodos não resistiriam ao teste dos conceitos norte-americanos de procedimentos democráticos; e que regimes e métodos desse tipo podem ser alternativas preferíveis, e certamente as únicas alternativas, ao sucesso comunista". Ver Roger Trask, "George F. Kennan's Report on Latin America (1950)", *Diplomatic History*, jul. 1978, p. 311. Na opinião de Kennan, o hemisfério Sul era uma zona de desastre cultural em todos os sentidos que isso pudesse representar: ele duvidava que existisse "qualquer outra região da terra em que a natureza e o comportamento humano pudessem ter se combinado para produzir um pano de fundo para a condução da vida mais infeliz e sem esperança do que aquele".

primeira revolta anticomunista bem-sucedida desde a guerra"[104]. Seis anos mais tarde, quando a vitória da Revolução Cubana trouxe a expropriação de capital norte-americano para a porta dos EUA[105], o governo Kennedy tentou sem sucesso uma grande invasão da CIA para esmagá-la e, então, impôs um bloqueio naval para impedir que mísseis soviéticos chegassem à ilha, cuja retirada teve de ser trocada pelo abandono de novas ações militares contra Cuba. Com isso, a América Latina passou, em Washington, para o topo da agenda da Guerra Fria. Inspirados pela Revolução Cubana, movimentos guerrilheiros brotaram em todo o continente, enquanto os EUA tentavam vender uma Aliança para o Progresso como a alternativa liberal aos objetivos radicais dos movimentos, além de promover campanhas armadas de contrainsurgência em um país após o outro – Venezuela, Peru, Bolívia, Guatemala – para erradicá-los.

As forças tradicionais da direita latino-americana – o Exército, a Igreja, os latifundiários, os representantes dos grandes negócios – eram bem capazes, no entanto, de tomar a iniciativa de destruir qualquer ameaça de esquerda, independentemente de esta pegar em armas ou não, na certeza de que poderiam contar com a bênção e, onde necessário, com o apoio material dos EUA. Em 1964, os militares brasileiros encenaram o primeiro dos golpes contrarrevolucionários em oposição a um governo eleito que varreram as principais sociedades do continente, enquanto o porta-aviões Forrestal e destróieres de apoio se mantinham no litoral do país, caso os militares precisassem de ajuda[106]. Um ano

---

[104] Em 1952, Truman já havia aprovado um plano desenvolvido por Somoza, após uma visita ao presidente, para uma operação da CIA para derrubar Arbenz, revogada no último minuto por Acheson, provavelmente receando que a operação falhasse; Piero Gleijeses, *Shattered Hope: the Guatemalan Revolution and the United States 1944-1955* (Princeton, Princeton University Press, 1992), p. 228-31. Richard Helms, promovido a chefe de operações da CIA no ano seguinte, explicou a Gleijeses: "Truman deu o OK a muitas decisões de operações secretas sobre as quais, anos mais tarde, disse desconhecer. É tudo negação presidencial", p. 366.

[105] Momento em que a derrubada do regime de Havana se tornou rapidamente "a prioridade máxima do governo dos EUA", nas palavras de um Kennedy mais jovem: "Tudo o mais é secundário. Não economizaremos tempo, dinheiro, esforço ou mão de obra". Kennan, consultado pelo Kennedy mais velho antes da sua posse, aprovou uma invasão a Cuba desde que fosse bem-sucedida. Nicholas Thompson, *The Hawk and the Dove: Paul Nitze, George Kennan and the History of the Cold War*, cit., p. 172.

[106] McGeorge Bundy para o Conselho de Segurança Nacional, em 28 março de 1964: "A configuração do problema no Brasil é tal que não deveríamos estar nos preocupando com o fato de que os militares reagirão; deveríamos estar nos preocupando com o fato de que os militares não reagirão"; Odd Arne Westad, *The Global Cold War*, cit., p. 150. No dia 1º de abril, o embaixador Lincoln Gordon enviou uma mensagem por teletipo para Washington dizendo que tudo estava "acabado, com a rebelião democrática já com 95% de sucesso", e que no

depois, fuzileiros navais dos Estados Unidos entraram na República Dominicana para repelir um perigo comunista imaginário, com as tropas brasileiras logo atrás deles, retribuindo o favor anterior. No Uruguai, Argentina e Chile, se esperanças populares de uma ordem alternativa tomassem forma como guerrilhas urbanas, movimentos trabalhistas populistas, partidos socialistas ou comunistas, eram esmagadas por ditaduras militares ferozes, atuando com o apoio dos EUA. Em meados dos anos 1970, a Revolução Cubana havia sido isolada e o continente blindado contra qualquer novo desafio ao capital.

Como um teatro da Guerra Fria, a América Latina viu a maior amplitude de formas políticas e energias lançadas contra a ordem imperial norte-americana, e as menos ligadas – ideológica ou materialmente – com o distante Estado soviético. Para Cuba, Moscou fornecia uma linha econômica salva-vidas sem a qual o país dificilmente poderia ter sobrevivido, mas estrategicamente estava em desacordo com Havana, lamentando sua militância revolucionária do início ao fim. A letra do corolário de Olney já não vigorava mais – as juntas em Brasília ou Santiago não eram meros súditos dos EUA, e Cuba não podia ser retomada. Mas sua lógica ainda valia. Ao que tudo indicava, no primeiro quarto de século da Guerra Fria, em nenhum lugar a vitória norte-americana era tão completa.

---

dia seguinte se celebraria "uma grande vitória para o mundo livre", sem a qual o "Ocidente poderia ter perdido todas as repúblicas da América do Sul". Para esse e outros detalhes da "Operação Irmão Sam", ver Phyllis Parker, *Brazil and the Quiet Intervention, 1964* (Austin, University of Texas Press, 1979), p. 72-87.

6
Recalibração

O início dos anos 1970 foi um divisor de águas na história do império norte-americano do pós-guerra. Durante vinte anos após o começo da Guerra Fria, a alternância de titulares na Casa Branca pouco afetou a continuidade da estratégia definida no NSC-68. Na virada da década de 1970, no entanto, profundas mudanças no ambiente do poder global norte-americano coincidiram com uma presidência menos comprometida com as ficções piedosas e as fixações políticas de seus antecessores, capaz de perseguir os mesmos objetivos finais por meios notavelmente mais flexíveis e também, onde fosse necessário, ainda mais implacáveis. Como nenhum governante norte-americano antes ou depois dele havia sido, Nixon foi um inovador. Mas seus desvios do manual para a condução do Mundo Livre vieram das oportunidades e constrangimentos da conjuntura. Em todas as três frentes da grande estratégia norte-americana, os anos 1971-1973 viram mudanças dramáticas.

A primeira ocorreu onde tudo tinha se passado, até então, da forma mais suave possível. A reconstrução da Europa ocidental e do Japão, a mais alta prioridade norte-americana após a guerra, havia sido um retumbante sucesso. Após duas décadas, no entanto, as antigas potências do Eixo estavam agora – graças à ajuda norte-americana, ao acesso aos mercados dos EUA e aos empréstimos da tecnologia dos Estados Unidos, combinados com os exércitos de reserva de trabalho de baixos salários e formas mais avançadas de organização industrial do que aquelas que os EUA possuíam – desbancando empresas estadunidenses em um ramo de fabricação após o outro: aço, automóveis, máquinas, eletrônicos. Sob essa pressão alemã e japonesa, a taxa de lucro dos produtores norte-americanos caiu drasticamente e um déficit comercial nos Estados Unidos começou a crescer[107]. Entre os elementos que compunham esse efeito implacável do desenvolvimento desigual do capitalismo durante o longo *boom* do pós-guerra estavam os custos das reformas internas com as quais Nixon, assim como Johnson, buscou consolidar seu eleitorado e reduzir a oposição à guerra no Vietnã, um outro dreno no Tesouro dos Estados Unidos. O resultado foi a escalada da inflação e uma balança de pagamentos em deterioração. Para coroar esses problemas, a França – sob De Gaulle e Pompidou, o Estado ocidental a recuperar, por uma temporada, independência política real de Washington – havia começado a atacar o dólar com compras de ouro cada vez maiores. A latitude do poder norte-americano sobre os interesses norte-americanos, o mandato do Estado imperial além dos requisitos do capital nacional, estava pela primeira vez sob pressão.

A resposta de Nixon foi draconiana. Os princípios do livre-comércio, o livre mercado e a solidariedade do mundo livre não poderiam ficar no caminho do interesse nacional. Sem perder tempo com consultas diplomáticas, em um discurso na televisão de quatro minutos para um público doméstico, ele descartou o sistema de Bretton Woods, cortando a ligação do dólar com o ouro, impôs um adicional tarifário a todas as importações e decretou um congelamento de preços e salários. No curto prazo, a desvalorização restaurou o impacto competitivo dos exportadores norte-americanos e, no longo prazo, a desvinculação do dólar do ouro deu ao Estado norte-americano mais liberdade de manobra econômica do que jamais havia tido. A verdadeira estrutura da ordem internacional liberal projetada em 1943-1945 foi momentaneamente revelada. Mas esse sucesso impressionante no exercício do egoísmo nacional só poderia mascarar por um tempo limitado a alteração irreversível na posição dos Estados Unidos na economia mundial, da qual Nixon estava consciente.

Um mês antes de pronunciar a extinção norte-americana de Bretton Woods, Nixon havia surpreendido o mundo com outra não menos drástica reorientação da política dos EUA: o anúncio de que em breve viajaria a Pequim. A vitória da Revolução Chinesa tinha sido o pior golpe que Washington já havia sofrido na Guerra Fria. Considerando o Partido Comunista chinês como um inimigo ainda mais amargo do que o Partido Comunista da União Soviética, os EUA haviam se recusado a reconhecer o regime de Mao, afirmando que a China real era sua divisão em Taiwan e ignorando a cisão entre Pequim e Moscou, tornada

---

[107] Para esse desenvolvimento, um relato indispensável é o de Robert Brenner, *The Economics of Global Turbulence* (Londres/Nova York, Verso, 2006), p. 99-142.

pública no início da década de 1960 e que se agravou de forma constante depois disso. Nixon, agora, se tornara determinado a obter vantagens sobre ela. Ainda atolado no Vietnã, onde a República Democrática do Vietnã recebia assistência da Rússia e da China, seu objetivo era aumentar sua influência junto a ambos os poderes, jogando um contra o outro para garantir uma solução que preservasse o estado sul-vietnamita e a credibilidade militar norte-americana no sudeste da Ásia. Em fevereiro de 1972, sua recepção cordial por parte de Mao, em Pequim, marcou uma revolução diplomática. Os dois líderes concordaram sobre a ameaça representada pela União Soviética, lançando as bases para uma aliança tácita contra ela. Tendo obtido esse entendimento, três meses depois, Nixon foi para Moscou, onde – lembrando Brezhnev dos perigos potenciais da China – assinou o primeiro acordo Salt*, em meio a muita comemoração de uma *détente*. O tratado não parou a corrida armamentista, e as atmosferas da *détente* tiveram menos efeito do que o pretendido em neutralizar a oposição interna à guerra na Indochina. No entanto, o ganho estratégico básico da virada de Nixon foi enorme e iria durar. O mundo comunista não estava mais apenas dividido. Dali em diante, China e Rússia competiriam por relações privilegiadas com os Estados Unidos.

O que essa transformação da dinâmica da Guerra Fria não poderia proporcionar era o objetivo imediato de Nixon, um empate forçado no Vietnã. Embora Moscou e Pequim pedissem, de forma conjunta, outro arranjo ao estilo de Genebra a respeito de Hanói, não estavam em condições de o impor. Outro maciço bombardeio norte-americano fracassou na tentativa de submeter a República Democrática do Vietnã. Em janeiro de 1973, acordos tiveram de ser assinados em Paris para uma retirada das tropas norte-americanas do Vietnã dentro de sessenta dias, selando o destino do regime ao Sul. Mas o fim inglório da longa intervenção norte-americana no Vietnã foi rapidamente reparado em outro lugar. Em setembro, o regime Allende, a experiência socialista eleita de forma democrática mais bem-sucedida na América do Sul, cujo exemplo o capital mais tinha a temer e cuja queda Nixon havia exigido desde o início, foi destruído pelo Exército chileno[108]. Um mês depois, o Exército egípcio foi en-

---

* Sigla em inglês para *Strategic Arms Limitation Talks*, ou Conversações sobre Limites para Armas Estratégicas, acordo assinado pela primeira vez em 26 de maio de 1972 e conhecido como Salt I. Novas conversações entre os anos de 1972 e 1979 resultariam em um Salt II. (N. T.)

[108] O diretor da CIA telegrafou a seguinte mensagem ao comandante de seu posto em Santiago, em 16 de outubro de 1970: "É uma política firme e contínua que Allende seja deposto por

caminhado pela ofensiva israelense através do canal e o nacionalismo árabe corporificado pelo regime de Nasser estava liquidado, deixando os Estados Unidos como os mestres diplomáticos do Oriente Médio.

II

A saída de Nixon foi seguida, após um breve ínterim, por uma reversão tonal e tática a estilos mais convencionais da *Weltpolitik* norte-americana. Em uma luta típica de posicionamento interno, a *détente* logo ficou sob o ataque democrata como uma traição sem princípios para Moscou. No fim de 1974, a emenda Jackson-Vanik bloqueou a concessão do status de nação mais favorecida [MFN, na sigra em inglês] à URSS por obstruir a emigração judaica da Rússia para Israel. Um ano mais tarde, o acordo Salt II estava paralisado. Nixon não tinha erguido o suficiente as bandeiras do Mundo Livre – em especial, a causa dos direitos humanos, escolhida por Jackson e exibida por Carter em sua campanha para a Casa Branca, que, a partir dali, se tornou um elemento ideológico importante de todos os regimes em Washington. A Guerra Fria não era para ser travada como uma mera disputa de poder político. Ela era uma batalha moral-ideológica em defesa da civilização, como Nitze enxergara.

Em termos estratégicos, pouca coisa mudou. O legado de Nixon não foi descartado, mas substantivamente consolidado. Não haveria retorno à indiferença benevolente norte-americana – muito menos assistência – à ascensão econômica do Japão ou da Alemanha. O Primeiro Mundo havia se tornado uma arena clara de concorrência intercapitalista na qual a predominância dos EUA estava em jogo, a ser assegurada sempre que necessário, sem remorsos. Nixon havia desatrelado o dólar do ouro e mostrado pouco respeito por totens do

---

um golpe de Estado. Seria muito melhor que isso ocorresse antes de 24 de outubro, mas os esforços nesse sentido seguirão de maneira vigorosa para além dessa data. Temos de continuar a gerar pressão máxima com vistas a esse fim, utilizando todo e qualquer recurso que seja apropriado. É imperativo que essas ações sejam executadas clandestinamente e de forma segura para que o governo dos EUA e a mão norte-americana estejam bem escondidos". Ver Peter Kornbluh, *The Pinochet File: a Declassified Dossier on Atrocity and Accountability* (Nova York, The New Press, 2003), p. 64. Ao lidar com o Chile, Kissinger foi leal às recomendações que Kennan havia feito duas décadas antes. Em 1971, Kennan observou: "Henry entende meu ponto de vista melhor do que alguém no Estado já tenha entendido", e oito dias após o golpe no Chile escreveu a Kissinger, que havia acabado de se tornar secretário de Estado: "Eu não poderia estar mais satisfeito do que estou com essa nomeação"; John L. Gaddis, *George F. Kennan*, cit., p. 621.

laissez-faire em seu país ou no exterior, mas o choque do petróleo de 1973 havia agravado a crise econômica subjacente nos EUA com uma eclosão aguda da inflação, que as taxas de câmbio flutuantes instituídas no Smithsonian, em 1971, pouco fizeram para melhorar. No fim da década, o impulso temporário às exportações norte-americanas produzido pela desvalorização de 1971 estava esgotado e o dólar perigosamente baixo. Com a chegada de Volcker ao FED [Banco Central dos EUA, na sigla em inglês] sob Carter, houve uma mudança abrupta de curso. As taxas de juros foram elevadas aos céus para pôr um fim à inflação, atraindo uma enxurrada de capital estrangeiro e colocando enorme pressão sobre as dívidas nominadas em dólar do Terceiro Mundo. Mas, assim que o dólar se fortaleceu novamente – fabricantes norte-americanos pagando o preço dessa valorização, com o déficit comercial se ampliando cada vez mais –, o governo Reagan não fez cerimônia. Após implacável pressão, o Japão e a Alemanha foram forçados a aceitar enormes valorizações do iene e do marco para tornar as exportações norte-americanas novamente competitivas[109]. O Acordo de Plaza, de 1985, confirmando a relativa recuperação econômica dos EUA na década de 1980, não deixou dúvidas de quem era o mestre na ordem internacional liberal e pretendia continuar a sê-lo.

Além do Primeiro Mundo, outros dois grandes legados de Nixon requeriam conclusão. No Extremo Oriente, a China tinha sido persuadida a uma entente tácita com os EUA, mas ainda não havia relações diplomáticas entre os dois Estados, com Washington mantendo o reconhecimento formal do regime do Kuomintang em Taiwan como o governo da China. No Oriente Médio, a vitória havia sido entregue a Israel e o Egito salvo do desastre, mas era necessário um acordo entre os dois para que os EUA se aproveitassem plenamente do seu comando da situação. Com poucos meses de distância um do outro, negócios inacabados em ambos os teatros estavam concluídos. No outono de 1978, Sadat e Begin assinaram um acordo, monitorado pelos EUA, em Camp David, retornando o Sinai ocupado por Israel ao Egito em troca do abandono pelo Egito dos aliados que haviam lutado com ele, cujos territórios Israel continuou a ocupar, e de promessas vazias aos palestinos, prontamente descartadas. Um dilúvio de ajuda militar norte-americana para os dois países se seguiu, como doravante interligados, mesmo que fossem muralhas incomensuráveis do siste-

---

[109] Robert Brenner, *The Eonomics of Global Turbulence*, cit., p. 190, 206-7; idem, *The Boom and the Bubble: the US in the World Economy* (Londres/Nova York, Verso, 2002), p. 60-1, 106-7, 122-3, 127.

ma norte-americano no Oriente Médio: Israel como um aliado mais do que capaz de ações independentes; o Egito, um pensionista incapaz disso.

No Extremo Oriente, o jogo com a China era mais fácil. Algumas tratativas foram necessárias para contornar o problema de Taiwan, mas quando Pequim não fez mais caso do contínuo apoio comercial e material norte-americano para a ilha, desde que Washington retirasse o reconhecimento da República da China, o caminho estava livre para o estabelecimento de relações diplomáticas formais entre os dois poderes, no primeiro dia de 1979. Duas semanas depois, Deng Xiaoping desembarcou nos EUA para uma turnê no país e conversas na Casa Branca, com o objetivo não só de fazer um acordo com o país enquanto um contraposto estratégico à Rússia, como Mao havia feito, mas de integração no sistema econômico mundial liderado pelos EUA – uma Porta Aberta em sentido inverso –, que Mao não havia feito. O bilhete de entrada que ele ofereceu foi um ataque chinês ao Vietnã para puni-lo pela derrubada do regime de Pol Pot, um protegido de Pequim no Camboja. Os EUA, ainda sofrendo com a humilhação na Indochina, ficaram felizes em aceitar. A invasão chinesa ao Vietnã não foi bem-sucedida e teve de ser cancelada, com pesadas baixas e poucos resultados a serem exibidos. No entanto, serviu a seu propósito político, iniciando a China como um parceiro confiável dos EUA no sudeste da Ásia, onde as duas potências uniram forças para sustentar o Khmer Vermelho ao longo da fronteira com a Tailândia por mais outra dúzia de anos, e dando à República Popular da China o direito ao pleno benefício dos investidores e mercados norte-americanos. Carter – os direitos humanos serviam melhor como capa mágica para Pol Pot do que a economia de Chicago havia sido para Pinochet – tinha provado ser um executor eficaz de Nixon.

III

Reforçar ainda mais as posições no Oriente Médio e no Extremo Oriente não era garantia de segurança em outras partes do Terceiro Mundo. O fim dos anos 1970 e o início dos anos 1980 viram não uma contração, mas uma expansão de zonas de perigo para os EUA em áreas até então pouco atingidas pela Guerra Fria[110]. A

---

[110] Embora, claro, nunca estivessem totalmente fora de vista, em Washington. Não há melhor exemplo de quão imaginária é a crença de que a doutrina de contenção de Kennan era geograficamente limitada, em vez de intransigentemente global, do que o *paper* do PPS de 25 de março de 1948 sobre o norte da África, que – depois de observar que "o povo do Marrocos pode avançar de modo melhor sob a tutela francesa" – conclui: "O desenvolvimento dos

África havia sido, há muito, o continente menos afetado por ela. A Revolução Argelina, a luta armada em massa do fim dos anos 1950 e início dos anos 1960, havia causado alguma ansiedade, mas a rápida conquista do poder por um regime militar introvertido com poucas ambições ideológicas dissipou aquelas preocupações. Em outros lugares, não havia algo comparável à colonização europeia, com a exceção da fortaleza branca racista da África do Sul, que poderia cuidar de si mesma. Em posição intermediária, colônias francesas e britânicas conduzidas por um punhado de administradores, intocadas por qualquer radicalização de tempos de guerra, cobriam a maior parte dos grandes espaços subsaarianos. Lá, a descolonização poderia ser manejada sem muita dificuldade, com uma transferência controlada de poder para elites em geral moderadas, ainda altamente dependentes, material e culturalmente, das antigas metrópoles.

Havia duas outras potências coloniais, porém de menores tamanho e autoconfiança, que, de maneiras opostas, estragaram esse processo, colocando Washington em alerta. A Bélgica, não tendo feito durante anos nenhum esforço para preparar um desembarque pós-colonial adequado no Congo, concedeu-lhe a independência em 1960, de um dia para o outro. Quando, em meio a condições caóticas após um motim da antiga guarda civil colonial contra seus oficiais brancos, Lumumba – eleito líder do país – pediu ajuda soviética, a CIA foi instruída a envenená-lo. Depois de isso falhar, os EUA – com o controle efetivo da operação da ONU, ostensivamente enviada para estabilizar a situação – orquestraram uma tomada de poder pelas tropas de Mobutu, um ativo da CIA, garantindo a morte de Lumumba por um poder interposto e a ditadura no Congo de seu comandante paraquedista por trinta anos[111].

EUA em uma grande potência mundial, juntamente com as guerras que foram travadas por esse país para evitar que o litoral atlântico da Europa e da África caísse em mãos hostis, a crescente dependência da Inglaterra com relação aos EUA e a situação criada pela ascensão do poder aéreo e de outros avanços tecnológicos, tornou necessário que um novo conceito fosse aplicado a todo o grupo de territórios que faz fronteira com o Atlântico Leste, pelo menos até a África Ocidental. A interflexão próxima dos territórios africanos franceses na costa do Mediterrâneo também deve ser considerada parte integrante desse conceito. Isso significaria, em termos modernos, que não poderíamos tolerar, do ponto de vista de nossa segurança nacional, a extensão a essa área de qualquer sistema de poder que não seja membro da comunidade do Atlântico ou a transferência de soberania para qualquer poder que não tenha plena consciência de suas obrigações com relação à paz da ordem atlântica", Anna Kasten Nelson (org.), *The State Department Policy Planning Staff Papers*, cit., v. II, p. 146-7.

[111] A burocracia da ONU e o Estado secreto dos EUA estavam de pleno acordo, com Hammarskjöld opinando que "Lumumba deve ser destruído" e seu agente norte-americano, Cordier,

Portugal, em si uma ditadura que remontava aos tempos fascistas, cuja identidade como uma potência europeia era inseparável de seu império africano, não tinha nenhuma intenção de renunciar às suas colônias e, com uma presença que superava em mais de uma década a da França e Grã-Bretanha no continente, criou as condições para um anti-imperialismo radical que buscou ajuda e inspiração na URSS, algo presente, de outra forma, apenas na África do Sul. Quando, após doze anos de luta armada, a revolução metropolitana finalmente trouxe a descolonização, Angola, a mais rica possessão portuguesa, foi dividida entre três movimentos de independência, dois de direita, apoiados pelo Congo e pela República Popular da China, e um de esquerda, apoiado pela Rússia. Alarmado com a perspectiva de este último sair vencedor na disputa entre eles, em 1975, Washington forneceu fundos, armas e pessoal a seus adversários em uma operação secreta da CIA a partir do Norte, enquanto incitava a África do Sul a invadir a colônia a partir do Sul. Antes que Luanda pudesse cair, tropas cubanas transportadas do Caribe em embarcações soviéticas chegaram em grande quantidade, desobstruindo o Norte e obrigando a coluna sul-africana a se retirar. Para os EUA, a derrota em Angola significava entregar o país ao comunismo e, na década de 1980, os norte-americanos intensificaram o apoio à força rival ainda atuante no país, liderada pelo aliado de Pretória, Savimbi. Uma segunda invasão sul-africana, assistida por Savimbi, foi interrompida 13 anos depois por outra expedição cubana, maior do que a primeira. Em Angola, no momento em que Reagan deixou o cargo, os EUA haviam sido derrotados de forma categórica[112].

---

dizendo que Lumumba era o "pequeno Hitler" da África, enquanto Allen Dulles enviava uma mensagem via cabo para o chefe da CIA em Leopoldville com os seguintes dizeres: "Em altas esferas aqui considera-se que se [Lumumba] continuar a manter o cargo, o resultado inevitável será, na melhor das hipóteses, o caos e, na pior delas, abrir caminho para a tomada comunista do Congo, com consequências desastrosas para o prestígio da ONU e para os interesses do mundo livre em geral. Consequentemente, concluímos que sua remoção deve ser o principal e mais urgente objetivo". Em Washington, Eisenhower deu luz verde para a eliminação de Lumumba, e um emissário foi enviado para envenená-lo. A melhor documentação a respeito de seu destino final está em Ludo De Witte, *The Assassination of Lumumba* (Londres/Nova York, Verso, 2001), p. 17-20s, passim. A operação Congo era muito mais importante na definição de uma referência para uso posterior da ONU como um instrumento da vontade norte-americana do que por sua função como uma folha de parreira internacional para a guerra na Coreia. [Sobre "Estado secreto": referência às esferas governamentais cuja existência e ação são desconhecidas, por serem protegidas por leis de segurança nacional não sujeitas ao poder judiciário comum. Detenções arbitrárias e vigilância eletrônica são dois casos que caracterizam um verdadeiro regime secreto por parte de alguns Estados. – N. T.]

[112] Ver o belo relato em Odd Arne Westad, *The Global Cold War*, cit., p. 218-46, 390-2.

A única arena africana a ter escapado da colonização europeia antes da Primeira Guerra Mundial e, depois disso, apenas por um breve período conquistada tornou-se, previsivelmente, o outro campo de provas das últimas fases da Guerra Fria, como um reino feudal atrasado para o seu fim. A Revolução Etíope que derrubou a arcaica dinastia local, em 1974, se tornou cada vez mais radical, à medida que o grupo de oficiais subalternos que assumiu o poder passou por uma série de expurgos convulsivos, terminando em um regime que não só pediu ajuda militar aos soviéticos como também – em vez de falar vagamente de um socialismo africano, como muitos outros haviam feito – proclamou o objetivo de criar uma sociedade baseada no socialismo científico de estilo soviético. A Etiópia imperial havia, tradicionalmente, sido uma plataforma giratória das disposições estratégicas norte-americanas no Chifre da África. Quando pareceu ter emborcado em direção ao comunismo, os EUA incitaram uma invasão por parte da Somália, em 1977, para recuperar a região de Ogaden. Tal como em Angola, a incursão foi repelida por uma combinação de tropas cubanas e muito mais blindagem e supervisão soviéticas, um remédio amargo para Washington engolir. No comando do Conselho de Segurança Nacional, Brzezinski declarou a morte da *détente* nas areias de Ogaden. O sucesso no Congo havia confirmado o valor da ONU como um disfarce para as operações norte-americanas no Terceiro Mundo. Contratempos em Angola e na Etiópia ofereceram lições de como melhor executar guerras por procuração.

Do outro lado do Atlântico, a América do Sul estava de tal modo livre de ameaças ao capital, no fim dos anos 1970, que os regimes militares que haviam executado a limpeza do terreno puderam se retirar de cena com a tarefa histórica cumprida, deixando governos democráticos em seus lugares, todos a salvo de qualquer tentação de uma mudança radical. A América Central, no entanto, encontrava-se em um fuso horário político diferente. Há muito um remanso político, lar de alguns dos tiranos mais ignorantes do continente, com seus breves episódios de insurgência rapidamente extintos, a maior parte da região havia permanecido em silêncio durante o período de elevado ativismo revolucionário mais ao sul. A derrubada por rebeldes sandinistas, em 1979, da dinastia Somoza, na Nicarágua, cujo regime sob patrocínio norte-americano datava dos tempos de Roosevelt, levou o país para o centro da contrainsurgência norte-americana[113]. Os

---

[113] Somoza, com quem Stimson havia simpatizado em uma visita durante a segunda ocupação norte-americana da Nicarágua, em 1927, tornou-se o primeiro chefe da Guarda Nacional criada pelos fuzileiros navais norte-americanos quando Roosevelt assumiu a presidência. Depois

revolucionários nicaraguenses estavam intimamente ligados a Cuba e, em 1981, sua vitória detonou uma insurreição em El Salvador, que evoluiu para uma guerra civil de uma década de duração, e uma revolta mais breve na Guatemala – onde as guerrilhas eram um fenômeno mais antigo –, sufocada por uma violenta repressão. Oligarcas e oficiais locais reagiram à onda de radicalização regional com esquadrões da morte, desaparecimentos, torturas e massacres. Nesses dois países, a administração Carter forneceu treinamento e assistência norte-americanos. Reagan, não menos determinado a não ceder em El Salvador e na Guatemala, decidiu atacar a raiz do problema na própria Nicarágua.

A partir de 1982, os EUA reuniram um exército de contrarrevolucionários, bem financiado e equipado, em Honduras e na Costa Rica, para destruir o regime sandinista. Invasões e ataques pelas fronteiras se multiplicaram, com sabotagem generalizada das comunicações, destruição de colheitas e instalações econômicas e o assassinato de civis, em uma campanha diretamente planejada e controlada pelos norte-americanos. Incapazes de controlar grandes faixas de território, os Contras colocaram o país em estado de sítio. Privação e fadiga enfraqueceram gradualmente o apoio popular ao governo sandinista, até que no fim da década ele concordou com eleições, desde que os Contras fossem dispensados, e foi derrotado pelo candidato do Departamento de Estado, o único que poderia dar um fim ao embargo norte-americano que empobrecia o país. A América Central não era a África. Os EUA poderiam lutar uma guerra por procuração contra um pequeno adversário com total sucesso – concluindo satisfatoriamente seu domínio na região com uma invasão ao Panamá que parecia sair da década de 1920, antes mesmo que nicaraguenses fossem às urnas, para se livrar de um homem forte que não satisfazia seus interesses[114].

---

de assassinar Sandino em 1934, foi recebido em momento oportuno pelo presidente, com as boas-vindas de Washington em um estilo sem precedentes: "Planos do cerimonial pediam que Roosevelt, pela primeira vez desde que havia assumido o cargo em 1933, deixasse a Casa Branca para cumprimentar um chefe de Estado. O vice-presidente, todos os ministros e os principais líderes do Congresso e do Judiciário haviam sido, todos, incluídos na programação e deveriam estar presentes à chegada do trem de Somoza. Uma grande guarda militar de honra, uma salva de 21 tiros de canhão, uma comitiva presidencial que passaria por toda a avenida Pennsylvania, um jantar de Estado e um pernoite na Casa Branca faziam parte do roteiro oficial", com "mais de cinco mil soldados, marinheiros e fuzileiros perfilados ao longo das ruas e cinquenta aeronaves sobrevoando suas cabeças. Funcionários do governo liberados do trabalho para a ocasião engrossaram as multidões ao longo da procissão", Paul Coe Clark, *The United States and Somoza: a Revisionist Look* (Westport, Praeger, 1992), p. 63-4.

[114] "Entre o início da Guerra Fria global, em 1948, e sua conclusão, em 1990, o governo norte--americano garantiu a derrubada de, pelo menos, 24 governos na América Latina, 4 com o

IV

Muito mais estava em jogo na outra zona para que ela se transformasse em uma frente de batalha na última década da Guerra Fria. Entre o mundo árabe e o subcontinente havia dois Estados nunca sujeitos a mandatos ou conquistas europeus, embora cada um deles tivesse sido objeto de repetidas invasões e manipulações por parte de potências imperiais. Desde sua instalação pelos Estados Unidos e pela inteligência britânica na década de 1950, a ditadura real no Irã havia se tornado o elemento central da estratégia norte-americana na região em torno do Golfo, destinatária de todo o tipo de favor e assistência por parte de Washington. No Afeganistão, a monarquia havia sido encerrada por um primo da dinastia que buscava atualizar o país com ajuda soviética. Em janeiro de 1978, grandes manifestações eclodiram contra o regime Pahlavi, por muito tempo um símbolo de tirania e corrupção, e, em um ano, o regime estava acabado, com o xá fugindo para o exílio e o clérigo xiita Khomeini retornando dele para encabeçar um regime revolucionário de inesperada marca islâmica, igualmente hostil à esquerda iraniana e à superpotência norte--americana[115]. Em abril de 1978, comunistas afegãos para os quais se planejava

uso direto de forças militares dos EUA, 3 por meio de revoltas ou assassinatos orientados pela CIA e 17 ao encorajar forças políticas ou militares locais a intervir, sem a participação direta dos Estados Unidos, geralmente por meio de golpes de Estado militares... O custo humano desse esforço foi imenso. Entre 1960, quando os soviéticos já haviam desmantelado os *gulags* de Stalin, e o colapso da União Soviética, em 1990, o número de presos políticos, vítimas de tortura e execuções de dissidentes políticos não violentos na América Latina excedeu em muito o da União Soviética e de seus satélites do Leste Europeu. Em outras palavras, de 1960 a 1990 o bloco soviético como um todo foi menos repressivo em número de vítimas humanas do que muitos países latino-americanos individualmente. A quente Guerra Fria na América Central produziu uma catástrofe humanitária sem precedentes. Entre 1975 e 1991, o número de mortos era de quase 300 mil em uma população de menos de 30 milhões. Mais de 1 milhão de refugiados abandonaram a região, a maioria rumo aos Estados Unidos. Os custos econômicos nunca foram calculados, mas foram enormes. Na década de 1980, esses custos não afetaram a política dos EUA porque o ônus sobre eles era insignificante", John Coatsworth, "The Cold War in Central America, 1975-1991", em Melvyn Leffler e Odd Arne Westad (orgs.), *The Cambridge History of the Cold War*, cit., v. III, p. 220-1.

[115] No último dia de 1977, Carter tinha brindado o xá em Teerã – "Não há um líder pelo qual eu tenha um sentimento de gratidão pessoal e amizade mais profundos" – como um espírito irmão na causa dos "direitos humanos" e um pilar de estabilidade na região, mantido pela "admiração e o amor que seu povo lhe dá". Ver Lloyd Gardner, *The Long Road to Baghdad* (Nova York, The New Press, 2008), p. 51. Quando a embaixada dos EUA em Teerã foi tomada por estudantes, dois anos mais tarde, Kennan solicitou com insistência uma declaração de guerra norte-americana contra o Irã; Nicholas Thompson, *The Hawk and the Dove*, cit., p. 278.

um expurgo revidaram com um golpe que os colocou no poder da noite para o dia. Apesar de não serem equivalentes, os dois levantes foram duros golpes. O Afeganistão poderia estar, de certo modo, na esfera de influência diplomática de Moscou, mas o estabelecimento de um regime comunista era outra questão, uma ameaça ao Paquistão e inaceitável por princípio. No entanto, o país era pobre e isolado. O Irã, com o dobro do tamanho e da população e um dos maiores produtores de petróleo do mundo, não era nem uma coisa nem outra. Em si mesmo, sem dúvida, um regime islâmico era menos perigoso do que um regime comunista, mas seu fervor anti-imperialista poderia se provar mais desestabilizador, se não fosse controlado, no Oriente Médio. A embaixada dos EUA foi tomada e seus funcionários mantidos reféns em Teerã, não em Cabul.

Por sorte, o problema de como lidar com a Revolução Iraniana encontrou uma solução feliz menos de um ano após a derrubada do xá, com o ataque total contra o Irã lançado pelo Iraque, em setembro de 1980, na crença de que Teerã estava muito enfraquecida por um regime khomeinista ainda preocupado com a repressão a uma série de oposições internas. A jogada de Saddam Hussein para se apoderar da predominantemente árabe província rica em petróleo do Kuzestão desencadeou a segunda mais longa guerra convencional do século XX, com o incentivo e a assistência secretos dos Estados Unidos[116]. Invocando cada reserva de patriotismo iraniano, o sistema khomeinista sobreviveu ao ataque. Para os propósitos norte-americanos, entretanto, a guerra era rentável. Sem o compromisso de qualquer tropa norte-americana, nem mesmo agentes da CIA, impedidos de atuar no país, a Revolução Iraniana foi mantida dentro de suas próprias fronteiras por quase uma década, e seu ímpeto externo foi em grande parte esvaziado pela luta por sobrevivência defensiva. Quando a guerra finalmente chegou ao fim, em 1988, o regime clerical ainda se mantinha em vigor, mas havia sido contido e, com a proclamação da Doutrina Carter e sua execução por Reagan, o Golfo havia se convertido em uma passarela militar para o poder dos EUA na região.

O Afeganistão podia ser atacado de forma mais ambiciosa do que o Irã, conforme o modelo praticado na América Central em vez do realizado no sul da África. Se Bagdá era tão distante quanto Pretória, Islamabad seria tão próxima quanto Tegucigalpa, a partir da qual os EUA poderiam montar uma guerra por procuração contra o comunismo com um exército de Contras, os quais, no

---

[116] Ver Bruce Jentleson, *With Friends Like These: Reagan, Bush and Saddam, 1982-1990* (Nova York, Norton, 1994), p. 42-8.

entanto, se transformariam em mais do que mercenários. Já em julho de 1979, antes que a monarquia houvesse caído no Irã ou tanques soviéticos estivessem próximos de Cabul, os EUA financiavam a resistência religiosa e tribal à Revolução de Saur. Quando Moscou reagiu ao fratricídio no comunismo afegão com uma intervenção militar de grande escala, em dezembro, Washington viu a chance de pagar a URSS com sua própria moeda: esse seria o Vietnã da União Soviética. Sob o benevolente abrigo da ditadura Zia no Paquistão, transferências maciças de dinheiro e armamentos avançados foram feitas para lutadores *mujahidin* que combatiam o ateísmo. Dividido desde o início, o comunismo afegão havia tentado compensar a fraqueza de sua base, em uma sociedade ainda predominantemente rural e tribal, com a ferocidade de sua repressão de oposição a ele, agora sobreposta com o peso pesado de um exército alienígena. Nessas condições, os EUA tiveram pouca dificuldade para manter os ataques de guerrilha *hi-tech* aos comunistas por mais de uma década, irrigados com financiamento saudita e da CIA, mas enraizados em um apaixonado e popular sentimento religioso. Dependente do poder aéreo e terrestre soviético para sua sobrevivência militar, o regime em Cabul estava politicamente condenado por causa disso.

V

Em sua longa disputa com os Estados Unidos, os governantes da União Soviética acreditavam, em meados dos anos 1970, que haviam alcançado paridade nuclear estratégica e, com esta, o reconhecimento por Washington de paridade política como uma superpotência, no geral, em pé de igualdade com os EUA. Aos seus olhos, a *détente* sinalizava a aceitação norte-americana dessas realidades. Por causa disso, eles não viram nenhuma razão para que a URSS agisse com menos liberdade do que os EUA onde as fronteiras entre os dois blocos não estivessem, como na Europa, fixadas rapidamente por acordos mútuos. A América Central estava dentro do domínio hemisférico dos EUA e eles não iriam interferir. Mas a África era um terreno vago e o Afeganistão, uma fronteira da URSS com a qual os EUA nunca haviam se envolvido muito. Projeção de poder militar em tais regiões não era uma provocação, mas sim estaria dentro das regras do jogo, conforme entendido por Moscou.

Essas crenças eram ilusões. O que Brezhnev e seus colegas acreditavam ser um ponto crítico estratégico, para Nixon e Kissinger era uma construção tática. Nenhum governo norte-americano tinha qualquer intenção de permitir que

Moscou atuasse no Terceiro Mundo da mesma maneira que Washington o faria, e todos eles possuíam os meios para fazer com que ele fracassasse se o tentasse. Os aparentes ganhos soviéticos dos anos 1970 haviam sido construídos sobre areia, regimes frágeis aos quais faltavam ou quadros comunistas disciplinados ou movimentos de massa de alcance nacional por trás deles, e estes ruiriam ou seriam virados de cabeça para baixo em curto espaço de tempo quando o apoio de Moscou não estivesse mais presente. A disparidade fundamental entre os dois antagonistas permaneceu tão grande como no início da Guerra Fria, antes que a vitória de Mao na China alterasse a extensão do desequilíbrio por um período de tempo. Mesmo com linhas de comunicação tão curtas como as para o Afeganistão, Moscou estava sem saída, como Brzezinski havia pretendido. O Exército Vermelho não tinha remédio contra os mísseis Stinger. À desmoralização para além dos perímetros do governo de Stalin adicionou-se a desordem interna. A Europa oriental há muito estivera fora dos limites para os EUA, que haviam estado presentes quando os trabalhadores da Alemanha Oriental se rebelaram em 1953, a Hungria se revoltou em 1956, e a Tchecoslováquia foi invadida em 1968. Mas a *détente*, que havia levado os líderes soviéticos a pensar que poderiam agir com menos inibição no Chifre da África ou no Indocuche, onde não tinha muita importância para Washington, permitiu que os EUA agissem com menos inibição na Europa. Lá, os Acordos de Helsinque, onde Moscou pagou pelo reconhecimento formal de fronteiras territoriais que nunca estiveram em real disputa com o reconhecimento formal dos direitos humanos que notavelmente estavam, haviam mudado as coordenadas da Guerra Fria. Agora, quando o Solidariedade eclodiu na Polônia, não poderia haver Cortina de Ferro. Subvenções norte-americanas, canalizadas pelo Vaticano, não poderiam ser interrompidas, nem uma contínua insurreição polonesa, subjugada.

Juntamente com as chagas militares e os problemas políticos vieram as pressões econômicas. Nos anos 1970, o aumento dos preços do petróleo havia agravado a recessão no Ocidente. Na década de 1980, a queda dos preços do petróleo atingiu em cheio os saldos comerciais soviéticos, que dependiam de divisas fortes do setor de energia do país para pagar as importações de tecnologias de nível médio. Se as origens do longo declínio na OCDE estavam na dinâmica de desenvolvimento desigual e no excesso de competição, suas consequências puderam ser verificadas e adiadas por uma expansão sistêmica de crédito, para afastar qualquer desvalorização traumática do capital. Na URSS, uma longa crise econômica começou mais cedo – as taxas de crescimento já estavam caindo na década de 1960, apesar de muito mais fortemente a partir da segunda metade dos anos 1970; e sua dinâmica residia na planejada falta de concorrência e na extensão além do limite do tempo de vida do capital[117]. Nos anos 1930, Trotski já havia observado que o destino do socialismo soviético seria determinado pela capacidade da produtividade de trabalho superar ou não aquela do capitalismo avançado. Nos anos 1980, a resposta era clara. O PIB e a renda *per capita* da URSS eram a metade dos seus equivalentes norte-americanos e a produtividade do trabalho, talvez, 40% da dos EUA. Central a essa diferença era uma ainda maior, em sentido inverso. Na economia norte-americana, muito mais rica, os gastos militares representavam uma média de 6 a 7% do PIB dos anos 1960 em diante; na economia soviética, o valor era mais do que o dobro disso: de 15 a 16%.

Desde os anos 1950, a grande estratégia norte-americana havia buscado, de modo clássico, "colocar o máximo de tensão", como o NSC-68 tinha ordenado, no sistema soviético. O governo Reagan, surrando seus flancos na Ásia Central e infiltrando suas defesas no Leste Europeu, também atacou com pressões econômicas, com um embargo tecnológico que golpeava a produção de petróleo da Rússia e com a quadruplicação da produção saudita, que baixou os preços do petróleo em 60%. O movimento decisivo, porém, foi o anúncio de uma Iniciativa de Defesa Estratégica para tornar os EUA invulneráveis a ataques ICBM*. Originária de uma avaliação da ameaça soviética por parte da Equipe B** da CIA, que soou o alarme a respeito de uma "janela de vulnerabilidade" – mais um avatar das lacunas de bombardeiros e mísseis dos anos 1950 e 1960 – que Moscou poderia usar para destruir ou chantagear o Ocidente, a SDI*** era um espantalho tecnológico cujos supostos custos eram enormes. Que não pudesse

---

[117] Vladimir Popov, "Life Cycle of the Centrally Planned Economy: Why Soviet Growth Rates Peaked in the 1950s", *Cefir/NES Working Papers*, n. 152, nov. 2010, p. 5-11: um diagnóstico fundamental, mostrando que, de fato, a economia soviética sofreu com sua própria versão, muito mais drástica, do mesmo problema que iria diminuir as taxas de crescimento dos EUA dos anos 1970 em diante, na análise de Robert Brenner.

* Sigla em inglês para *intercontinental ballistic missile*, ou mísseis balísticos intercontinentais. (N. T.)

** Equipe de especialistas externos, convidados em 1976 pelo então presidente norte-americano Gerald Ford para analisar possíveis ameaças soviéticas aos Estados Unidos, que se reunia sob os auspícios da CIA. (N. T.)

*** Sigla em inglês para *Strategic Defense Initiative*, ou Iniciativa de Defesa Estratégica, proposta de defesa contra mísseis balísticos feita por Reagan, em discurso à nação, no dia 23 de março de 1983. Seus primeiros resultados práticos viriam à tona no ano seguinte. (N. T.)

efetivamente ser construída pouco importava. O que importava era que ela intimidasse a encurralada liderança soviética, agora se esfalfando por causa de tentativas desajeitadas de reanimar a economia em casa e cada vez mais desesperada por uma aprovação ocidental no exterior.

Ciente de que a URSS não podia mais esperar igualar um programa tão caro, Gorbachev viajou a Reiquejavique para tentar livrar por completo o seu país do peso paralisante da corrida armamentista[118]. No local, oficiais norte-americanos ficaram chocados à medida que ele fazia uma concessão unilateral após a outra. "Viemos sem ter nada a oferecer e não oferecemos nada", um negociador lembrou tempos depois. "Ficamos ali sentados enquanto eles desembrulhavam seus presentes."[119] Mas não conseguiram nada. A SDI não seria abandonada: Gorbachev foi embora de mãos vazias. Dois anos mais tarde, a proibição de mísseis de médio alcance foi um pequeno consolo. Foram necessários trinta anos para a União Soviética alcançar paridade nuclear formal com os Estados Unidos. No entanto, o objetivo era superestimado e o preço, ruinoso. O cerco norte-americano à URSS nunca havia sido concebido, em primeiro lugar, como uma *Niederwerfungskrieg* convencional. Desde o início, tratava-se de uma *Ermattungskrieg* em longo prazo, e a vitória estava agora à mão.

Em meio a um agravamento contínuo da crise de provisão de material em casa, à medida que o velho sistema econômico era interrompido por reformas confusas incapazes de dar à luz um novo, seguiu-se à retirada do Afeganistão o mesmo movimento na Europa oriental. Lá, os regimes do Pacto de Varsóvia nunca haviam experimentado muito apoio nativo, com seus povos se rebelando sempre que tinham oportunidade. Em 1989, encorajadas pela nova conjuntu-

---

[118] Gorbachev ao Politburo em outubro de 1986: "Seremos puxados para uma corrida armamentista que está além de nossas capacidades e vamos perdê-la porque estamos no limite das nossas capacidades. Além disso, podemos esperar que o Japão e a RFA possam muito em breve adicionar seu potencial econômico ao norte-americano. Se o novo ciclo começar, a pressão sobre a nossa economia será inacreditável"; Vladislav Zubok, *A Failed Empire: the Soviet Union in the Cold War from Stalin to Gorbachev* (Chapel Hill, University of North Carolina Press, 2007), p. 292. Como Reagan candidamente lembrou o episódio: "O grande sucesso dinâmico do capitalismo havia dado aos EUA uma arma poderosa na nossa luta contra o comunismo – dinheiro. Os russos nunca poderiam ganhar a corrida armamentista; poderíamos gastar mais do que eles para sempre"; Ronald Reagan, *An American Life* (Nova York, Pocket Books, 1990), p. 267.

[119] "O secretário Schultz, então pouco afeito às questões nucleares, entendeu o que isso queria dizer mesmo assim. Nós havíamos triunfado", Kenneth Adelman, *The Great Universal Embrace* (Nova York, Simon & Schuster, 1989), p. 55. Adelman era diretor do Departamento de Controle de Armas sob Reagan.

ra, erupções políticas aconteciam uma atrás da outra: em seis meses, Polônia, Hungria, Alemanha Oriental, Tchecoslováquia, Bulgária e Romênia. O sinal para o levante veio na primavera, quando Kohl pagou, secretamente, um bilhão de marcos alemães ao governo húngaro para abrir sua fronteira com a Áustria, e jovens alemães orientais começaram a fluir por ela[120]. Em Moscou, Gorbachev deixou as coisas seguirem seu caminho. Sem fazer nenhuma tentativa de negociar a saída soviética da região, depositou sua confiança na gratidão ocidental pela retirada unilateral dos 500 mil soldados do Exército Vermelho ali estacionados. Em troca, Bush pai ofereceu uma promessa verbal de que a Otan não se estenderia às fronteiras da Rússia e se recusou a fornecer qualquer ajuda econômica até que o país fosse uma economia de livre mercado[121]. Seu chamado por uma Europa unida e livre havia sido ouvido. Para a própria URSS se tornar livre, teria de ser dividida. Gorbachev sobreviveu à sua busca não correspondida de uma entente com os EUA por pouco mais de um ano. O que restou do *establishment* soviético podia ver aonde sua concepção de paz com honra estava levando e, na tentativa de depô-lo, precipitou-o. Em dezembro de 1991, a URSS desapareceu do mapa.

---

[120] John L. Harper, *The Cold War*, cit., p. 238.
[121] "Decepcionado com o fracasso de suas relações pessoais com os líderes ocidentais em produzir algum tipo de retorno, Gorbachev tentou defender, de forma mais pragmática, uma grande ajuda ao país. Como disse a Bush em julho de 1991, se os Estados Unidos estavam preparados para gastar 100 bilhões de dólares em problemas regionais (no Golfo), por que não estavam preparados para gastar quantias semelhantes para ajudar a sustentar a *perestroika*, que havia rendido dividendos enormes de política externa, incluindo o apoio soviético sem precedentes no Oriente Médio? Mas esses apelos caíram em ouvidos surdos. Nem mesmo o relativamente modesto pacote de 30 bilhões de dólares sugerido por especialistas norte-americanos e soviéticos – comparável à escala dos compromissos de ajuda ocidentais à Europa oriental – recebeu qualquer sinal de apoio político", Alex Pravda, "The Collapse of the Soviet Union, 1990-1991", em Melvyn Leffler e Odd Arne Westad (orgs.), *The Cambridge History of the Cold War*, cit., v. III, p. 376.

7
Liberalismo militante

O fim da Guerra Fria encerrou uma época. Os Estados Unidos agora estavam sozinhos como uma superpotência, a primeira na história do mundo. Isso não significava que poderiam descansar sobre os louros colhidos. A agenda de 1950 podia estar completa, mas a grande estratégia do Estado norte-americano sempre havia sido mais ampla. A visão original de 1943 tinha sido colocada em suspenso devido a meio século de emergência, mas nunca abandonada: a construção de uma ordem internacional liberal, com a América no comando. O comunismo estava morto, mas o capitalismo ainda não havia encontrado sua forma final, com um cenário planetário universal sob um líder supremo único. O livre mercado ainda não era um mercado mundial. A democracia não era invariavelmente segura. Na hierarquia dos Estados, as nações nem sempre sabiam que lugar lhes cabia. Havia também os detritos da Guerra Fria a serem tirados do caminho, onde ela havia deixado relíquias de um passado desacreditado.

No rescaldo do colapso da União Soviética, por último foram detalhes que se resolveram por conta própria. Em 1992, os regimes no Iêmen do Sul, Etiópia e Afeganistão haviam caído, Angola havia recobrado seu senso de responsabilidade e a Nicarágua estava novamente em boas mãos. No Terceiro Mundo, dificilmente havia um governo que ainda se importava em ser chamado de socialista. Sempre, no entanto, haviam existido Estados que, sem dar esse passo em falso, eram inaceitáveis por outros motivos: alguns não respeitavam os princípios econômicos liberais; outros, a vontade do que agora poderia ser chamado, sem medo de contradição, de a "comunidade internacional". Poucos tinham consistentemente desafiado Washington, mas posar de nacionalista de um tipo ou de outro ainda poderia levá-los a direções que teriam de ser interrompidas. O ditador panamenho Noriega há muito estava incluído na folha de pagamento da CIA e fornecia ajuda valiosa na guerra não declarada contra os sandinistas. Entretanto, quando ele resistiu à pressão para deixar de lado sua parte no tráfico de drogas e começou a se afastar de Washington, foi sumariamente removido com uma invasão dos Estados Unidos no fim de 1989.

Uma ofensa muito maior foi cometida pela ditadura iraquiana na tomada do Kuwait, no ano seguinte. O regime de Baath, liderado por Saddam Hussein, também havia recebido assistência da CIA para chegar ao poder e desempenhou um papel útil ao segurar a Revolução Iraniana em uma prolongada guerra de trincheiras. No entanto, embora impiedoso com os comunistas, como em relação a todos os outros adversários, o regime era nacionalista de uma forma bastante truculenta, não permitindo a operação de petrolíferas estrangeiras em seu território e, ao contrário da ditadura egípcia, nem o controle norte-americano das suas decisões. Quaisquer que fossem os direitos históricos e as incorreções das alegações de Bagdá pela área controlada pelo xeique na direção sul, uma criação britânica, não poderia haver nenhuma dúvida sobre permitir que o regime conquistasse os campos de petróleo do Kuwait, além daqueles de seu país, o que poderia colocar o Iraque em posição de ameaçar a própria Arábia Saudita. Mobilizando meio milhão de soldados, aos quais se acresciam contingentes de trinta e tantos outros países, depois de cinco semanas de bombardeio aéreo, a Operação Tempestade no Deserto fez o Exército iraquiano recuar em cinco dias, restaurando a dinastia Sabah ao seu trono. O custo para os EUA foi irrisório: 90% da conta foi paga por Alemanha, Japão e países do Golfo.

A Guerra do Golfo, a primeira que Bush proclamou, marcou a chegada de uma Nova Ordem Mundial. Enquanto, apenas um ano antes, a invasão do Panamá havia sido condenada por maiorias na Assembleia Geral e no Conselho de Segurança da ONU (com Rússia e China se unindo a todos os países do Terceiro Mundo para votar a favor da resolução, e o Reino Unido e a França se unindo aos EUA para vetá-la), a expedição ao Iraque singrou com desenvoltura pelo Conselho de Segurança, com a aprovação da Rússia, a abstenção da China e os EUA distribuindo gratificações para Estados do Terceiro Mundo por seus serviços prestados. O fim da Guerra Fria havia mudado tudo. Era como se a visão de Roosevelt sobre um grupo de xerifes mundiais tivesse se materializado[122]. Para coroar o triunfo dos EUA, alguns meses depois dessas vitórias o

---

[122] Bush: "Um mundo antes dividido em dois campos armados agora reconhece uma única e preeminente superpotência: os Estados Unidos da América. E considera essa condição sem medo. Pois o mundo confia o poder a nós – e o mundo está certo. Eles confiam em que se-

Tratado de Não Proliferação de Armas Nucleares, até então um resíduo ineficaz do fim dos anos 1960, foi transformado em um poderoso instrumento da hegemonia norte-americana com o aceite da França e da China a ele, selando uma oligarquia nuclear no Conselho de Segurança, em que a assinatura do Tratado se tornaria uma condição de respeitabilidade internacional para os Estados menores, salvo onde Washington desejasse dispensá-la – Israel foi naturalmente isento dela[123]. Em quatro curtos anos, o Bush mais velho e embotado podia ser considerado como o mais bem-sucedido presidente em questões de política externa desde a guerra.

II

Clinton, lucrando com um candidato de um terceiro partido, foi eleito por causa de uma baixa na economia doméstica, a recessão de 1991. No entanto, como todo candidato à Casa Branca desde os anos 1950, atacou o titular por sua fraqueza em lutar contra os inimigos dos EUA no exterior, exigindo políticas mais duras em relação a Cuba e China, em uma postura apoiada por Nitze, Brzezinski e espíritos semelhantes, para quem Bush havia sido muito brando com ditadores e insuficientemente resoluto na busca por violadores de direitos humanos[124]. No cargo, porém, a primeira prioridade de Clinton foi desenvolver a ordem liberal de livre-comércio como um abrangente sistema global sob o comando dos EUA. Bush não havia negligenciado essa frente, mas perdeu o poder antes que pudesse finalizar a criação de um bloco econômico regional que unisse o México e o Canadá aos Estados Unidos ou as longas negociações para encerrar a Rodada Uruguai no Gatt. Clinton, rejeitando a oposição em seu próprio partido, levou a cabo o Nafta e a transformação do Gatt na OMC como a estrutura formal de um mercado universal para o capital vindouro. Dentro desse quadro, os EUA poderiam agora desempenhar um papel mais decisivo do que nunca na formação de um emergente mundo pancapitalista adequado às suas próprias necessidades.

---

jamos justos e moderados; eles confiam em que estejamos do lado da decência. Eles confiam em que faremos o que é certo"; discurso do Estado da União, jan. 1992.

[123] Susan Watkins, "The Nuclear Non-Protestation Treaty", *NLR*, n. 54, nov.-dez. 2008 – a única reconstrução histórica séria e crítica sobre o pano de fundo e a história do Tratado.

[124] Derek Chollet e James Goldgeier, *America Between the Wars: From 11/9 to 9/11* (Nova York, Alfred A. Knopf, 2008), p. 35-7. Robert Kagan foi outro a apoiar Clinton em 1992.

Nas primeiras décadas da Guerra Fria, as políticas norte-americanas haviam sido permissivas: podia-se permitir que outros Estados industriais se desenvolvessem como eles julgassem melhor, sem levar em conta, de forma inadequada, a ortodoxia liberal, e até mesmo assisti-los perante a ameaça comunista. Dos anos 1970 em diante, as políticas norte-americanas se tornaram defensivas: os interesses dos EUA tinham de ser defendidos em relação aos concorrentes na OCDE, se necessário com brutais *coups d'arrêt**, mas sem intervenção indevida nas próprias economias rivais. Nos anos 1990, Washington pôde passar para a ofensiva. A virada neoliberal havia desregulamentado mercados financeiros internacionais, forçando a abertura das economias nacionais até então semifechadas, e os Estados Unidos eram, estrategicamente, os mestres de um mundo unipolar. Nessas condições, os EUA podiam pela primeira vez aplicar pressão sistemática sobre Estados vizinhos para fazer com que suas práticas se conformassem aos padrões norte-americanos. Não era mais possível tratar o livre mercado com menosprezo. Seus princípios tinham de ser observados. Onde a proteção social ou nacional os infringisse, deveria ser extinta. O Consenso de Washington – imperativos compartilhados por FMI, Banco Mundial e Tesouro dos EUA – traçou as regras adequadas para o Terceiro Mundo. Mas foram as crises financeiras mexicana e asiática, cada uma resultado direto do novo regime de finanças globais sem entraves, que deram ao governo Clinton a oportunidade real de executar as normas norte-americanas de condutas amigáveis ao mercado[125]. De longe o país com o mercado de capitais mais desenvolvido de qualquer grande economia e a moeda de reserva global, os Estados Unidos eram agora o controlador da própria turbulência que seu modelo de acumulação estava desencadeando. O triunvirato de Greenspan, Rubin e Summers pôde ser apelidado pela imprensa local de "comitê para salvar o mundo".

México, Coreia e Indonésia: esses eram alvos importantes para a mediação do FMI. Mas o objeto principal da preocupação norte-americana era naturalmente a Rússia, onde o colapso do comunismo não garantiu *ipso facto* uma passagem suave para o capitalismo, essencial para a consolidação da vitória na Guerra Fria. Para o governo Clinton, a manutenção de um regime político em

---

* Golpe de arresto. Termo da esgrima que indica um contra-ataque a um adversário antes que este lance um golpe final. Literalmente, golpe destinado a parar ou bloquear alguém. Em francês no original. (N. T.)

[125] Sobre este último ponto, ver Peter Gowan, *The Global Gamble* (Londres/Nova York, Verso, 1999), p. 76-9, 84-92, 103-15.

Moscou disposto a romper de forma completa com o passado era prioridade. Yeltsin podia ser bêbado, corrupto e incompetente, mas era um convertido à causa do anticomunismo e não tinha escrúpulos em relação a terapias de choque – liberação de preços e corte de subsídios da noite para o dia – ou à transferência dos principais ativos do país, em troca de somas triviais, para as mãos de um pequeno número de estrategistas desonestos, consultores destacados temporariamente da Universidade de Harvard que levavam sua parte. Quando ele bombardeou o parlamento russo com tanques e forjou sua vitória em um referendo constitucional para permanecer no poder, a equipe de Clinton o felicitou calorosamente. Com sua reeleição em perigo, foi-lhe enviado um oportuno empréstimo norte-americano, acompanhado de consultores políticos da Califórnia para ajudar em sua campanha. Com a obliteração de Grozny cumprida, Clinton celebrou sua libertação. Em 1998, com as finanças russas derretendo, o FMI assumiu a tarefa sem condicionalidades. Em troca, o alinhamento diplomático de Yeltsin com Washington era tão completo que Gorbachev, longe de ser um inimigo dos EUA, pôde descrever seu ministro das Relações Exteriores como o cônsul norte-americano em Moscou.

A extensão mundial das regras neoliberais de comércio e investimento, bem como a integração da antiga União Soviética em seu sistema, podiam ser vistas como realizações da visão de longo prazo dos últimos anos da presidência de Roosevelt. Mas muito havia mudado desde então nos reflexos e nas ambições das elites estadunidenses. A Guerra Fria havia terminado com o estabelecimento econômico e político de uma paz norte-americana. Isso, no entanto, não significou um retorno à Arcádia. O poder norte-americano não se baseava simplesmente na força do exemplo – a riqueza e a liberdade que fizeram dos EUA um modelo a ser imitado e o líder natural na civilização do capital –, mas também, inseparavelmente, na força das armas. À expansão da sua influência econômica e política não poderia corresponder uma contração do seu alcance militar. Seus estrategistas há muito tempo insistiam que uma era condição para a outra. Para o regime Clinton, o desaparecimento da ameaça soviética não era, assim, razão para a retirada de posições avançadas dos EUA na Europa. Ao contrário: a fraqueza da Rússia tornava possível estendê-las. A Otan, longe de ser desmontada agora que a Guerra Fria acabara, pôde ser ampliada até as portas da Rússia.

Tal feito colocaria uma trava de segurança em qualquer tentativa de reviver antigas aspirações moscovitas e tranquilizaria os Estados recém-liberados do Leste Europeu de que estavam agora atrás de um escudo ocidental. Não apenas isso. A expansão da Otan para o Leste representou uma afirmação da hegemonia norte-americana sobre a Europa, em um momento em que o fim da União Soviética corria o risco de tentar parceiros tradicionais dos Estados Unidos na região a atuar de forma mais independente do que no passado[126]. Para deixar claro o ponto continental, a Otan foi estendida à Europa oriental antes que a UE lá chegasse. Em casa, o alargamento da Otan contou com o apoio bipartidário no nível congressual – republicanos eram tão entusiásticos a seu respeito quanto os democratas. Ao nível da elite, entretanto, onde a grande estratégia era debatida, isso causou a mais aguda divisão *ex ante* desde a Segunda Guerra Mundial, diversos contumazes guerreiros frios – Nitze, até mesmo o próprio secretário de Defesa de Clinton – julgando-o uma provocação perigosa à Rússia, suscetível de enfraquecer sua recém-descoberta amizade com o Ocidente e de fomentar um revanchismo ressentido. Para ajudar na reeleição de Yeltsin em 1996, Clinton o adiou por um ano[127]. Ele, porém, conhecia seu parceiro: somente protestos simbólicos estavam a caminho. No devido tempo, o alargamento da Otan foi então dobrado, conforme operações militares "fora de área" sem nem mesmo uma fachada de defesa – Bálcãs, Ásia Central, norte da África – expandiam ainda mais a projeção geopolítica da aliança "atlântica".

Enquanto isso, a nova ordem unipolar havia produzido uma terceira inovação. A República Federal da Iugoslávia, comunista, mas sem fazer parte do bloco soviético, desintegrou-se no último período do governo Bush, com a ruptura de suas repúblicas de acordo com linhas étnicas. Na Bósnia, onde nenhum grupo se constituía como maioria, a Comunidade Europeia mediou um acordo de partilha de poder entre muçulmanos, sérvios e croatas na primavera de 1992, prontamente repudiado sob instigação dos EUA pelos primeiros, que declararam a independência da Bósnia, provocando uma guerra civil de tripla natureza. Quando uma força da ONU, enviada para proteger vidas e promover a paz entre as partes, fracassou em interromper os assassinatos – os piores, aqueles cometidos por sérvios –, o governo Clinton treinou e armou um contra-ataque croata em 1995 que limpou Krajina de sua população sérvia e, com uma cam-

---

[126] "Uma razão final para o alargamento era a crença do governo Clinton de que a Otan precisava de um novo sopro de vida para se manter viável. A viabilidade da Otan, por sua vez, era importante porque a aliança não só ajudava a manter a posição dos Estados Unidos como uma potência europeia mas também preservava a hegemonia dos Estados Unidos na Europa", Robert Art, *America's Grand Strategy and World Politics*, cit., p. 222. Art é o teórico mais direto e lucidamente competente a estudar o poder de projeção dos EUA hoje. Ver "Conselho", p. 137-40 deste volume.

[127] Derek Chollet e James Goldgeier, *America Between the Wars*, cit., p. 124, 134.

panha de bombardeio da Otan contra as forças sérvias, deu fim à guerra, dividindo a Bósnia em três sub-Estados sob um procônsul euro-americano. As ações norte-americanas estabeleceram dois marcos. Foi a primeira vez que o Conselho de Segurança subcontratou uma operação militar à Otan e a primeira vez que uma blitz aérea foi declarada uma intervenção humanitária.

Quatro anos mais tarde, um ataque da Otan muito mais massivo – 36 mil missões de combate e 23 mil bombas e mísseis – foi lançado contra o que havia formalmente sobrado da Iugoslávia, em nome da interrupção do genocídio da população albanesa no Kosovo por parte dos sérvios. Isso era demais para o regime de Yeltsin, que em casa enfrentava a indignação generalizada da população, aprovar formalmente no Conselho de Segurança, de modo que não havia, assim, o amparo da ONU. Informalmente, no entanto, Moscou desempenhou seu papel ao induzir Milošević a se render sem resistência em terra, algo que Clinton temia. A guerra contra a Iugoslávia definiu outros três pontos de referência para o exercício do poder norte-americano. A Otan, supostamente uma aliança defensiva – recém-ampliada –, havia sido empregada para o que era manifestamente um ataque a outro Estado. O ataque era uma primeira demonstração da "revolução nos assuntos militares" proporcionada pelos avanços eletrônicos na precisão dos alvos e bombardeios de grandes altitudes: os EUA não sofreram uma única vítima em combate. Acima de tudo, o ataque foi legitimado em nome de uma nova doutrina. A causa dos direitos humanos, Clinton e Blair explicaram, era mais importante do que o princípio da soberania nacional.

A inovação final da presidência Clinton ocorreu no Oriente Médio. Lá, a sobrevivência da ditadura de Saddam era um desafio permanente aos EUA, que teria de ser levado a um fim. Quando à derrota do Exército iraquiano na Guerra do Golfo não se seguiu, como era esperado, a derrubada do regime Baath a partir de seu interior, Washington promoveu as sanções mais abrangentes já registradas por meio do Conselho de Segurança: um bloqueio que o assessor de Segurança Nacional de Clinton, Sandy Berger, ostentava ser "sem precedentes por sua severidade em toda a história mundial", proibindo todas as transferências comerciais ou financeiras de qualquer espécie com o país, salvo em casos relacionados a medicina e – em circunstâncias terríveis – gêneros alimentícios. Os níveis de mortalidade infantil, desnutrição e excesso de mortalidade que esse bloqueio infligiu à população do Iraque permanecem em disputa[128], mas,

---

[128] Para revisão crítica das provas, ver Michael Spagat, "Truth and Death in Iraq under Sanctions", *Significance*, set. 2010, p. 116-20.

confrontado com uma estimativa de meio milhão, o secretário de Estado de Clinton declarou que se fosse esse o preço a ser pago, ele teria valido a pena. Quando não se pôde mais conseguir o estrangulamento econômico, Clinton sancionou a Lei de Libertação do Iraque, em 1998, tornando a remoção política do regime de Saddam uma política norte-americana explícita, e quando a ampliação do financiamento secreto para operações que visavam derrubá-lo se mostrou inútil, descarregou onda após onda de grandes explosivos no país. No fim de 1999, o mesmo ano da guerra na Iugoslávia, em 6 mil surtidas anglo-americanas, cerca de 400 toneladas de artilharia haviam sido lançadas sobre o Iraque[129]. Nada dessa magnitude jamais havia ocorrido antes. Uma nova arma havia sido adicionada ao arsenal imperial: guerra convencional não declarada.

III

Em um desvio do padrão normal, o segundo Bush fez campanha para a Casa Branca defendendo um papel menos preceptorial, não mais, para os EUA no mundo em geral. No cargo, a prioridade inicial de seu secretário de Defesa foi uma instituição militar permanente menor, ao invés de maior. O raio no céu azul de setembro de 2001 transformou essas disposições em seu oposto, com o governo republicano se tornando sinônimo de uma autoafirmação norte-americana agressiva e com força armada para impor a vontade dos EUA. Pela primeira vez desde Pearl Harbor, solo norte-americano havia sido violado. A desforra deixaria o mundo sem dúvidas acerca da extensão do poder norte-americano. O inimigo era o terrorismo, e a guerra contra o terror seria travada até que ele fosse erradicado, em todos os lugares.

Essa foi uma reação nacional, da qual praticamente ninguém divergia dentro do país, e poucas pessoas, inicialmente, fora dele. Comentários apocalípticos abundavam na nova época mortal em que a humanidade entrava. A realidade, é claro, era que os atentados de 11 de Setembro eram um irrepetível acaso histórico, capaz de pegar o Estado norte-americano de surpresa apenas porque seus agentes eram um ponto tão mínimo na tela do radar dos seus interesses estratégicos. No esquema maior das coisas, a Al Qaeda era uma pequena organização de consequências marginais, ampliada apenas pela riqueza à disposição de seu líder. No entanto, embora o resultado do seu plano de atacar edifícios simbólicos em Nova York e Washington fosse uma questão

---

[129] Ver Tariq Ali, "Our Herods", *NLR*, n. 5, set.-out. 2000, p. 5-7.

de sorte, sua motivação não era. O episódio estava enraizado na região geopolítica onde as políticas norte-americanas há muito eram calculadas para maximizar a hostilidade popular. No Oriente Médio, o apoio norte-americano às tiranias árabes dinásticas de uma estirpe ou outra, desde que acomodassem os interesses dos Estados Unidos, era algo habitual. Não havia nada de excepcional nisso, no entanto – o padrão havia sido historicamente muito semelhante na América Latina ou no sudeste da Ásia. O que diferenciava o Oriente Médio era o vínculo norte-americano com Israel. Em todos os outros lugares do mundo pós-guerra, os EUA haviam tomado o cuidado de nunca ser demasiado identificados com o domínio colonial europeu, mesmo em lugares onde, por um breve período, tivessem de ser aceitos como um dique contra o comunismo, cientes de que ser vistos dessa maneira comprometeria suas próprias perspectivas de controle nos campos de batalha da Guerra Fria. O Mundo Livre podia abrigar ditadores; colônias, não. Somente no Oriente Médio essa regra foi quebrada. Israel não era uma colônia, mas algo ainda mais incendiário – um Estado colonizador expansionista estabelecido não no século XVIII ou XIX, quando a colonização europeia estava no auge em todo o mundo, mas no meio do século XX, quando a descolonização se encontrava em pleno andamento. Não apenas isso: Israel era um Estado explicitamente fundado na religião, a Terra Prometida para o Povo Escolhido – em uma região onde uma religião rival muito mais populosa, com memórias de uma intrusão confessional anterior no mesmo território e sua bem-sucedida expulsão, ainda mantinha uma influência praticamente intocada. Difícil imaginar uma combinação mais inflamável do que essa.

A grande estratégia norte-americana, como quer que fosse interpretada, não poderia ter um lugar racional para uma conexão orgânica – distinta de uma ocasional – com um Estado que oferecia uma provocação dessa natureza a um ambiente tão importante para os EUA como a maior fonte mundial de petróleo[130]. A destreza militar de Israel poderia, com efeito, ser útil para Washington. Contraproducente quando aliada ao colonialismo anglo-francês em 1956, ela havia infligido uma humilhação bem-vinda ao nacionalismo árabe de tendência soviética em 1967, ajudado a entregar o Egito aos Estados Unidos em 1973 e incapacitado a OLP ao distanciá-la do Líbano em 1982. Mas havia limites para essa funcionalidade: as forças militares israelenses tiveram de ser impedidas de ocupar Beirute e foram ordenadas a não entrar em combate durante a Guer-

---

[130] Ver Perry Anderson, "Jottings on the Conjuncture", *NLR*, n. 48, nov.-dez. 2007, p. 15-8.

ra do Golfo. Sozinho, o poder de fogo israelense, de cujos potenciais custos políticos no mundo árabe todos os governantes norte-americanos estavam cientes, não oferecia nenhuma base para a extensão do compromisso dos EUA com Israel em mais de meio século. Nem as virtudes da democracia israelense em meio aos desertos do despotismo, ou o espírito de fronteira que unia as duas nações, eram mais do que coberturas ideológicas para a natureza da relação entre Tel Aviv e Washington. Esta resultava da força da comunidade judaica dentro do sistema político norte-americano, cujo poder estava à mostra já em 1947 – quando Baruch e Frankfurter tomaram a frente nos subornos e ameaças necessários para bloquear a maioria na ONU em favor da partição da Palestina – e tornou-se decisivo na formação da política regional depois de 1967, instalando um interesse superveniente em desacordo com o cálculo do interesse nacional em geral, deturpando a racionalidade de seus ajustes normais dos meios aos fins[131].

Se a conexão norte-americana com Israel era um fator que diferenciava o Oriente Médio de qualquer outra zona de projeção de poder dos EUA no exterior, havia ainda outro. O Iraque permaneceu um negócio não resolvido. O estado do Baath não era um regime insatisfatório qualquer para Washington, aos moldes de muitos que, em um momento ou outro, haviam existido – de fato, ainda havia alguns – no Terceiro Mundo. Esse era um Estado único na história do pós-guerra, o primeiro cuja derrubada era objeto de uma lei aprovada pelo Congresso, rubricada pela Casa Branca e executada por anos de indisfarçáveis, apesar de não declaradas, hostilidades convencionais. Durante a Guerra Fria, nenhum regime comunista havia sido comparativamente proscrito como o Iraque. O governo de Saddam sobreviver a essa legislação e à campanha de destruição que ela autorizava seria uma derrota político-militar que colocaria em questão a credibilidade do poder norte-americano. O segundo Bush havia chegado ao poder prometendo um perfil mais ameno por parte dos EUA em geral, mas nunca a paz com Bagdá. Desde o início, seu governo esteve tomado por entusiastas da Lei de Libertação do Iraque.

Por fim, havia uma terceira característica do cenário do Oriente Médio sem contrapartida em outros lugares. Ao longo da Guerra Fria, os EUA haviam usado uma ampla gama de substitutos para lutar contra inimigos variados à distância. Mercenários franceses, barões da droga do Kuomintang, *gusanos* cubanos,

---

[131] Ver idem, "Scurrying towards Bethlehem", *NLR*, n. 10, jul.-ago 2001, p. 10-15s.

membros da tribo Hmong, soldados sul-africanos, Contras da Nicarágua, banqueiros do Vaticano – todos, em seu devido tempo, agiram como veículos da vontade norte-americana. Nenhum, porém, recebeu um apoio tão maciço e com efeitos tão espetaculares quanto os *mujahidin* no Afeganistão. Na maior operação da sua história, a CIA canalizou cerca de 3 bilhões de dólares em armas e assistência e orquestrou outros 3 bilhões de dólares da Arábia Saudita para as guerrilhas que, ao fim, expulsaram os russos do país. Mas, além do anticomunismo, neste caso diverso de qualquer outra operação comparável, não havia praticamente nenhum denominador ideológico comum entre a capital metropolitana e o agente local. A resistência afegã não era apenas tribal – Washington sabia como lidar com isso –, mas religiosa, inflamada por uma fé tão hostil ao Ocidente quanto à União Soviética e atraindo voluntários de todo o mundo muçulmano. À barreira cultural do Islã, impenetrável à supervisão norte-americana, adicionou-se o emaranhado político do Paquistão, pelo qual a ajuda teria de passar, cujo ISI [serviço de inteligência local] gozava de muito mais controle direto sobre os diferentes grupos *mujahidin* e seus acampamentos na Fronteira Noroeste do que a CIA jamais poderia ter. O resultado disso foi liberar forças que deram aos Estados Unidos seu maior triunfo único na Guerra Fria, ainda que dele tenham tido o menor entendimento ou controle. Quando da disputa pós-comunista de poder em Cabul surgiu vencedor, no Afeganistão, o mais rigorista de todos os grupos islâmicos, ladeado pelos mais radicais voluntários árabes, a confiança e a energia liberadas por uma *jihad* vitoriosa contra um grupo de infiéis se viraram, muito logicamente, contra o outro, cujo apoio havia sido aceito taticamente na batalha contra o primeiro, sem qualquer convicção de que o contrário fosse preferível.

A Al Qaeda, formada no Afeganistão, mas composta essencialmente por árabes, tinha seus olhos fixados no Oriente Médio, e não na Ásia Central. O primeiro manifesto público de seu líder expôs sua causa. O destino da Palestina ocupava um lugar de destaque. As atrocidades de Israel na região, e as de seu protetor, os Estados Unidos, chamavam os devotos à ação: ao bombardeio de Beirute deveria responder ao bombardeio de seus perpetradores. E isso não era tudo. Desde a Guerra do Golfo contra o Iraque, as tropas norte-americanas estavam estacionadas na Arábia Saudita, violando a santidade dos lugares sagrados. O Profeta havia expressamente exigido a *jihad* contra qualquer intrusão desse tipo. Os fiéis haviam triunfado sobre uma superpotência no Afeganistão. Seu dever, agora, era expulsar a outra superpotência e sua ramificação, levando a guerra ao inimigo. Por trás do 11 de Setembro jazia, assim, em trajes teológicos, uma típica reação anti-imperialista contra a potência que há muito era um senhor alienígena na região, a partir de uma organização que recorria ao terror – como quase sempre acontece – por causa da fraqueza em vez da força, na ausência de qualquer base de massa de resistência popular ao ocupante[132].

O contragolpe do governo Bush foi rápido e radical. Uma combinação de bombardeios de grande altitude, um pequeno número de Forças Especiais e a compra de senhores da guerra tajiques derrubou o regime talibã em algumas semanas. Houve sete baixas norte-americanas. A ocupação liderada pelos EUA obteve os auspícios da ONU, posteriormente transferidos para a Otan, e um regime complacente, dirigido por um ex-contratado da CIA, em Cabul. Diplomaticamente, a Operação Liberdade Duradoura foi um sucesso completo, abençoada por todas as grandes potências e países vizinhos; mesmo que o Paquistão o tivesse feito sob a mira de uma arma e a Rússia não somente por sua própria vontade, mas abrindo seu espaço aéreo para a logística do Pentágono, com as ex-repúblicas soviéticas da Ásia Central competindo entre si na oferta de bases aos EUA. Militarmente, os comandantes do Talibã e da Al Qaeda podem ter escapado de seus perseguidores, mas a guerra de alta tecnologia vinda dos céus tinha feito tudo o que dela poderia ter sido solicitado: a RMA* era irresistível.

A velocidade e a facilidade da conquista do Afeganistão tornaram um golpe final ao Iraque o próximo passo óbvio, premeditado em Washington assim que o 11 de Setembro foi desferido. Havia duas dificuldades no caminho. O Iraque era uma sociedade muito mais desenvolvida, cujo regime possuía um substancial Exército moderno que não poderia ser disperso com algumas tropas irregulares. Uma guerra por terra, evitada na Iugoslávia, seria necessária para destruí-lo. Isso significava um risco de baixas, algo malquisto pelo público norte-americano, exigindo um *casus belli* mais específico do que a perda geral da credibilidade dos EUA se o regime de Baath persistisse. Planejando o que seria de maior efeito possível, o governo encontrou a posse iraquiana de armas – nucleares ou biológicas – de destruição em massa, apresentada como uma ameaça à segurança nacional, como o mais plausível dos pretextos, embora o desrespeito aos

---

[132] Para uma discussão sensata, ver Michael Mann, *Incoherent Empire* (Londres/Nova York, Verso/Norton, 2003), p. 113-5.

* Sigla em inglês para *Revolution in Military Affairs*, ou Revolução em Assuntos Militares, a concepção circular de inteligência militar de que as guerras do futuro serão travadas em novos moldes tecnológicos, organizacionais e estratégicos, que, por isso mesmo, devem ser continuamente antecipados. (N. T.)

direitos humanos por parte de Saddam Hussein e a perspectiva de levar a democracia ao Iraque fossem proeminentemente invocados ao lado dela. Que não houvesse mais armas de destruição em massa no Iraque do que havia existido genocídio no Kosovo pouco importava. Esse era um portfólio de razões suficientes para criar um amplo consenso nacional – democratas e republicanos, mídias impressa e eletrônica, todos de acordo – em apoio a um ataque ao Iraque[133]. As populações europeias estavam mais apreensivas, mas a maioria de seus governos se uniu à causa.

A conquista do Iraque foi tão rápida quanto a do Afeganistão: Bagdá caiu em três semanas, Cabul havia exigido cinco. Mas o regime de Baath, mais duradouro do que o do Talibã, tinha uma estrutura com maior capilaridade

---

[133] Tal como em todas as fases de expansão imperial norte-americana, de meados do século XIX em diante, houve uma dispersão de vozes eloquentes de oposição interna sem eco no sistema político. Surpreendentemente, quase todas as críticas mais fortes do novo curso do império vieram de escritores de um meio conservador, não de um meio radical. Esse padrão remonta à própria Guerra do Golfo, a respeito da qual Robert Tucker, em coautoria com David Hendrickson, propôs uma firme rejeição: os Estados Unidos haviam assumido "um papel imperial sem cumprir os deveres clássicos da regra imperial", papel em que "o medo de baixas norte-americanas responde pelo caráter extraordinariamente destrutivo do conflito", dando à "força militar uma posição em nossa arte de governar que é excessiva e desproporcional", com o "consentimento e até mesmo o entusiasmo da nação"; *The Imperial Temptation: the New World Order and America's Purpose* (Nova York, Council on Foreign Relations Press, 1992), p. 15-16, 162, 185, 195. Algumas semanas após os atentados de 11 de Setembro, quando uma reação desse tipo ainda era algo inédito, o grande historiador Paul Schroeder publicou uma advertência profética sobre as prováveis consequências de uma investida bem-sucedida no Afeganistão: "The Risks of Victory", *The National Interest*, 2001-2002, p. 22-36. Os três mais proeminentes corpos de análise crítica sobre a política externa norte-americana no novo século, marcantes à sua maneira, compartilham características semelhantes. Chalmers Johnson, no auge de sua carreira, assessor da CIA, publicou *Blowback* (Nova York, Metropolitan Books, 2000), prevendo que os EUA não desfrutariam de impunidade por causa de suas intrusões imperiais ao redor do mundo, seguido por *The Sorrows of Empire* (Nova York, Metropolitan Books, 2004) e *Nemesis* (Nova York, Metropolitan Books, 2006), uma trilogia recheada de detalhes pungentes, proporcionando um diagnóstico implacável da Pax Americana contemporânea. Andrew Bacevich, antigo coronel do Exército dos EUA, apresentou *American Empire* em 2002, publicado pela Harvard University Press, seguido por *The New American Militarism* (Oxford, Oxford University Press, 2005) e *The Limits of Power: the End of American Exceptionalism* (Nova York, Macmillan, 2008), em uma série de obras que resgatam a tradição de William Appleman Williams – e, até certo ponto, também a de Beard – de forma lúcida e contemporânea, sem se limitar a ele. Christopher Layne, titular da cadeira Robert Gates em Inteligência e Segurança Nacional da Escola de Governo e Serviço Público George Bush, da Texas A&M, desenvolveu a crítica realista mais incisiva do arco geral de ação norte-americano da Segunda Guerra Mundial até a Guerra Fria e depois desta, em um livro concebido de forma mais teórica: *The Peace of Illusions: American Grand Strategy from 1940 to the Present* (Ithaca, Cornell University Press, 2006), uma obra fundamental.

e provou ser capaz de feroz resistência poucos dias após a ocupação do país, detonando uma *maquis** sunita agravada por um levante entre os radicais xiitas. O perigo de uma frente comum de oposição aos ocupantes teve curta duração. O bombardeio sectário de mesquitas e procissões xiitas por fanáticos salafistas e a colaboração sectária com os EUA por parte das autoridades clericais mais destacadas em Najaf como um trampolim para a dominação xiita precipitaram uma guerra civil dentro da sociedade iraquiana que manteve as forças norte-americanas no controle, de forma precária no início, mas, ao fim, permitindo-lhes dividir a própria comunidade sunita e acabar com a insurgência.

A terceira grande guerra terrestre do país desde 1945 foi, para os EUA, um acontecimento relativamente indolor. Embora seu custo absoluto em dólares constantes tenha sido maior do que o da guerra na Coreia ou no Vietnã – armamentos *hi-tech* custavam mais dinheiro –, em termos de porcentagem do PIB o custo foi inferior e seu impacto na economia doméstica, muito menor. Ao longo de sete anos, as baixas norte-americanas chegaram a 4.500 mortes – menos de dois meses de acidentes de carro nos EUA. Impopular em casa após a euforia inicial, a guerra no Iraque nunca despertou a extensão de oposição interna que a guerra do Vietnã conheceu ou o impacto eleitoral da guerra na Coreia. Comoções por inquietação com a tortura ou os massacres por forças norte-americanas logo passaram. Como naqueles conflitos anteriores, o país por cuja liberdade os EUA ostensivamente combateram arcou com os custos. É possível que um menor número de iraquianos tenha sido morto pela invasão e ocupação do seu país do que pelas sanções cujo trabalho elas concluíram. Mas o número – em uma contagem conservadora, mais de 160 mil – era ainda proporcionalmente maior do que o total de baixas norte-americanas na Segunda Guerra Mundial[134]. À morte adicionou-se fuga – cerca de dois milhões de refugiados nos países vizinhos –, limpeza étnica e a interrupção de serviços essenciais. Dez anos depois, mais de 60% da população adulta está desempregada, um quarto das famílias está abaixo da linha da pobreza e Bagdá não tem eletricidade regular[135].

---

*   Referência ao movimento de resistência francês durante a ocupação alemã (1940-1945). Em francês no original. (N. T.)

[134] Para ter acesso a esses números, ver o projeto Iraq Body Count [Contagem de Corpos no Iraque], que se baseia essencialmente em mortes documentadas pela mídia. Em março de 2013: mortes de civis, 120 mil a 130 mil.

[135] "Iraq Ten Years On", *Economist*, 2 mar. 2013, p. 19.

Em termos militares e políticos, no entanto, os objetivos dos EUA foram alcançados. Não houve debandada no inverno no Yalu ou decolagens às pressas de helicópteros em Saigon. O regime de Baath foi destruído e as tropas norte-americanas partiram em boas condições, deixando para trás uma constituição elaborada dentro da maior embaixada dos Estados Unidos no mundo, um líder escolhido em suas instalações pelos EUA e forças de segurança em um total de 1,2 milhão de homens – quase o dobro do tamanho do Exército de Saddam – equipados com armamento norte-americano. O que tornou esse legado possível foi o apoio que a invasão dos EUA recebeu das lideranças das comunidades xiita e curda que compunham dois terços da população, cada qual com um histórico maior de hostilidades contra Saddam Hussein do que Washington e intenções de substituir seu governo. Após o fim da ocupação, o Iraque que eles dividiram entre si, cada qual com sua própria máquina de repressão, continua a ser um campo minado religioso e étnico, atormentado pela raiva sunita e atravessado, em direções opostas, por manobras da Turquia e do Irã. Deixou, porém, de ser uma afronta à dignidade do império[136].

Também em outras questões o governo Bush, distinto na retórica, continuava em substância o do seu antecessor. Clinton tinha se ligado a Yeltsin, um capacho dos EUA. Bush fez tão bem ou melhor com Putin, um caso difícil, que ainda assim concedeu permissão russa para voos militares norte-americanos para o Afeganistão em seu espaço aéreo e tolerou a extensão da Otan até os países bálticos. A China não era menos favorável ao ataque em Cabul, ambos os poderes temendo a militância islâmica dentro de suas próprias fronteiras. A UE foi persuadida a abrir negociações com a Turquia para sua entrada na União Europeia. Se uma maior desregulamentação do comércio mundial, com a Rodada Doha, havia fracassado com a recusa da Índia em expor seus camponeses às exportações subsidiadas euro-americanas de grãos, de muito maior importância estratégica foi o cancelamento, por Bush, do embargo de tecnologia nuclear dos EUA à Índia, abrindo caminho para relações mais estreitas com

---

[136] O espírito subjacente da invasão norte-americana foi capturado por Kennan quando o Exército de Libertação da China rechaçou as tropas de MacArthur do Yalu, em dezembro de 1950. "Os chineses agora cometeram uma afronta da maior magnitude aos Estados Unidos. Eles fizeram algo que não poderemos esquecer por anos, e os chineses terão de se preocupar em consertar o que fizeram em relação a nós, não nós em relação a eles. Não devemos nada à China, a não ser uma lição", Departamento de Estado dos EUA, *Foreign Relations of the United States*, v. 7, p. 1345-6 [disponível em: <history.state.gov>]. Em seus últimos anos, Kennan havia abandonado essa perspectiva e se oposto vigorosamente ao ataque ao Iraque.

Nova Déli. Os liberais que torciam as mãos acerca dos danos à reputação dos EUA produzidos pelo Iraque não precisavam ter se preocupado. Entre as potências que contavam, a invasão foi um Panamá no deserto, não deixando nenhum vestígio discernível.

8
O INCUMBENTE

A posse democrata da Casa Branca, em 2009, pouco alterou a política imperial norte-americana. A continuidade foi sinalizada desde o início pela retenção ou promoção de pessoas-chave na guerra republicana ao terror: Gates, Brennan, Petraeus, McChrystal. Antes de entrar no Senado, Obama havia se oposto à guerra no Iraque; no Senado, votou pela utilização de 360 bilhões de dólares nela. Durante a campanha para a presidência, ele criticou a guerra em nome de outra. O poder de fogo norte-americano deveria estar concentrado não no Iraque, mas no Afeganistão. Um ano após assumir o cargo, tropas norte-americanas haviam dobrado para 100 mil soldados e as operações das Forças Especiais haviam aumentado seis vezes, em uma tentativa de repetir o sucesso militar ocorrido no Iraque, onde Obama teve apenas de manter a agenda de seu antecessor para uma posterior retirada. No entanto, o Afeganistão não era o Iraque, e nenhum desses louros estava ao alcance dos EUA. O país não era apenas 50% maior, mas também grande parte dele era montanhoso, tipo de terreno ideal para a guerrilha. Contíguo a um vizinho ainda maior, forçado a permitir operações norte-americanas por toda sua área, porém mais do que disposto a dar cobertura secreta e ajuda à resistência contra as forças de ocupação do outro lado da fronteira. Por último, mas não menos importante, o apoio norte-americano no país se limitava a grupos minoritários – tajiques, hazaras, uzbeques –, ao passo que a resistência afegã estava fundada na pluralidade patã, estendendo-se profundamente na Fronteira Noroeste. Soma-se a todos esses obstáculos o impacto da guerra no próprio Iraque. No Indocuche, isso importava; em Bruxelas, Moscou, Pequim, Nova Déli, não. A resistência iraquiana, dividida e autodestrutiva, havia sido esmagada. Cinco anos e um quarto de milhão de soldados, no entanto, haviam sido necessários para subjugá-la e, ao dar aos talibãs uma pausa para tomar fôlego e se transformarem em combatentes de algo mais próximo de uma guerra nacional de libertação, possibilitou que a guerrilha afegã se reagrupasse e revidasse a ocupação com efeitos crescentes.

Desesperado para quebrar essa resistência, o governo democrata intensificou a guerra no Paquistão, local em que o seu antecessor já havia lançado, de forma contínua, ataques secretos com o mais recente sistema de disparo de mísseis. A RMA havia prosperado desde a guerra no Kosovo e agora produzia aviões não tripulados capazes de atingir indivíduos no solo a altitudes de até 30 mil pés. Sob Obama, os drones se tornaram a arma preferida da Casa Branca, com os predadores da "Força-Tarefa Liberdade" despejando mísseis Hellfire em aldeias suspeitas na Fronteira Noroeste, liquidando mulheres e crianças juntamente com soldados inimigos na contínua batalha contra o terrorismo: sete vezes mais ataques secretos do que os lançados pelo governo republicano. Determinado a mostrar que podia ser tão duro quanto Bush, Obama se preparou para a guerra com o Paquistão, caso este resistisse ao ataque-surpresa norte-americano enviado para matar Bin Laden em Abbottabad, o mais importante troféu na sua condução dos assuntos internacionais para fins domésticos[137]. Assassinatos por drones, iniciados sob seu antecessor, tornaram-se a marca registrada do ganhador do Nobel da Paz. Em seu primeiro mandato, Obama ordenou um ataque desse tipo a cada quatro dias – mais de dez vezes o número praticado sob Bush.

A Guerra ao Terror, agora rebatizada por instrução presidencial de "Operações de Contingência no Exterior" – invenção usada para ombrear com "Técnicas Avançadas de Interrogatório" do período Bush –, prosseguiu ininterruptamente, em casa e no exterior. Os torturadores foram premiados com a impunidade, enquanto a própria tortura, desmentida oficialmente e, em grande parte, substituída pelo assassinato, poderia ainda, se necessário, ser terceirizada para outros serviços de inteligência, acima de qualquer suspeita de

---

[137] "Quando confrontado com várias opções durante os preparativos, Obama pessoal e repetidamente escolheu as mais arriscadas. Como resultado, o plano levado a cabo incluiu a possibilidade de um possível conflito militar direto com o Paquistão", James Mann, *The Obamians: the Struggle Inside the White House to Redefine American Power* (Nova York, Viking, 2012), p. 303; "Não houve guerra norte-americana com o Paquistão, mas Obama estava disposto a se arriscar em uma, a fim de capturar Bin Laden".

maltratar prisioneiros que lhes fossem entregues[138]. Guantánamo, cujo fechamento fora uma vez prometido, continuou em funcionamento como antes. Dois anos após sua eleição em 2008, o governo de Obama havia criado nada menos do que 63 novas agências de combate ao terrorismo[139].

Acima de tudo isso, o manto presidencial do sigilo foi costurado mais apertado do que nunca, com assédio e repressão mais implacáveis do que os utilizados por seu antecessor contra qualquer um que se atrevesse a quebrar a *omertà* oficial. Criminosos de guerra são protegidos; revelações de crimes de guerra, punidas – no caso da soldado raso Manning*, com uma crueldade notavelmente sem precedentes, sancionada pelo próprio comandante em chefe. O lema da campanha de assassinatos do governo tem sido, nas palavras de um de seus mais altos funcionários, "precisão, economia e negação"[140]. Apenas o último ponto é exato; danos colaterais cobrem o resto. Desde a Segunda Guerra Mundial, a ilegalidade presidencial tem sido a regra, não a exceção, e Obama tem vivido à altura disso. Para se livrar de outro regime militar pelo qual os EUA não tinham a menor simpatia, ele lançou mísseis e ataques aéreos sobre a Líbia sem a autorização do Congresso, em violação tanto da Constituição quanto da Resolução sobre Poderes de Guerra, de 1973, alegando que esse ataque não constituía "hostilidades" porque nenhuma tropa norte-americana estava envolvida, tratando-se apenas de "ações

---

[138] Para a administração Obama, o assassinato era preferível à tortura: "Matar por controle remoto era a antítese do trabalho sujo e íntimo dos interrogatórios. De alguma forma, parecia mais limpo, menos pessoal", permitindo que a CIA, sob menos restrições legais do que o Pentágono, "visse seu futuro: não como os carcereiros de longo prazo dos inimigos da América, mas como uma organização militar que poderia apagá-los" – sem falar dos que poderiam estar ao alcance deles, como um cidadão norte-americano de dezesseis anos no Iêmen, nem mesmo considerado terrorista, morto por um drone lançado de acordo com instruções presidenciais. Mark Mazzetti, *The Way of the Knife: the CIA, a Secret Army and a War at the Ends of the Earth* (Nova York, Penguin, 2013), p. 121, 310-1.

[139] Dana Priest e William Arkin, *Top Secret America: the Rise of the New American Security State* (Nova York, Little, Brown and Co., 2011), p. 276.

* A soldado Bradley Edward Manning, hoje Chelsea Elizabeth Manning, está presa desde julho de 2010. Três anos depois, foi condenada a 35 anos de reclusão por ter vazado o maior conjunto de documentos secretos da história do Exército norte-americano, entre os quais relatórios e mensagens enviadas por cabo de atividades do Exército e vídeos com gravações de ataques a civis. Manning poderá solicitar liberdade condicional apenas em 2021. (N. T.)

[140] David Sanger, *Confront and Conceal: Obama's Secret Wars and Surprising Use of American Power* (Nova York, Crown, 2012), p. 246.

militares cinéticas"[141]. Com esse corolário à máxima de Nixon de que, "se o presidente faz, significa que não é ilegal", definiu-se um novo termo de comparação para o exercício dos poderes imperiais pela presidência. O resultado, ainda que menos empolgante em casa, foi mais substancial do que o ataque-surpresa a Abbottabad. A campanha da Líbia, a fácil destruição de um Estado fraco cercado por um levante contra ele, renovou as credenciais de intervenção humanitária esmaecidas pela guerra no Iraque e restaurou a cooperação militar em funcionamento – como ocorria na Iugoslávia e no Afeganistão – com a Europa sob a bandeira da Otan, com exceção da abstenção da Alemanha. Um sucesso ideológico e diplomático, a Operação Odisseia do Amanhecer ofereceu um modelo para futura defesa dos direitos humanos no mundo árabe, onde estes não eram uma questão interna para Estados amigos.

Uma tarefa maior permaneceu pendente. Satisfeito com a derrubada de dois regimes de base sunita pelos EUA, o Irã havia sido conivente com a ocupação do Afeganistão e do Iraque. Mas havia fracassado em compensar os norte-americanos pela tomada da embaixada dos EUA em Teerã, era capaz de se intrometer em Bagdá e há muito representava os EUA como o Grande Satã em geral. Essas eram amolações ideológicas. O compromisso do regime clerical com um programa nuclear que poderia levá-lo a estar próximo de uma arma estratégica era algo muito mais grave. O Tratado de Não Proliferação de Armas Nucleares havia sido projetado para impedir qualquer desenvolvimento do tipo, ao consagrar uma oligarquia de potências com direitos exclusivos a tais armas. Na prática, desde que o Estado fosse suficientemente complacente com os EUA, Washington estava preparada para ignorar violações do acordo: punir a Índia ou o Paquistão não levaria a nada. O Irã era outra questão. Sua posse de uma arma de alcance regional não seria, é claro, uma ameaça para os Estados Unidos. Mas, independentemente da natureza insatisfatória da própria

---

[141] Para essa escalada da ilegalidade executiva, ver a avaliação lúcida de Louis Fisher, "Obama, Lybia and War Powers", em *The Obama Presidency: a Preliminary Assessment* (Nova York, State University of New York Press, 2012), p. 310-1, que comenta que, conforme seu raciocínio, "uma nação com força militar superior poderia pulverizar outro país, e não haveria hostilidades nem guerra". Ou, como James Mann coloca, "esses drones e ataques aéreos deram origem a outra lógica bizarra: funcionários do governo Obama assumiram a posição de que já que não havia botas norte-americanas em solo líbio, os Estados Unidos não estavam envolvidos na guerra. Por essa lógica, um ataque nuclear não seria uma guerra", *The Obamians*, cit., p. 296.

República Islâmica, havia outra e preponderante razão pela qual ela não poderia ter o mesmo direito. No Oriente Médio, Israel havia há muito acumulado um grande arsenal nuclear composto de duzentas a trezentas bombas, completas com sistemas avançados de lançamento de mísseis, enquanto todo o Ocidente – os Estados Unidos na liderança – mantinha a educada ficção de que não sabia nada a respeito disso. Uma bomba iraniana quebraria o monopólio nuclear israelense na região, algo que Israel – sem, é claro, jamais admitir a existência de suas próprias armas nucleares – deixou claro estar determinado a manter, se necessário atacando o Irã antes que este pudesse alcançar a capacidade nuclear que buscava.

A ligação norte-americana com Israel automaticamente tornava essa posição um imperativo também para os EUA. Washington, no entanto, não podia simplesmente confiar que Tel Aviv lidasse com o perigo, em parte porque Israel talvez não fosse capaz de destruir todas as instalações subterrâneas no Irã, mas principalmente porque uma blitz dessa natureza por parte do Estado judeu trazia o risco de provocar tumultos no mundo árabe. Se um ataque tinha de ser lançado, era mais seguro que fosse realizado pela própria superpotência. Muita tinta foi gasta nos EUA e em seus aliados a respeito do doloroso distanciamento do governo republicano das melhores tradições norte-americanas quando este declarou seu direito de travar uma guerra preventiva, muitas vezes identificado como o pior erro de todo seu mandato. Inutilmente: a doutrina existia muito antes de Bush, e o governo democrata deu continuidade a ela, com Obama ameaçando abertamente uma guerra preventiva contra o Irã[142]. Nesse ínterim, assim como Washington esperava derrubar o regime no Iraque por meio de um bloqueio econômico e de uma guerra aérea, sem ter de recorrer à invasão terrestre, eventualmente realizada, esperava agora colocar o regime iraniano de joelhos por meio de um bloqueio econômico e de uma guerra cibernética, sem ter de desencadear uma tempestade de fogo sobre o país. Sanções têm se tornado cada vez mais restritivas, com o objetivo de enfraquecer as bases sociais da República Islâmica ao cortar

---

[142] Para a longa tradição norte-americana de guerras preventivas, ver o relato otimista de John L. Gaddis em *Surprise, Security and the American Experience*, cit. Para saber mais sobre a continuidade dada por Obama a essas guerras, ver sua declaração ao lobby israelense AIPAC [American Israel Public Affairs Committee, ou Comitê de Assuntos Públicos Israelo--Americanos], em 2011: "Minha política não será uma política de contenção. Minha política é impedir que o Irã obtenha armas nucleares. Quando digo que todas as opções estão sobre a mesa, falo sério".

seu comércio e forçar o preço dos artigos de primeira necessidade, atingindo comerciantes e classes populares da mesma forma e fortalecendo a classe média e a juventude urbana, pois, por causa de sua arraigada oposição àquela, o Ocidente pode contar com sua simpatia.

Ladeando esse ataque, enquanto Israel abatia diversos cientistas iranianos com uma série de assassinatos perpetrados por meio de motos e carros-bomba, o governo norte-americano lançou um ataque conjunto maciço EUA-Israel a redes de computadores iranianas para paralisar o desenvolvimento do seu programa nuclear. Uma violação flagrante do que se toma por direito internacional, a introdução do vírus Stuxnet foi pessoalmente supervisionada por Obama – nas palavras de um retrato de admiração: "Talvez desde Lyndon Johnson, sentado na mesma sala mais de quatro décadas antes, um presidente dos Estados Unidos não estivesse tão intimamente envolvido na escalada passo a passo de um ataque à infraestrutura de uma nação estrangeira"[143]. Contra o Iraque, os EUA travaram uma guerra convencional não declarada por boa parte de uma década, antes de proceder às conclusões. Contra o Irã, uma guerra cibernética não declarada está em curso. Como no Iraque, a lógica da escalada é clara. Ela permite apenas dois resultados: rendição por parte de Teerã ou choque e pavor por parte de Washington. O cálculo norte-americano de que os EUA podem forçar o regime iraniano a abandonar sua única perspectiva de um impedimento certo contra um destino iraquiano ou líbio não é irracional. Se o preço da sobrevivência interna é ceder, a República Islâmica irá fazê-lo. Suas divisões entre facções e a chegada de um presidente complacente apontam nessa direção. No entanto, se internamente não estivesse em perigo a tal ponto, qual seria a probabilidade de o Irã deixar de lado a proteção mais óbvia contra os perigos de fora?

Felizmente para os EUA, outra forma de pressão está disponível. Na Síria, a guerra civil colocou o único aliado confiável de Teerã na região sob ameaça de extinção próxima. Lá, o regime de Baath nunca provocou os EUA no grau que sua contraparte no Iraque havia feito e até mesmo juntou-se à Operação Tempestade no Deserto como aliado local. Sua hostilidade a Israel e os tradicionais laços com a Rússia, entretanto, fizeram dele uma presença indesejada na região, às vezes presente, às vezes ausente da lista de Estados vilões a serem destruídos caso a chance para tal algum dia surgisse. O levante contra a dinastia Assad apresentou uma exata oportunidade desse tipo. Qualquer

---

[143] David Sanger, *Confront and Conceal*, cit.

imediata repetição da intervenção da Otan na Líbia foi bloqueada pela Rússia e China, ambas – em especial, a Rússia – enfurecidas pelo modo como o Ocidente havia manipulado a resolução da ONU sobre a Líbia com a qual elas assentiram para a barragem, sem um acordo oficial firmado, da Operação Odisseia do Amanhecer. O regime em Damasco, além disso, era melhor armado e possuía mais apoio social do que em Trípoli. Havia também, agora, menos entusiasmo doméstico a aventuras externas. O caminho mais seguro era uma guerra por procuração, em duas frentes. Os EUA não interviriam diretamente nem armariam ou treinariam os rebeldes sírios sob as atuais circunstâncias. Eles confiariam essa missão ao Qatar e à Arábia Saudita, para que estes canalizassem armas e fundos para os rebeldes; e à Turquia e à Jordânia, para que os hospedassem e organizassem.

O governo democrata, dividido sobre a questão, tinha plena consciência de que essa opção apresentava riscos. À medida que os combates na Síria se desenvolviam, assumiam cada vez mais o caráter de um conflito sectário opondo sunitas a alauitas, em que os guerreiros mais eficazes contra o regime de Assad se tornaram jihadistas salafistas idênticos aos que haviam causado os maiores estragos entre os xiitas no Iraque, sem contar as próprias forças norte-americanas. Uma vez triunfantes, voltariam-se repentinamente contra o Ocidente, como o Talibã havia feito? Essa, entretanto, não era uma razão para intervir de maneira mais direta ou, pelo menos, fornecer armas mais aberta e abundantemente aos melhores elementos da rebelião síria e, assim, evitar uma perspectiva desse tipo? Considerações táticas dessa natureza são improváveis de afetar o resultado. A Síria não é o Afeganistão: a base social do rigorismo sunita é muito menor em uma sociedade mais desenvolvida, menos tribal, e remeter aos temas islâmicos é mais seguro para Washington – em especial porque a Turquia, o verdadeiro modelo de um islamismo firmemente capitalista e pró-ocidental, está praticamente obrigada a ser o poder fiscalizador em qualquer ordem pós-Baath que surja na Síria, poder que será muito mais fraco do que o de seu antecessor. Até o momento, as ferozes lealdades alauitas, o tépido apoio russo, um fluxo precário de armas de Teerã e levas de tropas do Hizbollah impediram que o regime de Assad caísse. Mas o equilíbrio de forças é contrário a ele: não só o apoio ocidental e do Golfo à rebelião como também um ataque em pinça, a partir da Turquia e de Israel, com seu conluio de longa data na região renovado por insistência norte-americana. Para Israel, uma oportunidade de ouro se aproxima gradualmente: a chance de ajudar a derrubar Damasco, um adversário que ainda permanece na região, e neutralizar ou destruir o Hizbollah no Líbano. Para os EUA, o prêmio é um aperto no cerco em torno do Irã.

Em outras partes da região, a Primavera Árabe, que pegou o governo norte--americano de surpresa, provocando certa inquietação inicial, até o momento produziu desenvolvimentos igualmente positivos para os EUA. Mesmo que desejassem, os governos islâmicos incompetentes no Egito e na Tunísia, tropeçando entre a repressão e a recessão, não estavam em posição de mexer com as políticas externas compatíveis dos regimes policiais que substituíram, ficando à mercê do FMI e dos bons ofícios norte-americanos. A tomada do poder por Sisi* no Cairo, assim que o constrangimento temporário com relação ao seu caminho até lá desapareça, indica um parceiro mais adequado para Washington, com laços de longa data com o Pentágono. No Iêmen, projetou-se uma sucessão suave do tirano anterior, evitando-se, assim, o perigo de uma irascível revolta popular ao preservar a maior parte do poder de sua família. No único ponto problemático no Golfo, uma intervenção saudita, em boa hora, restaurou a ordem no Bahrein, quartel-general da Quinta Frota dos EUA. Para os palestinos, há muito se considera a magistral inatividade como o melhor tratamento. Os Acordos de Oslo, escritos por representantes noruegueses de Israel sob o comando norte-americano, perderam toda a credibilidade. Mas o tempo cobrou o seu preço. A vontade dos palestinos de resistir diminuiu visivelmente, e o Hamas seguiu o mesmo caminho de abertura ao Qatar, como o Fatah antes dele. Com apoio árabe de qualquer natureza em rápida desaparição, não poderiam eles ser deixados a definhar de forma mais segura do que nunca? Caso contrário, fazê-los aceitar assentamentos judaicos na Cisjordânia e unidades das Forças de Defesa Israelense ao longo do Jordão em perpetuidade? De qualquer maneira, Washington pode contar com isso: eles acabarão por ter de aceitar a realidade e um pequeno Estado nominal sob guarda israelense.

O cenário político do Oriente Médio sofreu grandes mudanças uma década após a invasão do Iraque. No entanto, embora o apoio interno para sua projeção tenha diminuído, a posição relativa do próprio poder imperial norte--americano não se alterou de forma significativa na região. Um de seus ditadores mais confiáveis caiu – com o agradecimento de Obama por trinta

---

* Abdul Fattah al-Sisi, ex-chefe do Exército egípcio. Foi o mentor de um golpe de Estado em julho de 2013, venceu as eleições presidenciais em maio do ano seguinte e tomou posse em 8 de junho de 2014 como presidente do país. (N. T.)

anos de serviços ao seu país – sem produzir qualquer regime sucessor capaz de mais independência em relação a Washington. Outro, de quem ele desconfiava, tem sido continuamente enfraquecido, solapado por procuração dos EUA. Não há nenhum governo forte no horizonte do Egito ou da Síria. O Iraque também não é mais uma força a ser reconhecida – o norte curdo é praticamente um Estado separatista. O que a diminuição desses centros povoados de civilização árabe histórica significa para o equilíbrio de poder na região é um aumento correspondente do peso e influência das dinastias ricas em função do petróleo da península arábica, desde sempre os mais ferrenhos apoiadores do sistema norte-americano no Oriente Médio.

Washington enfrenta dificuldades reais apenas nos lugares em que os árabes interrompem sua ação. No Afeganistão, a boa "guerra de necessidade" que Obama manteve contra a ruim "guerra de escolha", no Iraque, será provavelmente a pior das duas para os EUA, o campo de batalha onde eles encaram uma derrota nua e crua, em vez de uma vitória remediada[144]. No Irã, os EUA, conduzidos por Israel, ficaram com um espaço de manobra tão pequeno quanto o do regime que procuram encurralar. Embora tenham boas razões para esperar que Teerã ceda, caso não consigam subornar ou quebrar a vontade da República Islâmica, correm o risco de pagar um preço elevado pela execução de suas ameaças ao país. No entanto, mesmo com essas ressalvas, o Grande Oriente Médio não oferece situações desastrosas para os Estados Unidos. O Islã, embora estranho o suficiente para o país do próprio Deus, nunca professou uma fé monolítica. Grande parte de sua atual corrente salafista é menos radical do que os ocidentais ansiosos acreditavam que ela fosse. A realidade, há muito óbvia, é que a partir do delta do Nilo até a planície do Ganges, o mundo muçulmano está dividido entre comunidades sunitas e xiitas, cujo antagonismo hoje oferece aos EUA o mesmo tipo de influência que a disputa sino-soviética no bloco comunista do passado, permitindo-lhes jogar um contra o outro – apoiando xiitas contra sunitas no Iraque, apoiando sunitas contra xiitas na Síria –, como a lógica tática indica. Uma frente unida de resistência islâmica é um sonho que os governantes norte-americanos não precisam temer.

Em termos estratégicos, e para todos os efeitos práticos, os Estados Unidos continuam a ter o Oriente Médio em grande parte para si. A relativa recupe-

---

[144] Para evitar esse destino, o tratado assinado entre os EUA e o regime de Karzai garante a presença de bases norte-americanas, Força Aérea, Forças Especiais e consultores no Afeganistão até 2024 pelo menos, mais de uma década após sua saída do Iraque.

ração econômica da Rússia – ela ainda está crescendo a um ritmo mais rápido do que os EUA – não se traduziu em maior capacidade de iniciativa política efetiva fora do antigo território soviético ou em um retorno significativo a uma zona onde, um dia, rivalizou com os EUA em termos de influência. Buscando "restaurar" as relações com Moscou, Obama cancelou o sistema de defesa antimísseis que Bush pretendia instalar na Europa oriental, pretensamente para se proteger da ameaça iraniana. Talvez como um *quid pro quo*, a Rússia não se opôs à resolução da ONU que autorizava uma zona de exclusão aérea sobre a Líbia, supostamente para proteger a vida de civis, rapidamente convertida pelos EUA e seus aliados da União Europeia em uma guerra com a previsível perda de vidas civis. Irritado com esse uso de seu sinal verde, Putin vetou uma resolução não muito diferente sobre a Síria, sem oferecer particularmente um maior apoio ao regime em Damasco e contemporizando com os rebeldes. Enfraquecido pela crescente oposição doméstica, desde então, já tentou provocar impacto no exterior com um esquema de inspeção de armas químicas por parte das Nações Unidas na Síria, para evitar um ataque de mísseis norte-americanos sobre o país. Tencionado a elevar o status de Moscou como um interlocutor válido para Washington e a permitir um alívio temporário para Damasco, é improvável que o resultado seja muito diferente daquele obtido na Líbia. Nascidas do desejo de ser tratado como um parceiro respeitável pelos Estados Unidos, ingenuidade e incompetência têm sido as inconfundíveis marcas da diplomacia russa em um episódio atrás do outro desde a *perestroika*. Putin, enganado tão facilmente a respeito da Líbia quanto Gorbachev a respeito da Otan, agora corre o risco de interpretar o papel de Yeltsin na Iugoslávia – pensando em oferecer uma ajuda débil a Assad, provavelmente acabem por mandá-lo para o mesmo destino de Milošević. Se Obama, resgatado do constrangimento de uma derrota no Congresso, vai provar ser tão grato ao seu cão de guarda quanto Clinton o foi para fugir da necessidade de uma guerra terrestre, é algo que ainda não sabemos. No Conselho de Segurança, a Rússia pode continuar a atrapalhar-se entre conluio e obstrução. Seu relacionamento mais significativo com os EUA se desdobra em outros lugares, ao longo das linhas de abastecimento que ela supre para a guerra norte-americana no Afeganistão. Uma política externa tão aquosa quanto essa oferece poucos motivos para Washington dar muita atenção às relações com Moscou.

 A Europa, dificilmente um peso-pesado diplomático, tem exigido mais. França e Grã-Bretanha, suas antigas potências imperiais líderes e as duas ansiosas por demonstrar sua contínua relevância militar, tomaram a iniciativa de pressionar em favor de uma intervenção na Líbia cujo sucesso dependia de drones e mísseis norte-americanos. Paris e Londres têm, novamente, estado à frente de Washington na incitação pública à entrega de armas ocidentais aos rebeldes na Síria. A beligerância anglo-francesa no Mediterrâneo, até agora, fracassou em trazer toda a UE para seu lado devido à cautela alemã e tem seu trabalho dificultado pela falta de apoio interno. A União tem, apesar disso, desempenhado seu papel de executor de sanções contra os três inimigos da paz e dos direitos humanos: Líbia, Síria e – de forma crucial – Irã. Embora se beneficiando de um desejo geral europeu de fazer as pazes com Washington após divergências com relação ao Iraque e a vontade anglo-francesa de se apresentar mais uma vez no cenário mundial, o governo Obama pode legitimamente reivindicar ter sido uma realização o fato de a Europa não apenas estar ao seu lado na supervisão do mundo árabe, mas às vezes até mesmo teoricamente à frente dos EUA, provendo a melhor propaganda de sua própria moderação na região.

II

Como sob o segundo Bush, as prioridades do primeiro mandato de Obama foram definidas pelas exigências que o policiamento do mundo menos desenvolvido implicava. Mais abaixo vinham as tarefas ligadas a fazer avançar a integração do mundo desenvolvido. A entrada da China e, depois, da Rússia na OMC certamente representou ganhos para a organização, mas em cada caso a iniciativa foi local e a negociação foi uma questão de ajuste burocrático, não de grande diplomacia, sem a obtenção de progressos com relação à Rodada Doha. Com o segundo mandato de Obama, o comércio internacional voltou ao topo da agenda. Para consolidar laços com a Europa, a presidência agora estabeleceu como objetivo oficial um acordo de livre-comércio transatlântico. Como as tarifas já são mínimas na maioria dos bens comercializados entre os EUA e a UE, a criação de uma Otan econômica fará pouca diferença material para cada um dos blocos – no máximo, talvez, uma parcela ainda maior dos mercados continentais para as empresas de mídia norte-americanas e a entrada de produtos geneticamente modificados na Europa. Sua importância será mais simbólica: uma reafirmação, após preocupações passageiras, da unidade do Ocidente. A Parceria Trans-Pacífico [TPP, na sigla em inglês], lançada por Washington um pouco antes, é outra questão. O que ela procura fazer é escancarar a economia japonesa, protegida por um labirinto de barreiras informais que tem frustrado décadas de tentativas norte-americanas de penetração dos mercados locais no varejo, nas finanças e na manufatura, para não falar dos produtos agrícolas. A integração bem-sucedida do Japão à TPP seria uma grande vitória norte-americana, encerrando a anomalia que seu grau de fechamento comercial, concedido em um cenário de Guerra Fria, tem representado desde então e amarrando o Japão, já nem sequer mantendo sua autonomia mercantilista, mais firmemente do que nunca ao sistema de poder norte-americano. A disposição do governo Abe em aceitar essa perda do privilégio histórico do país reflete o medo nas classes política e industrial japonesas com a ascensão da China, gerando uma perspectiva nacionalista mais agressiva que – dada a disparidade entre o tamanho dos dois países – requer seguro norte-americano.

A mudança em resposta ao crescente poder da República Popular da China nos próprios Estados Unidos, no entanto, está ofuscando esses desenvolvimentos. Enquanto Obama comandava sucessivas guerras abertas e secretas no Grande Oriente Médio, a China se tornava a maior exportadora do mundo (2010) e a maior economia manufatureira (2012). Na esteira da crise financeira global de 2008-2009, seu pacote de estímulo foi proporcionalmente três vezes maior do que o de Obama, com taxas médias de crescimento quase quatro vezes mais rápidas. Chamado à atenção pelas implicações estratégicas dessas mudanças, o governo Obama fez saber que iria se movimentar em direção à Ásia para verificar potenciais perigos na ascensão da China. As economias das duas potências estão tão interligadas que qualquer declaração aberta de intenções seria uma quebra de protocolo, mas o propósito dessa movimentação é claro: cercar a República Popular da China com um colar de aliados e instalações militares dos EUA e, em particular, manter a predominância naval norte--americana em todo o Pacífico, até – e incluindo – o mar da China oriental. Como em outras partes do mundo, mas de modo mais flagrante, uma indisfarçável assimetria de pretensões faz parte das prerrogativas do império: os EUA julgam ser natural a pretensão de governar os mares a sete mil milhas de suas costas, quando nunca permitiriam uma frota estrangeira em suas próprias águas. Logo no início, Obama ajudou a derrubar um infeliz governo Hatoyama em Tóquio por se atrever a contemplar uma mudança nas bases norte-americanas em Okinawa e, desde então, acrescentou às outras mais de setecentas bases estadunidenses no mundo uma base marinha no norte da Austrália[145], enquanto

---

[145] A melhor informação analítica a respeito das bases dos EUA, por uma grande margem, encontra-se na trilogia formidável de Chalmers Johnson. Ver os capítulos sobre "Okinawa,

intensificava exercícios navais conjuntos com a recém-complacente Índia. Essa articulação ainda está em seus primeiros dias, e seu significado é tanto diplomático quanto militar. A maior esperança dos EUA é converter a China, no idioma do Departamento de Estado, em uma parte interessada responsável no sistema internacional – isto é, não um arrivista presunçoso, muito menos um intruso ameaçador, mas um leal segundo na hierarquia do poder capitalista mundial. Tais serão os principais objetivos da grande estratégia por vir.

Quão distinto tem sido o regime de Obama, quando considerado como uma fase no império norte-americano? Ao longo da Guerra Fria, a presidência dos Estados Unidos acumulou regularmente um poder do qual não são exigidas justificativas ou responsabilidades. Entre o tempo de Truman e o de Reagan, o número de funcionários da Casa Branca cresceu dez vezes. O Conselho de Segurança Nacional hoje – com mais de duzentos integrantes – é quase quatro vezes maior do que era sob Nixon, Carter ou até mesmo Bush pai. A CIA, cujo tamanho permanece um segredo, embora tenha crescido exponencialmente desde que foi fundada, em 1949, e cujo orçamento aumentou mais de dez vezes desde os dias de Kennedy – 4 bilhões de dólares em 1963, 44 bilhões em 2005, em valores constantes –, é, na prática, um exército particular à disposição do presidente. As chamadas declarações assinadas agora permitem que a presidência passe por cima de leis aprovadas pelo Congresso que desagradem à Casa Branca. Atos executivos que desafiam a lei são regularmente confirmados pelo escritório de assessoria jurídica do Departamento de Justiça, que forneceu memorandos sobre a legalidade da tortura, mas mesmo esse grau de subserviência tem sido insuficiente para o Salão Oval, que constituiu seu próprio Conselho da Casa Branca como um grupo que aprova de forma ainda mais incondicional

---

Asia's Last Colony", em *Blowback*, cit., p. 36s; "The Empire of Bases" – 725, pela contagem de um funcionário do Pentágono, com outras, dedicadas à vigilância, "envoltas em sigilo" –, em *The Sorrows of Empire*, cit., p. 151-86; e "US Military Bases in Other Peoples' Countries", em *Nemesis*, cit., p. 137-70, levando o leitor pelo labirinto de Bases Operacionais Principais, Sítios de Localização Avançada e Locais de Segurança Cooperativa (as chamadas bases "flor de lótus" supostamente fizeram sua estreia no Golfo). Revelações atuais acerca da natureza e da escala de interceptações de comunicações em todo o mundo por parte da Agência Nacional de Segurança encontram seu reboque aqui. Sem surpresa, dada a proximidade da cooperação entre as duas instituições militares e de vigilância, o ex-funcionário da Defesa britânica, Sandars, em seu levantamento sobre as bases norte-americanas, conclui com satisfação que "os Estados Unidos surgem com crédito e honra da experiência única de policiar o mundo, não pela imposição de guarnições em territórios ocupados, mas por acordo com os seus amigos e aliados", C. T. Sandars, *America's Overseas Garrisons*, cit., p. 331.

tudo o que o Executivo quiser fazer[146]. Obama herdou esse sistema de poder e de violência arbitrários e, como a maioria de seus antecessores, o expandiu. Odisseia do Amanhecer, vírus Stuxnet, assassinatos seletivos, programa Prism* têm sido as invenções de seu mandato: guerras que nem sequer são consideradas hostilidades, agressões eletrônicas por meio de vírus enviados de longa distância, assassinato de cidadãos norte-americanos acompanhado do assassinato de estrangeiros, vigilância por atacado das comunicações nacionais juntamente com a de países estrangeiros. O executor em chefe tem até mesmo relutado em abrir mão da capacidade de ordenar o assassinato sem julgamento de um norte-americano em solo nativo. Ninguém acusaria esse incumbente de falta de sentimento humano: lágrimas pela morte de crianças de uma escola na Nova Inglaterra emocionaram a nação, apelos pelo controle de armas converteram muitos. Se um grande número de outras crianças, a maioria sem escolas para frequentar, morreu nas mãos do próprio presidente em Ghazni ou no Waziristão, isso não é motivo para a perda do sono presidencial. Os predadores são mais precisos do que os rifles automáticos, e o Pentágono sempre pode expressar um lamento ocasional. A lógica do império, não a unção do governante, determina o padrão moral.

A principal restrição ao exercício da força imperial por parte dos Estados Unidos tem sido tradicionalmente a volatilidade da opinião nacional, sempre contente em começar, mas rápida em se cansar dos ataques estrangeiros caso envolvam baixas norte-americanas significativas, algo para o qual a tolerância pública tem caído de forma aguda ao longo do tempo, apesar da abolição do alistamento obrigatório – mesmo a reduzida perda de vidas norte-americanas no Iraque logo se tornou impopular. Os principais ajustes práticos na política dos EUA sob Obama foram projetados para evitar essa dificuldade. O termo oficial para tais ajustes no governo é reequilíbrio, embora reposicionamento da marca também caísse bem. O que esse lema significa, na verdade, são três mudanças. Para reduzir as baixas norte-americanas a um mínimo absoluto – a princípio, e em alguns casos na prática, a zero –, tem havido uma cada vez maior dependência das tecnologias de longa distância da RMA para destruir o inimigo de longe, sem arriscar-se a nenhum contato em um campo de batalha.

---

[146] Para acompanhar a evolução desse quadro, ver Bruce Ackerman, *The Decline and Fall of the American Republic* (Cambridge, Harvard University Press, 2010), p. 87-115.

* Programa clandestino de vigilância de dados eletrônicos como os que circulam pela internet, controlado pela Agência de Segurança Nacional dos Estados Unidos. Em operação desde 2007, quando a Lei de Proteção da América foi aprovada, no governo Bush filho. (N. T.)

Onde o combate terrestre é inevitável, substitutos equipados com fundos e armas clandestinos são preferíveis aos soldados norte-americanos; onde as tropas norte-americanas têm de ser empregadas, os destacamentos a serem usados são as unidades secretas do Comando de Operações Especiais Conjuntas, encarregado das guerras sigilosas.

Por último, aliados respeitáveis do Primeiro Mundo deveriam ser procurados, e não desprezados, para grandes ou pequenos empreendimentos: qualquer que seja seu valor militar, necessariamente variável, eles fornecem um para-choque político contra críticas à sabedoria ou justiça das ações no exterior, dando-lhes o selo final de legitimidade – aprovação por parte da "comunidade internacional". Uma abordagem mais multilateral com relação às questões de segurança global não é, de maneira nenhuma, contraditória à missão da nação de governar o mundo. O foco de atração permanece sendo a primazia dos EUA, hoje pouco menos que um atributo da própria identidade nacional[147]. Nas palavras do jovem escritor dos discursos de Obama, Benjamin Rhodes, atualmente vice-conselheiro de segurança nacional: "O que estamos tentando fazer é obter mais cinquenta anos de liderança para a América". O próprio presidente não está disposto a se contentar com pouco. Em mais de trinta pronunciamentos, explicou que tudo isso será, como o último, o Século Norte-Americano[148].

III

Setenta anos depois de os planejadores de Roosevelt terem concebido o esboço de uma Pax Americana, qual é o balanço a ser feito? Desde o início, a dualidade definiu a estrutura da estratégia norte-americana: o universal e o particular estiveram sempre entrelaçados. A visão original postulou uma ordem de livre-comércio liberal-capitalista que se estenderia ao redor do mundo, na qual os Estados Unidos ocupariam automaticamente – em virtude de seu poder eco-

---

[147] Como David Calleo escreveu em 2009: "É tentador acreditar que as desventuras recentes da América irão desacreditar e eliminar nossos anseios hegemônicos e que, após a eleição presidencial de 2008, uma nova administração irá abandoná-los. No entanto, enquanto nossa identidade como nação estiver intimamente ligada ao fato de vermos a nós mesmos como o país mais poderoso do mundo, no coração de um sistema global, é provável que a hegemonia continue a ser a obsessão recorrente da nossa imaginação oficial, a ideia fixa da nossa política externa", *Follies of Power: America's Unipolar Fantasy* (Cambridge, Cambridge University Press, 2009), p. 4.

[148] Benjamin Rhodes: James Mann, *The Obamians*, cit., p. 72; Obama: Andrew J. Bacevich (org.), *The Short American Century: a Postmortem* (Cambridge, Harvard University Press, 2012), p. 249.

nômico e exemplo – o primeiro lugar. A eclosão da Guerra Fria mudou a orientação desse esquema. A derrota do comunismo tornou-se a principal prioridade, relegando a construção de um ecúmeno liberal a uma preocupação de segunda ordem, cujos princípios teriam de ser temperados ou postos de lado para garantir a vitória sobre um inimigo que ameaçava capitalismos de qualquer natureza, de livre-comércio ou protecionista, defensor do *laissez-faire* ou dirigista, democrático ou ditatorial. Nesse conflito mortal, os EUA passaram a desempenhar um papel ainda mais dominante, em um palco ainda maior, do que as projeções de Bretton Woods e Dumbarton Oaks haviam imaginado, como o líder inconteste do Mundo Livre. No decorrer de quatro décadas de lutas incessantes, uma ordem militar e política foi construída e transformou o que outrora fora apenas uma hegemonia hemisférica em um império global, remodelando a forma do próprio Estado norte-americano.

Na Guerra Fria, o triunfo foi completo no fim. Mas o império criado para ganhá-la não se dissolveu de volta ao ecúmeno liberal de cuja visão ideológica havia surgido. As instituições e aquisições, ideologias e reflexos legados pela batalha contra o comunismo constituíam agora um enorme complexo histórico, com sua própria dinâmica, não precisando mais ser impulsionado pela ameaça da União Soviética. Forças Especiais em mais de cem países ao redor do mundo; orçamento militar maior do que o de todas as outras grandes potências combinadas; aparatos tentaculares de infiltração, espionagem e vigilância; pessoal de segurança nacionais ramificado; e por último, mas não menos importante, um *establishment* intelectual dedicado a revisão, refino, ampliação e atualização das tarefas da grande estratégia, de uma qualidade e produtividade maiores do que as de qualquer contraparte preocupada com assuntos domésticos – como poderia se esperar que tudo isso encolhesse mais uma vez às máximas magras de 1945? A Guerra Fria havia acabado, mas o dia de um gendarme nunca termina. Seguiram-se mais expedições armadas do que nunca; mais armas avançadas foram lançadas; mais bases foram adicionadas à cadeia destas; mais doutrinas de intervenção de longo alcance foram desenvolvidas. Olhar para trás não era uma possibilidade.

No entanto, além do momento de inércia de um império vitorioso, outra pressão estava em atuação na trajetória da agora única superpotência. A ordem liberal-capitalista que ela se propôs a criar havia começado, antes mesmo que tivesse limpado o terreno do seu antagonista histórico, a evadir-se dos projetos do seu arquiteto. A restauração da Alemanha e do Japão não havia provado, afinal, ser um benefício inequívoco para os Estados Unidos, com o sistema de

Bretton Woods emborcando sob a pressão de seus concorrentes: o poder que antes havia ultrapassado o lucro previsto, permitindo sua conversão em hegemonia, havia começado a infligir custos a ela relacionados. Desse contratempo emergiu um modelo de livre mercado mais radical em solo pátrio, que poderia ser exportado sem inibições como a norma de uma ordem neoliberal depois que a Guerra Fria fora vencida. Contra os ganhos para os EUA oriundos da desregulamentação globalizada, porém, vieram mais perdas radicais, à medida que o seu déficit comercial e os empréstimos necessários para cobri-lo aumentavam de forma constante. Com o surgimento da China – capitalista em sua forma, sem dúvida, mas distante de ser liberal, na verdade ainda governada por um partido comunista – como uma potência econômica não só de dinamismo superior, mas de magnitude em breve comparável, de cujas reservas financeiras seu próprio crédito público passara a depender, a lógica da grande estratégia norte-americana de longo prazo ameaçou se voltar contra si mesma. Sua premissa sempre havia sido a da harmonia do universal e do particular – os interesses gerais do capital assegurados pela supremacia nacional dos Estados Unidos. Para soldar os dois em um sistema único, um império global foi construído. No entanto, embora o império tenha sobrevivido, está se tornando desarticulado da ordem que ele buscava estender. A primazia norte-americana não é mais a pedra angular automática da civilização do capital. Uma ordem liberal internacional com os Estados Unidos no comando corre o risco de se tornar outra coisa, menos adequada à Terra dos Homens Livres. Uma reconciliação, nunca perfeita, do universal com o particular era uma condição constitutiva da hegemonia norte-americana. Hoje, eles estão se afastando. Podem ser novamente unidos? Se sim, como? O discurso do império agora gira em torno dessas duas questões, com seus estrategistas divididos.

II
Conselho

Na paisagem intelectual norte-americana, a literatura da grande estratégia constitui um domínio próprio, distinto da história diplomática ou da ciência política, embora possa ocasionalmente recorrer a elas. Suas fontes estão na elite da segurança do país, que se estende da burocracia e da academia para fundações, *think tanks* e a mídia. Nesse meio – com suas colocações no Conselho de Relações Exteriores; na Faculdade Kennedy, de Harvard; no Centro Woodrow Wilson, em Princeton; na Faculdade Nitze, da Universidade Johns Hopkins; na Faculdade de Guerra Naval, na Universidade de Georgetown; nas Fundações Brookings e Carnegie; nos Departamentos de Estado e de Defesa; sem falar no Conselho de Segurança Nacional e na CIA –, as posições são facilmente intercambiáveis, com os indivíduos em movimento contínuo, indo e vindo de cadeiras universitárias ou *think tanks* e gabinetes governamentais, em geral, independentemente do partido no controle do governo.

Esse ambiente anfíbio diferencia a produção sobre política externa do conhecimento a respeito da política doméstica, muito mais restrito aos limites de uma disciplina profissional e seus mecanismos de revisão entre pares, onde dialoga principalmente consigo mesmo. Os requisitos de competência no discurso da política externa não são os mesmos, por causa de uma diferença dupla de público: detentores de cargos de um lado, um público instruído de outro. Esse conjunto de escritos é constitutivamente consultivo, em um sentido que remonta ao Renascimento – conselhos ao Príncipe. Governantes não toleram pedantes: os conselhos que recebem devem ser claros e sóbrios. Nos EUA de hoje, eles têm um revezamento abaixo deles que valoriza uma notoriedade acessível por razões próprias. *Think tanks*, de importância fundamental nesse mundo, dispensam seus congregados de lecionar; em troca, esperam deles certo impacto público – colunas, artigos de opinião, talk shows, best-sellers: não sobre a população como um todo, mas entre as pequenas e abastadas minorias que se interessam por esses assuntos. O efeito dessa dupla vocação produz uma literatura menos erudita, porém mais livre e imaginativa – mais acessível – do que sua contraparte doméstica.

O contraste se enraíza também nos seus campos de atuação. A política interna atrai muito mais o interesse dos norte-americanos do que a diplomacia. No entanto, o sistema político doméstico está sujeito apenas a mudanças lentas ao longo do tempo, em meio a repetidos impasses institucionais de uma espécie ou outra. É uma cena de muita frustração e rara emoção. O sistema imperial norte-americano, em contraste, é um teatro de drama contínuo – golpes, crises, revoltas, guerras, emergências de toda espécie; e ali, escasso em tratados que têm de ser aprovados pelo Legislativo, nenhuma decisão vira um impasse. O Executivo pode agir como quiser, desde que as massas – um evento raro: ocasionalmente, a Coreia ou o Vietnã; marginalmente, o Iraque – não acordem assustadas por algum contratempo impopular[1]. Nessa enorme zona de ação em potencial, a imaginação consultiva pode vaguear – até mesmo desenfrear-se – com uma liberdade impossível em casa. Quaisquer que sejam os resultados, naturalmente variados, não há nenhuma dúvida da maior energia intelectual que a política externa atrai no mundo do pensamento do Beltway* e sua penumbra.

---

[1] Nas palavras de um bem informado representante desse quadro: "Nos Estados Unidos, como em outros países, apenas uma pequena parte da população se preocupa com a política externa. Mas a execução de qualquer política externa norte-americana exige o apoio do público em geral. Enquanto para a elite da política externa a necessidade da liderança norte-americana no mundo é uma questão de convicção consolidada, no público em geral o compromisso à liderança global é mais fraco. Isso não surpreende. Esse compromisso depende de uma visão de seus efeitos sobre o restante do mundo e as prováveis consequências de sua ausência. Essas são visões sobre as quais a maioria dos norte-americanos, assim como muitas pessoas na maioria dos países, não possui informações relevantes porque não está normalmente interessada o suficiente para averiguá-las. As atividades da política externa norte-americana se assemelham, portanto, a uma empresa em que a gerência – a elite da política externa – tem de convencer os acionistas – o público – a autorizar as despesas", Michael Mandelbaum, "The Inadequacy of American Power", *Foreign Affairs*, set.-out. 2002, p. 67. Basta pesquisar quantas empresas consultam seus acionistas sobre suas despesas – neste caso, é claro, militares – para perceber a pertinência da analogia.

* Referência à capital norte-americana, Washington DC, e ao isolamento do governo ali estabelecido. (N. T.)

9
Tradições nativas

No limiar dos ataques ao World Trade Center e ao Pentágono, apareceu um confiante repositório dos recursos nativos que por dois séculos garantiram que a política externa norte-americana havia "ganhado todos os prêmios". *Special Providence* [Providência especial] (2001), de Walter Russell Mead, pode ser considerado o ponto de partida para a literatura subsequente. As tradições de realismo geopolítico da Europa continental, Mead argumentou, sempre foram estranhas aos Estados Unidos[2]. Moralidade e economia, e não geopolítica, foram as diretrizes essenciais do papel da nação no mundo. Elas não impediam o uso da força para fins adequados – nas guerras do século XX, os EUA haviam sido mais desproporcionalmente destrutivos com seus inimigos do que a Alemanha nazista[3]. No entanto, as políticas que determinavam esses fins eram o produto de uma síntese democrática única: a busca hamiltoniana de vantagens comerciais para empresas norte-americanas no exterior; o dever wilsoniano de estender os valores da liberdade em todo o mundo; o interesse

---

[2] Walter Russell Mead, *Special Providence: American Foreign Policy and How It Changed the World* (Nova York, Routledge, 2002), p. 34-9s. A rejeição do tipo de realismo de Kissinger como antiamericano em *Special Providence* não foi nenhum obstáculo à nomeação de Mead como pesquisador sênior da cadeira Kissinger no Conselho de Relações Exteriores, na esteira do seu sucesso, antes de assumir uma cadeira na Universidade Bard.

[3] "Nos últimos cinco meses da Segunda Guerra Mundial, os bombardeios norte-americanos mataram mais de 900 mil civis japoneses, sem contar as vítimas dos ataques atômicos contra Hiroshima e Nagasaki. Isso é mais de duas vezes o número de mortes em combate (441.513) que os Estados Unidos sofreram em todas as suas guerras estrangeiras combinadas", enquanto a proporção de mortes de civis em combate nas guerras norte-americanas na Coreia e no Vietnã foi maior até mesmo do que na invasão alemã da Rússia. Naturalmente, Mead assegura aos seus leitores, a comparação não contém nenhum paralelo moral; ibidem, p. 218-9.

jeffersoniano em preservar as virtudes da república de tentações estrangeiras; e a coragem jacksoniana em qualquer desafio à honra ou à segurança do país. Se os dois primeiros eram crenças da elite e o terceiro, uma inclinação entre intelectuais, o quarto era o *ethos* popular da maioria do povo norte-americano. Mas da competição entre eles – a perspectiva dos comerciantes, dos missionários, dos advogados constitucionais e dos habitantes das fronteiras – emergira, como na mão invisível do mercado, a melhor de todas as políticas externas[4]. Combinando poderes coercitivo e persuasivo de modos ao mesmo tempo flexíveis, pragmáticos e idealistas, a condução dos assuntos mundiais pelos EUA derivou da diversidade complementar de suas inspirações uma sabedoria e estabilidade homeostáticas.

Descritivamente, a contagem das tradições nativas estabelecidas nessa construção é muitas vezes viva e engenhosa, associada a muitas observações perspicazes, por mais otimista que seja o retrospecto das quais se originam. Analiticamente, no entanto, aquela contagem repousa sobre o *non sequitur* de uma equivalência entre as tradições descritas, todas vistas como tendo contribuído para um resultado comum. Um breve olhar para as personificações oferecidas de cada uma dessas tradições desfaz qualquer ideia do tipo. A longa lista de estadistas hamiltonianos à frente do Departamento de Estado ou instalados na Casa Branca (Clay, Webster, Hay, Lodge, Theodore Roosevelt, Hull, Acheson e o primeiro Bush são mencionados) pode encontrar uma contrapartida wilsoniana apenas se apelar para a regularidade de misturas desde a Segunda Guerra Mundial (Franklin Delano Roosevelt, Truman, Kennedy e os restantes); enquanto entre governantes ou chanceleres jeffersonianos não há virtualmente nenhum – até mesmo o próprio epônimo, exemplificando com dificuldade a abstinência de ambição externa e engrandecimento[5], deixando como ilustração apenas um trem abandonado de segregados e forasteiros, em um declínio até Borah, Lippman, Fulbright. Quanto aos jacksonianos, além de uma posterior sequência de veteranos militares indistintos no século XIX, Polk e o segundo Bush poderiam ser computados entre eles, mas a maioria dos exemplos recentes citados em *Special Providence* – Patton, MacArthur, McCain; Wallace poderia ser adicionado – era peça de museu. O apoio popular às guerras norte-americanas, Mead observa corretamente, requer galvanização da truculência jacksoniana nas profundezas sociais do país. No entanto, a política externa que as

---

[4] Ibidem, p. 95-6, 311-2.
[5] Para o registro real do arquiteto de Montebello, ver Robert W. Tucker e David C. Hendrickson, *Empire of Liberty: the Statecraft of Thomas Jefferson* (Nova York, Oxford University Press, 1990).

determina é definida em outro lugar. A realidade é que, das quatro tradições, apenas duas tiveram peso consistente desde o conflito hispano-americano; as outras fornecem pouco mais do que suprimentos esporádicos de cassandrismo e carne de canhão.

Nesse sentido, a dicotomia mais convencional com a qual Kissinger – identificado por Mead como o praticante de uma *Realpolitik* de estilo europeu sem raízes nos EUA – abriu seu tratado *Diplomacy* [Diplomacia] alguns anos antes pode ser dada como certa. Na versão de Kissinger, os dois legados que importam são linhas que descendem, respectivamente, de Theodore Roosevelt e Wilson: o primeiro, uma determinação realista em manter um equilíbrio de poder no mundo; o segundo, um compromisso idealista para pôr fim aos poderes arbitrários em toda parte. Embora desacreditadas à época, as ideias de Wilson, em longo prazo, prevaleceram sobre as de Roosevelt. A política externa norte-americana viria a conjugar as duas, mas a veia wilsoniana seria dominante. Kissinger declarou:

> Um agrupamento universal de nações em grande parte democráticas agiria como o "curador" da paz e substituiria os velhos sistemas de equilíbrio de poder e de aliança. Tais sentimentos exaltados nunca antes haviam sido apresentados por qualquer nação, muito menos colocados em prática. No entanto, nas mãos do idealismo norte-americano, foram transformados na moeda corrente do pensamento nacional acerca da política externa.

O próprio Nixon tinha pendurado um retrato do Homem da Paz como inspiração no Salão Oval: "Em todo esse tempo, os princípios de Wilson permaneceram o fundamento do pensamento da política externa norte-americana"[6].

II

A autoria do dito é suficiente para indicar a necessidade de invertê-lo. Desde a Segunda Guerra Mundial, a ideologia da política externa norte-americana sempre foi predominantemente wilsoniana no registro – "tornar o mundo seguro para a democracia" e, a seguir, uma transição para uma "segurança coletiva" que iria, no devido curso, tornar-se o escudo exterior da "segurança nacional". Na essência, sua realidade tem sido inabalavelmente hamiltoniana – a busca da supremacia norte-

---

[6] Depois que "o mundo do pós-guerra se tornou, em grande parte, criação da América", os EUA iriam "desempenhar o papel que Wilson havia imaginado para eles – como um farol a seguir e uma esperança a alcançar", Henry Kissinger, *Diplomacy* (Nova York, Simon & Schuster, 1994), p. 52, 55.

-americana em um mundo que se tornou seguro para o capital[7]. No entanto, com raras exceções, como Kissinger, a ideologia tem sido um adorno crédulo, não cínico, do exercício do poder norte-americano, cujos detentores – Bush e Obama são apenas os últimos – sempre acreditaram que não existe conflito entre os valores estadunidenses e os interesses estadunidenses. O fato de a supremacia dos EUA ser ao mesmo tempo um prêmio nacional e um bem universal é dado como certo por políticos e seus conselheiros ao longo de toda a linha político-partidária. Terminologicamente, nesse universo, a "primazia" ainda é preferível ao império, mas, nos seus desígnios mais teóricos, "hegemonia" é agora aceitável para quase todas as pessoas. Os editores contemporâneos de *To Lead the World* [Para liderar o mundo], um simpósio de eminências de todas as partes, observam que todas elas concordam que "os Estados Unidos deveriam ser líderes no sistema internacional", aceitam a descrição de Clinton do país como "a nação indispensável" e concordam que os EUA devem manter seu predomínio militar: "Nenhum dos colaboradores propõe reduzir significativamente os gastos militares ou quer permitir que a superioridade dos EUA se corroa"[8].

Que dizer tais coisas seja mesmo necessário marca o período desde 2001 como uma nova fase no discurso, se não na prática, do império. Aqui, as vicissitudes dos últimos doze anos – os atentados de 2001, a invasão ao Iraque em 2003, a crise financeira de 2008, a guerra contínua no Afeganistão – têm gerado uma problemática quase universal. Estaria o poderio norte-americano em declínio global? Se sim, quais são as razões? Quais são as soluções? *Leitmotifs* comuns passam por muitas das respostas. Poucos deixam de incluir uma lista das reformas internas necessárias para restaurar a superioridade competitiva da economia e da sociedade

---

[7] Como o próprio Wilson insinuou em 1923: "O mundo se tornou seguro para a democracia", escreveu ele. "Mas a democracia ainda não tornou o mundo seguro contra revoluções irracionais. Essa tarefa suprema, que é nada menos do que a salvação da civilização, agora encara a democracia, insistente, imperativa. Não há como evitá-la, a menos que tudo que construímos dentro em pouco caia em ruína sobre nós; e os Estados Unidos, como a maior das democracias, devem se encarregar disso." Para acessar essas reflexões, ver "The Road Away from Revolution" (8 abr. 1923) *The Papers of Woodrow Wilson* (Princeton, Princeton University Press, 1993), v. 68, p. 323.

[8] Melvyn Leffler e Jeffrey Legro (orgs.), *To Lead the World: American Strategy after the Bush Doctrine* (Nova York, Oxford University Press, 2008), p. 250-2. Os colaboradores incluem Francis Fukuyama, Charles Maier, John Ikenberry, James Kurth, David Kennedy, Barry Eichengreen, Robert Kagan, Niall Ferguson e Samantha Power, embaixadora de Obama na ONU. Leffler explicou em outro lugar que se "a comunidade que surgiu após a Segunda Guerra Mundial" quer sobreviver, "o papel hegemônico dos Estados Unidos tem de ser legitimado novamente", ou – como disse Wilson – "a paz deve ser garantida pela força moral organizada da humanidade"; Leffler, "9/11 and The Past and Future of American Foreign Policy", *International Affairs*, out. 2003, p. 1.062-3.

norte-americanas. Todos calculam os riscos de uma renovação da rivalidade pelo Grande Poder – a China figurando de forma mais proeminente, mas não exclusiva – que poderia comprometer a primazia norte-americana e contemplam os perigos do terrorismo no Oriente Médio, ameaçando a segurança estadunidense. Os destinos do capitalismo e o futuro da democracia raramente estão fora do pensamento. Cada construção difere em alguns aspectos significativos da seguinte, oferecendo uma gama de variações que pode ser tomada como uma procuração para o atual repertório – parcialmente em curso, parcialmente prospectivo – da grande estratégia norte-americana no novo século. O núcleo da comunidade a produzir essas construções é composto de pensadores cujas carreiras têm passado por nomeações no governo, universidades e fundações. Nesse meio, diferentemente daquele dos historiadores diplomáticos, a disputa direta ou o compromisso polêmico são raros, não apenas por causa da extensão dos pressupostos comuns, mas também porque a escrita é muitas vezes modelada visando à promoção oficial, onde não se favorece o pugilismo intelectual, embora as divergências de perspectivas ainda sejam simples o bastante. Peculiaridades individuais garantem que nenhuma seleção de estrategistas será plenamente representativa. No entanto, uma série das contribuições mais notáveis é prontamente identificada[9].

---

[9] Excluídas do que se segue estão as figuras cujas carreiras têm estado apenas dentro dos meios de comunicação ou da academia. Com destaque entre os primeiros estão os jornalistas Fareed Zakaria, da *Newsweek*, e Peter Beinart, da *Time*, autores respectivamente de *The Post-American World* (Nova York/Londres, W. W. Norton & Co., 2008) e *The Icarus Syndrome* (Nova York, Harper, 2010). Para os últimos, ver Anders Stephanson, "The Toughness Crew", *NLR*, n. 82, jul.-ago. 2013. Na academia, o campo das relações internacionais ou dos "estudos de segurança" inclui uma literatura tão dedicada aos aspectos técnicos da teoria dos jogos e da escolha racional quanto qualquer ciência política doméstica, preciosidades que impedem um público mais amplo, mas também teóricos distintos cuja independência de espírito os salvou das tentações dos cargos. John Mearsheimer, de Chicago, é um excelente exemplo em seu *Tragedy of Great Power Politics* (Nova York/Londres, W. W. Norton & Co., 2001); ver o ensaio de Peter Gowan, "A Calculus of Power", *NLR*, n. 16, jul.-ago. 2002; mas não há muitos mais. Dos protagonistas "inconsistentes e pouco confiáveis" ignorados estão Joseph Nye, da Harvard Kennedy School, subsecretário de Estado do governo Carter e presidente do Conselho de Segurança Nacional durante o governo Clinton, autor de *Bound to Lead* (Nova York, Basic Books, 1990) e *The Paradox of American Power* (Nova York/Londres, W.W. Norton & Co., 2002) – insuficientemente original, com pouco mais do que as banalidades do poder brando em seu nome para justificar a referência. Philip Bobbitt, atualmente diretor do Centro de Segurança Nacional na Universidade de Columbia, funcionário da CIA sob o governo Carter, membro do Conselho de Segurança Nacional com Clinton e do Departamento de Estado sob o governo do segundo Bush, autor de *The Shield of Achilles* (Nova York, Anchor, 2003) e *Terror and Consent* (Nova York, Anchor, 2008) – está longe de ser banal, mas foi discutido em profundidade por Gopal Balakrishnan em "Algorithms of War", *NLR*, n. 23, set.-out. 2003.

10
Cruzados

Elas podem começar com a figura mutável do próprio Mead. Seu primeiro trabalho, *Mortal Splendor* [Esplendor mortal], publicado em 1987, no auge do desastre Irã-Contras, narrou os fracassos de Nixon, Carter e Reagan em restaurarem o império norte-americano – rudemente descrito como tal – ao seu brilho. Criticando o arcaísmo, a involução e a corrupção da Constituição, Mead lamentou o declínio dos padrões de vida da população e a escalada dos déficits orçamentários, terminando com um apelo aos democratas para pôr fim a uma decadente "ordem burocrática e oligárquica" com a criação de uma "quarta república", remodelando o New Deal com um impulso mais populista e radical e projetando-o para o exterior, como um programa para o mundo em geral[10]. Catorze anos depois, seu ponto de vista havia dado um salto mortal. Carregador hipotético do caixão do império em *Mortal Splendor*, na época de *Special Providence* ele havia se tornado seu trombeteiro, embora agora o próprio termo já tenha desaparecido, com os EUA aparecendo na maior parte simplesmente como "o poder central em um sistema mundial de finanças, comunicações e comércio" e o "giroscópio da ordem mundial". Da hegemonia internacional a nação gostava, era verdade. Mas os norte-americanos não estavam suficientemente reflexivos acerca de seus significados e propósitos, sobre os quais agora era necessário mais debate entre suas tradições nacionais de política externa. Suas próprias inclinações, Mead explicou, eram jeffersonianas[11].

---

[10] "As reformas devem ir muito além daquelas feitas no período Roosevelt", Mead insistiu. "A próxima onda terá uma coloração mais socialista e menos liberal do que a primeira", *Mortal Splendor: the American Empire in Transition* (Nova York, Houghton Mifflin, 1987), p. 336-8.

[11] Walter R. Mead, *Special Providence*, cit., p. 323-4, 333-4.

Elas não duraram muito tempo. A resposta de Mead aos ataques de 2001, poucos meses após o aparecimento de *Special Providence*, pôs sua taxonomia em ação com uma diferença. *Power, Terror, Peace and War* [Poder, terror, paz e guerra] (2004) apresentou um programa robusto para enfrentar os desafios que o "projeto norte-americano" de segurança nacional e de um mundo pacífico agora encarava, cujo fracasso seria um desastre para a humanidade. Felizmente, os EUA continuaram a combinar as três formas de poder que até então haviam assegurado sua hegemonia: "aguçada" – a força militar que evitava que o Oriente Médio se tornasse um "campo de terror teocrático"; "grudenta" – a interdependência econômica que prendia a China aos EUA por meio do comércio e da dívida; e "doce" – as atrações culturais dos filmes e músicas norte-americanos populares, das universidades, do feminismo, das multinacionais, da imigração, das instituições de caridade. Entretanto, o terreno socioeconômico em que estas deveriam ser agora implantadas havia mudado. Após a Segunda Guerra Mundial, o fordismo tinha fornecido terreno firme para a ascendência dos EUA, combinando a produção e o consumo de massa em um estilo de vida que se tornou a inveja do mundo. Com o fim da Guerra Fria, o exemplo norte-americano parecia prometer um futuro em que os livres mercados e o governo livre poderiam, dali em diante, se espalhar por toda parte, sob um dossel de proteção do poderio dos EUA[12].

Isso tudo para ocultar que o capitalismo é um sistema dinâmico, que frequentemente destrói o que criou para dar à luz novas formas de si mesmo. A economia burocratizada, industrial e de emprego abundante do fordismo era agora coisa do passado nos Estados Unidos, assim como em outros lugares. O que a havia substituído era um "capitalismo milenar" de competição sem freios e tomada de risco individual, redução corporativa e empreendimento *hi-tech*, excluído dos suportes e proteções de uma época anterior: uma força temida por todos aqueles – governos, elites ou massas – que haviam se beneficiado do fordismo e ainda se agarravam às suas formas. Inquieto e perturbador, era a chegada desse capitalismo milenar que sustentava a revolução na política externa norte-americana no novo século. Seus campeões estavam agora ao leme, refazendo concepções hamiltonianas de negócios, revivendo valores wilsonianos de liberdade e atualizando uma inclinação jacksoniana em prol de uma ação preemptiva[13]. O governo Bush po-

---

[12] Idem, *Power, Terror, Peace and War* (Nova York, Alfred A. Knopf, 2004), p. 26-55.
[13] Ibidem, p. 73-103. A essa altura, o próprio Kissinger – outro defensor da invasão ao Iraque – havia adotado a taxonomia de Mead, com o propósito de criticar a conduta norte-americana da Guerra Fria antes do governo Nixon e sua própria tomada de posse como uma mistura excessivamente rígida de wilsonismo e jacksonismo, esquecida dos princípios hamiltonianos.

deria ter oferecido uma versão muito diluída do valioso caso para atacar o Iraque, uma vez que as armas de destruição em massa eram menos importantes do que um golpe ao fascismo regional e a perspectiva da primeira democracia árabe em Bagdá. No entanto, esse não era o momento para apreensões jeffersonianas. Estrategicamente, o governo republicano havia feito a maioria das escolhas corretas. Se sua execução havia sido um pouco irregular, Theodore Roosevelt e Wilson também haviam, de vez em quando, tropeçado no início de suas revoluções. Com as tropas norte-americanas no Tigre, a estratégia correta para lidar com fascistas e terroristas árabes – na verdade, com todos os outros inimigos da liberdade – estava progredindo: "contenção para a frente", completa onde fosse necessária, com ataques preventivos ao adversário.

Três anos depois, *God and Gold* [Deus e ouro] (2007) revestiu esses temas em uma teodiceia histórico-mundial mais ampla. Por trás da ascensão dos Estados Unidos à hegemonia global estava a anterior ascendência da Grã-Bretanha, em uma relação não de mera sequência, mas de conexão orgânica que, ao longo de quinhentos anos, havia dado aos poderes anglo-americanos uma sucessão de vitórias ininterruptas sobre inimigos iliberais – a Espanha dos Habsburgos, a França dos Bourbons e a napoleônica, a Alemanha guilhermina e a nazista, o Japão imperial, a Rússia soviética. O segredo desse triunfo contínuo estava em uma cultura excepcionalmente favorável às forças titânicas do capitalismo, cruzando a religião anglicana e suas ramificações com os Iluminismos de Newton e Smith, Madison e Darwin – uma forma de cristianismo que reconciliava razão, revelação e tradição, aliada a um "*meme** de ouro" das concepções seculares de ordem decorrente do livre jogo das forças naturais e sua evolução. No devido tempo, da combinação de uma fé de Abraão comprometida com a mudança – não uma religião estática, mas dinâmica, no sentido descrito por Bergson – e da explosão do potencial humano liberado pelo capitalismo surgiu a narrativa Whig do progresso histórico abrangente.

Assim era o ambiente cultural que nutria a criatividade monumental das finanças anglo-americanas, primeiro em Londres e depois em Nova York, o núcleo da eficiência capitalista como um sistema de alocação racional de recursos, com sua engenhosidade em desenvolver dispositivos sempre novos no setor

---

Ver Henry Kissinger, *Does America Need a Foreign Policy?: Toward a Diplomacy for the 21st Century* (Nova York, Simon & Schuster, 2001), p. 245-56, um volume cuja qualidade intelectual raramente se eleva muito acima do nível de seu título.

* Referência a elementos culturais ou ideias que passam de uma pessoa a outra ou que se replicam de forma acelerada por meio da internet e outros meios de comunicação. (N. T.)

bancário, comercial, de especulação na bolsa, de seguros, até chegar aos cartões de crédito e aos títulos lastreados em hipotecas da prosperidade contemporânea. O poder do consumo de massa, por sua vez, utilizado pelos mercados flexíveis para os interesses econômicos dos talentosos – "talvez a descoberta mais revolucionária na história da humanidade desde o domínio do fogo" –, gerou a cascata de invenções da qual a Grã-Bretanha e os EUA assumiram a liderança: produtos de linha branca, ferrovias, lojas de departamento, automóveis, telefones, cultura popular em geral. Não foi surpresa esses dois países se mostrarem invencíveis no cenário mundial.

No entanto, o sucesso da Anglo-América gerou suas próprias ilusões – uma crença persistente de que o resto do mundo deve espontaneamente seguir, em algum momento, o caminho para a liberdade, a diversidade e a prosperidade que ela havia trilhado. O capitalismo, porém, pôde surgir de forma suave e gradual no mundo apenas dentro do privilégio de seu ambiente anglicano-Whig. Em todos os outros lugares, sua chegada foi mais dura – mais súbita e disruptora dos velhos hábitos; tipicamente infectada também com um ressentimento em relação à proeza dos primeiros colocados e a justiça bruta que os outros tinham razão em sentir que aqueles lhes conferiam –, uma crueldade coberta de muita expressão piedosa de arrependimento ou retidão, no espírito da morsa e do carpinteiro*. Esse tipo de ressentimento havia sido verdadeiro em relação a sucessivas potências continentais na Europa do passado e continuava difundido no mundo extraeuropeu de hoje, do urso russo que lambia suas feridas ao dragão chinês cuspindo seu fogo de inveja, para não falar de diversos escorpiões árabes no Oriente Médio.

Após o fim da Guerra Fria, forças perigosas ainda estavam em marcha. Ao confrontá-las, os Estados Unidos deviam mostrar tato no tocante às outras culturas, cujas sensibilidades necessitavam do requinte de uma "diplomacia de civilizações". No entanto, não havia nenhuma razão para dúvida ou desânimo. O comando dos mares continuava sendo a chave para o poder global, e ali a supremacia dos EUA permaneceu incontestada: o sistema marítimo, que havia assegurado o triunfo anglo-americano sobre todo e qualquer inimigo desde os tempos de Elizabeth I e Filipe II em diante, manteve-se firme como sempre. A Europa, unida e livre, era uma aliada; a Rússia, muito enfraquecida; a China podia ser contrabalançada pelo Japão e pela Índia. No Oriente Médio, o Islã

---

* Alusão ao poema de Lewis Carroll, "The Walrus and the Carpenter", de 1871, comentário cifrado sobre o sistema capitalista de então. (N. T.)

como fé pertencia ao diálogo do mundo, em que todos os povos e culturas tinham direito ao seu reconhecimento coletivo, mesmo à medida que os dançarinos fantasmas do terror árabe eram esmagados. A Pax Americana persistiria, pois era errado pensar que todos os impérios deveriam inevitavelmente cair ou desaparecer. Pelo contrário, como o exemplo da China mostrava, eles podiam aumentar e minguar ao longo de milênios.

A essa altura, a invasão do Iraque tinha "provado ser uma guerra desnecessária e mal planejada", ao fim e ao cabo. Mas o engajamento dos EUA no Oriente Médio teria de se aprofundar, e Mead aguardava ansioso a chegada dos democratas centristas para uma correção de curso. Imbuída do sentimento trágico da história e da responsabilidade norte-americana legado por Niebuhr e sustentada pelo despertar de uma nova moderação evangélica, a nação poderia recuperar o dinamismo daquela "profunda e aparentemente embutida crença humana de que por meio da mudança nós encontramos o transcendente e o divino". O capitalismo estava nos conduzindo a um futuro de mudanças aceleradas, e aí estava a oportunidade do país. Porque o projeto norte-americano não era simplesmente trazer a liberdade pessoal e a abundância material para todos. Ele tinha um significado maior. Ao liderar o mundo em uma "viagem de exploração em águas desconhecidas", que é "tanto o nosso destino quanto o nosso dever", sua ordem marítima estaria navegando rumo a um horizonte até então inimaginável: lá, onde "o fim da história é a paz de Deus"[14].

A extravagância dessa construção místico-comercial pode parecer, na superfície, remover seu autor do discurso dominante sobre política externa, e é verdade que, ao contrário da maioria de seus pares, Mead nunca trabalhou no governo. Mas se ele, apesar disso, permanece central como uma mente dentro do tema, isso não se deve tanto à energia brutal de seu estilo e à criatividade incansável de sua imaginação, mas à forma indivisível na qual ele incorporou de modo extremo duas linhagens opostas do nacionalismo norte-americano, cada uma geralmente expressa de forma mais moderada: o realismo econômico e político da tradição representada pelo primeiro Roosevelt e o moralismo preceptor e religioso consagrado por Wilson. Pondo de lado as verdades contundentes do capitalismo, sem recuar os crimes da expansão anglo-americana– até mesmo repisando-os –, por um lado; sublimando a democracia liberal e a maior produtividade em uma parusia do Senhor, por outro. A exuberância da

---

[14] Walter R. Mead, *God and Gold: Britain, America and the Making of the Modern World* (Nova York, Alfred A. Knopf, 2007), p. 378, 387-402, 409, 411, 412.

combinação não significou a marginalização. Como ele havia previsto, um democrata estaria em breve na Casa Branca novamente, entoando a sabedoria de Niebuhr, como Mead havia desejado, em um discurso ao Comitê do Prêmio Nobel que ele poderia ter roteirizado. Quando Francis Fukuyama rompeu com a revista que o tinha tornado famoso, *The National Interest*, alegando que ela estava pendendo demais para a *Realpolitik* nixoniana, esquecendo-se do bálsamo do idealismo wilsoniano que deveria ser seu complemento, foi Mead quem se juntou a ele na criação de um novo fórum, *The American Interest*, para restaurar o equilíbrio de um verdadeiro realismo liberal[15].

II

Mais típicos do meio do que esse híbrido em êxtase são os pensadores que pertencem, sem ambiguidade, a uma tradição particular dentro do repertório exterior do Estado norte-americano. Aí, como observado, a linhagem dominante tem sido, desde meados da década de 1940, sempre wilsoniana – especialmente sob as últimas três presidências, que proclamaram sua devoção aos objetivos do Pacificador mais eloquentemente do que qualquer um de seus antecessores. Os principais teóricos nesse campo, Michael Mandelbaum e John Ikenberry, cada um com um período no Departamento de Estado, oferecem versões alternativas dessa perspectiva, substancialmente sobrepondo-se em estrutura intelectual, embora divergentes em pontos significativos no desfecho político[16]. Mandelbaum é o mais proeminente e prolífico, tendo produzido cinco livros aclamados em menos de uma década, começando com um trio cujos

---

[15] Depois de chegar à conclusão de que a maioria de seus colegas neoconservadores havia sido muito calorosamente wilsoniana em seu entusiasmo em levar a democracia ao Iraque, Fukuyama decidiu, então, que os outros estavam se tornando muito insensivelmente kissingerianos em um cálculo de poder separado dos valores da democracia. Obter a temperatura ideológica correta não é tarefa fácil, mas a boa saúde das relações dos EUA com o mundo depende disso. Tendo escrito anteriormente sobre a obra que Fukuyama publicou na época, *America at the Crossroads: Democracy, Power and the Neoconservative Legacy* (New Haven, Yale University Press, 2006), eu não o incluí na literatura considerada aqui, apesar de ser um exemplo eminente dela: ver, sobre minha avaliação do livro, *The Nation*, 24 abr. 2006. Fukuyama e Mead mantêm um comentário contínuo sobre as questões do momento, nacionais e internacionais, em *The American Interest*, que se apresenta como tendo preocupações mais amplas – em especial em relação a "religião, identidade, etnia e estatísticas" – do que *The National Interest*, conduzido por um ex-editor da anterior.

[16] Mandelbaum trabalhou sob Eagleburger e Shultz no primeiro governo Reagan; Ikenberry, sob Baker no governo de Bush pai. De forma característica desses "entra-e-sai", filiações partidárias não estavam envolvidas, com os laços pessoais de ambos sendo democratas em vez de republicanos.

títulos falam por si: *The Ideas that Conquered the World* [As ideias que conquistaram o mundo] (2002), *The Case for Goliath* [O caso de Golias] (2005) e *Democracy's Good Name* [O bom nome da democraria] (2007).

Para Mandelbaum, a história do século XX foi "uma história Whig em grau máximo": o triunfo da tríade wilsoniana de paz, democracia e livres mercados. Essas foram as ideias que acabaram com a União Soviética, trazendo a Guerra Fria a um fim vitorioso à medida que seus governantes sucumbiam à sua força de atração. Em parte, isso foi um resultado comparável à seleção natural, eliminando os economicamente incapazes. Mas foi também um efeito da revelação moral forjada por um credo superior, comparável à conversão religiosa que no fim da Antiguidade transformou pagãos em cristãos – Gorbachev, até mesmo Deng Xiaoping, haviam se tornado Constantinos contemporâneos. O resultado pôde ser visto após o ultraje de 2001. Todo governo significativo no mundo declarou sua solidariedade com os EUA, porque todos "apoiavam a ordem mundial dominada pelo mercado que estava sob ataque e da qual os Estados Unidos serviam de pivô", para a qual não havia alternativa viável. Com certeza, a tríade wilsoniana completa ainda não estava universalmente estabelecida. O livre mercado era agora a ideia mais aceita na história mundial. Mas a paz e a democracia não estavam garantidas na mesma exata medida. As políticas externas de Moscou e Pequim eram menos do que totalmente pacíficas, suas economias não eram suficientemente de mercado, seus sistemas políticos eram apenas incipientemente democráticos. O maior objetivo do Ocidente devia ser agora o de transformar e incorporar a Rússia e a China de forma integral à ordem mundial liberal, como os poderes não liberais anteriores da Alemanha e do Japão haviam sido transformados de desafiadores em pilares do sistema após a guerra.

Nessa tarefa, a liderança recaiu sobre uma nação, porque ela é mais do que uma nação. Os Estados Unidos não eram simplesmente um Golias benigno entre os Estados, o Sol em torno do qual o sistema solar gira. Eles eram o "Governo do Mundo", pois somente eles prestavam os serviços de segurança internacional e estabilidade econômica para a humanidade, seu papel aceito por causa do consenso do século XXI em torno da tríade wilsoniana. As contribuições norte-americanas para a manutenção da paz e a disseminação de livres mercados eram geralmente reconhecidas; a importância dos Estados Unidos na difusão da democracia, porém, era um pouco menos. Historicamente, as ideias de liberdade e de soberania popular – como governar e quem governa – eram analítica e cronologicamente distintas. A primeira antecedeu a última, que chegou apenas com a Revolução Francesa, mas depois se espalhou muito mais rapidamente, muitas vezes em detrimento da liberdade. A democracia, quando veio, seria a fusão improvável das duas. Sua ascensão no século XX deveu-se em boa parte ao dinamismo dos livres mercados na geração de prosperidade social e da sociedade civil. No entanto, ela também exigia a atração magnética do poder e da riqueza das duas grandes democracias anglófonas, Grã-Bretanha e – agora de forma dominante – Estados Unidos. Sem sua supremacia, a melhor forma de governo nunca se enraizaria tão amplamente. Foram eles que fizeram dela a "marca líder" que tantos outros gostariam de adquirir.

Nessa construção, a devoção wilsoniana apresenta uma apoteose dos Estados Unidos, em alguns aspectos mais imaculada até mesmo do que a versão sincrética presente em Mead, com sua garbosa consideração sobre um lado sombrio para a história do expansionismo norte-americano. Não que o Governo do Mundo fosse infalível. Mandelbaum, que havia aconselhado Clinton em sua campanha para a presidência, teve uma surpresa desagradável quando este foi eleito: o novo conselheiro de Segurança Nacional da Casa Branca era Anthony Lake, em vez dele. Três anos depois, mirando em Lake, ele publicou uma crítica fulminante da atuação internacional do regime de Clinton, "Foreign Policy as Social Work" [Política externa como trabalho social], descartando suas intervenções no Haiti e na Bósnia como tentativas fúteis de brincar de Madre Teresa no exterior e atacando sua expansão da Otan no Leste Europeu como uma tola provocação à Rússia, pondo em risco sua integração em um ecúmeno consensual após a Guerra Fria[17].

Nem, com o passar do tempo, estava tudo bem em casa. Após uma década do novo século, *The Frugal Superpower* [A superpotência frugal] (2010) alertava para o aumento da desigualdade e a escalada dos direitos de bem-estar em meio à constante improvidência fiscal – com o [seguro de saúde] Medicare potencialmente pior do que o seguro social, déficits keynesianos compostos por cortes de impostos lafferescos – e a necessidade de o país ajustar seus fins estrangeiros aos seus meios domésticos. *That Used to Be Us* [Costumava ser nós] (2011), em coautoria com Thomas Friedman, ampliou a lista de preocupações. O ensino secundário dos Estados Unidos estava em crise; a infraestrutura do

---

[17] "Foreign Policy as Social Work", *Foreign Affairs*, jan.-fev. 1996; seguido por *The Dawn of Peace in Europe* (Nova York, Twentieth Century Fund Press, 1996), p. 61-3: "A expansão da Otan é, aos olhos dos russos nos anos 1990, o que a cláusula de culpa da guerra foi para os alemães na década de 1930: ela renega as condições nas quais eles acreditam que o conflito no Ocidente terminou. É uma traição ao entendimento que eles acreditavam ter com seus ex-inimigos", o que poderia "produzir o pior pesadelo da era pós-Guerra Fria: uma Rússia de Weimar".

país estava desmoronando; o governo gastava muito pouco em pesquisa e desenvolvimento; não tinha nenhuma política de energia coerente; a recepção aos imigrantes havia se tornado relutante. Muitas pessoas propuseram exemplos inspiradores de altruísmo e iniciativa, mas a nação precisava se organizar coletivamente, em conjunto com uma série de parcerias público-privadas para recuperar o sucesso econômico e a harmonia social de antigamente. Para que isso fosse possível, era necessária uma terapia de choque para agitar o impasse partidário no sistema político – um candidato presidencial de um terceiro partido que defendesse a bandeira de um "centrismo radical".

A urgência por essas reformas não significava nenhuma deslealdade com os EUA ou a retração do seu papel de guardiões do mundo. "Nós, os autores deste livro, não queremos simplesmente restaurar a solvência norte-americana. Queremos manter a grandeza norte-americana. Nós não somos caras dos 'visores verdes'*. Somos caras do 4 de Julho", eles explicam, nos tons inimitáveis de Friedman[18]. O que se segue a partir das tônicas que eles propõem? A visão ponderada de Mandelbaum a respeito de Clinton evitou contrastes convencionais com Bush. Em essência, a política externa dos dois tinha sido praticamente a mesma. A intervenção humanitária e a guerra preventiva eram gêmeas, não opostas. A ocupação do Iraque, saudada em um posfácio para *Ideas That Conquered the World* como uma missão para levar a tríade wilsoniana – "o estabelecimento da paz, da democracia e dos livres mercados onde eles anteriormente nunca haviam existido" – ao Oriente Médio, quatro anos depois havia encolhido em *Democracy's Good Name* para uma busca por paz – privar o regime de Bagdá das armas de destruição em massa –, em vez de uma busca por democracia. Quando do lançamento de *The Frugal Superpower*, ela não tinha "nada a ver com democracia" e ficou condenada como uma operação malfeita[19]. Ainda assim,

---

* Visores verdes eram um tipo de óculos especiais usados no fim do século XIX por contadores, auditores, telegrafistas e editores de jornais para reduzir o esforço dos olhos sob fortes luzes incandescentes. Por causa desse uso, o termo passou a ser utilizado de modo depreciativo para pessoas excessivamente preocupadas com assuntos financeiros e detalhes pequenos e insignificantes. (N. T.)

[18] Thomas Friedman e Michael Mandelbaum, *That Used To Be Us: What Went Wrong with America – and How It Can Come Back* (Nova York, Farrar, Straus and Giroux, 2011), p. 10.

[19] Michael Mandelbaum, *The Ideas That Conquered the World: Peace, Democracy, and Free Markets in the Twenty-First Century* (Nova York, Public Affairs, 2002), p. 412; *Democracy's Good Name: the Rise and Risks of the World's Most Popular Form of Government* (Nova York, Public Affairs, 2007), p. 231 (no qual ele reflete que, se os EUA tivessem se apossado do Iraque no século XIX, isso poderia acabar criando as instituições e os valores necessários

embora os custos imediatos da invasão de Bush ao Iraque fossem mais elevados, a expansão da Otan por Clinton foi um equívoco muito mais duradouro e grave: não tentando, caso falhasse, resolver um problema real, mas criando um problema onde não havia existido qualquer outro. Os EUA deveriam evitar tentativas militares na construção de nações e buscar cooperação internacional para seus esforços onde isso fosse possível. Mas os grandes aliados nem sempre eram confiáveis; se o Ocidente estava vacilante no Afeganistão, isso se devia ao fraco desempenho de uma Europa fragmentada, e não a uma América arrogante e unilateral. No Oriente Médio, a guerra ainda poderia ter de ser travada contra o Irã. Ali, era necessária uma cooperação mais estreita com o "único país democrático e confiável pró-americano" na região, aquele com "um governo legítimo, uma sociedade coesa e formidáveis forças militares: o Estado de Israel"[20].

III

A escrita de Mandelbaum é a versão mais estridente de um credo wilsoniano desde o fim da Guerra Fria, mas não é a mais pura em dois aspectos. De sua natureza, essa é a tradição com maior quociente de dulcificação – a mais inequivocamente apologética – no cânone da política externa norte-americana e, pelo mesmo motivo, como a mais próxima da ideologia *tout court,* a mais central para a burocracia. As bordas de Mandelbaum são muito afiadas para qualquer exigência, como suas relações com o governo Clinton mostraram. Sua perfeita personificação pode ser encontrada em Ikenberry, "o laureado poeta do internacionalismo liberal", de quem o ponto morto do *establishment* pode arrancar uma unção mais justa. Em 2006, o Projeto Princeton sobre segurança nacional revelou o documento final que ele coescreveu com Anne-Marie Slaughter, depois que cerca de quatrocentos estudiosos e pensadores contribuíram para a empreitada sob a direção deles[21]. Com um prefácio bipartidário

---

para uma democracia, como os britânicos fizeram na Índia, produzindo um equivalente local a Nehru); *The Frugal Superpower: America's Global Leadership in a Cash-Strapped Era* (Nova York, Public Affairs, 2010), p. 76-7, 153 (que continua a ter esperanças de que "os esforços norte-americanos no Iraque poderiam um dia vir a ser considerados bem-sucedidos"). A atenuação não é específica de Mandelbaum; ela está amplamente distribuída nesse domínio.

[20] Ibidem, p. 98, 189-90.
[21] Slaughter, autora de *A New World Order* (Princeton, Princeton University Press, 2004) e *The Idea that is America: Keeping Faith with Our Values in a Dangerous World* (Nova York, Basic Books, 2007), pode ser considerada como uma vice-campeã nas competições vencidas por Ikenberry.

coassinado por Lake e Shultz e o benefício de "conversas francas com Zbigniew Brzezinski e Madeleine Albright", para não falar da "sabedoria e discernimento de Henry Kissinger", *Forging a World of Liberty under Law* [Forjando um mundo de liberdade sob a lei] procurava, Ikenberry e Slaughter explicaram, oferecer nada menos do que "um artigo coletivo X" que supriria a nação com o tipo de orientação em uma nova era que Kennan havia fornecido no início da Guerra Fria – embora o NSC-68 também continuasse como uma fonte de inspiração permanente.

Como um mundo de liberdade sob a lei seria alcançado? Em meio a muito conselho familiar, meia dúzia de propostas mais apropriadas se destaca. Em todo o planeta, os Estados Unidos teriam de "trazer os governos a um mesmo nível de qualidade", isto é, procurar torná-los "populares, responsáveis e respeitadores de direitos". Nas Nações Unidas, o Conselho de Segurança deveria ser purificado do poder de qualquer membro de vetar ações de segurança coletiva, e a "responsabilidade de proteger" deveria se tornar obrigatória para todos os Estados membros. O Tratado de Não Proliferação de Armas Nucleares precisaria se tornar mais rígido, por meio da redução da margem para o desenvolvimento civil de energia nuclear. Com vistas à paz, os EUA possuiriam o direito, onde necessário, de lançar ataques preventivos contra terroristas e deveriam estar dispostos a "assumir riscos consideráveis" para impedir que o Irã adquirisse capacidade nuclear. Por último, mas não menos importante, um conjunto mundial de democracias deveria ser formado como uma sede alternativa de legitimidade para intervenções militares frustradas na ONU, capaz de contorná-la.

A posterior oferta teórica de Ikenberry, *Liberal Leviathan* [Leviatã liberal] (2011), gira em torno da ideia de que, uma vez que a ordem mundial norte-americana de seu subtítulo "reconcilia poder e hierarquia com cooperação e legitimidade", ela é – enfaticamente – uma "hegemonia liberal, não um império". Porque aquilo sobre o qual ela se sustenta é uma "barganha" consensual, na qual os EUA obtêm a cooperação de outros Estados para fins norte-americanos em troca de um sistema de regras que restringe a autonomia norte-americana. Assim era o caráter da aliança ocidental multilateral consagrada na Otan e na forma bilateral do pacto de segurança com o Japão, durante a Guerra Fria. Nos subúrbios atrasados do mundo, sem dúvida, os EUA ocasionalmente tratavam de forma mais imperiosa os Estados que eram clientes em vez de parceiros, mas

---

Diretora do Planejamento de Políticas (2009-2011) sob Clinton, no Departamento de Estado, ela tem estado, no entanto, à frente do tema no clamor por intervenções na Líbia e na Síria.

estes eram acessórios sem peso na estrutura global do consentimento internacional de que os EUA desfrutavam[22]. Hoje, no entanto, a hegemonia norte-americana estava sob pressão. Uma "crise de autoridade" tinha se desenvolvido, não de seu fracasso, mas a partir de seu próprio sucesso. Pois, com a extinção da URSS, os EUA haviam se tornado uma potência unipolar, tentada a agir não por regras comuns que ela observava, mas simplesmente por relações que ela estabelecia, deixando seus aliados tradicionais com menos razão para se submeterem a ela logo quando novas febres e forças transnacionais – visivelmente, o terrorismo – necessitavam de um novo conjunto de respostas. O governo Bush havia procurado enfrentar a crise com manifestações unilaterais da vontade norte-americana, em uma regressão a um nacionalismo conservador que era contraproducente. A solução para a crise estava em uma renovação do internacionalismo liberal, capaz de renegociar a barganha hegemônica de uma época anterior para acomodar as realidades contemporâneas.

Isso significava, antes de tudo, um retorno ao multilateralismo: a atualização e readequação de uma ordem democrática liberal, tão "aberta, amigável e estável" quanto antigamente, mas com maior gama de potências inseridas dentro dela[23]. A expansão da Otan, o lançamento do Nafta e a criação da OMC foram exemplos admiráveis, assim como as intervenções humanitárias, desde que ganhassem o consentimento dos aliados. Os princípios westfalianos estavam ultrapassados: a ordem internacional liberal agora tinha de estar mais preocupada com a condição interna dos Estados do que no passado. Assim que tivessem recuperado a sua coragem multilateral, os EUA poderiam encarar o futuro com confiança. Certamente, outras potências estavam surgindo. No entanto, devidamente renegociado, o sistema que os servira tão bem no passa-

---

[22] Uma discreta nota de rodapé nos informa que "esse estudo se concentra principalmente na ordem internacional criada pelos Estados Unidos e as outras grandes potências. Ele não elucida totalmente as características mais amplas da ordem mundial, que incluem as relações dos Estados Unidos com Estados mais fracos, menos desenvolvidos e periféricos", Ikenberry, *Liberal Leviathan: the Origins, Crisis and Transformation of the American World Order* (Princeton, Princeton University Press, 2011), p. 27.

[23] No tipo de metáfora que logo vem à mente de qualquer um: "Se a velha ordem hegemônica do pós-guerra fosse uma empresa, ela teria sido chamada American Inc. Era uma ordem que, em aspectos importantes, era propriedade dos Estados Unidos e por eles operada. A crise de hoje é, na verdade, sobre a propriedade da referida empresa. De fato, é uma transição de uma empresa semiprivada para uma de propriedade e operação públicas, com uma variedade maior de acionistas e novos membros no Conselho de Administração", ibidem, p. 335. Como a metamorfose da News Corp. [empresa de Rupert Murdoch, magnata da mídia internacional, que a criou a partir da antiga News Corporation], pode-se dizer.

do poderia "desacelerar e abafar as consequências de um retorno à multipolaridade". À extensa ordem da hegemonia norte-americana, sem dúvida, a mais bem-sucedida na história do mundo, era "fácil se juntar e difícil destruí-la"[24]. Se o Estado oscilante da China concordasse com suas regras de forma apropriada, tal ordem se tornaria irresistível. Uma sábia estratégia regional no leste da Ásia precisa ser desenvolvida para esse fim. Mas pode-se contar com isto: "A boa notícia é que os EUA são incrivelmente bons em seguir uma grande estratégia baseada no meio"[25].

Em nível global, é claro, com certeza haveria alguma tensão entre as exigências da contínua liderança norte-americana e as normas da comunidade democrática. Os papéis de líder hegemônico liberal e de grande poder tradicional nem sempre coincidem, e se eles entrarem em conflito com demasiada força, a grande barganha da qual a paz e a prosperidade do mundo dependem estaria em risco. Porque a própria hegemonia, reconhecidamente, não é democrática[26]. Mas quem vai reclamar, se o seu resultado tem sido tão benéfico? Não há ironia alguma no oximoro do título do livro. Para Hobbes, um Leviatã liberal – liberal neste piedoso uso – teria sido questão de humor sombrio.

IV

Dentro da mesma banda ideológica, um prospecto alternativo pode ser encontrado na obra de Charles Kupchan, certa vez coautor com Ikenberry, que desde então tomou um rumo um tanto diferente. Na equipe de planejamento político do Departamento de Estado sob Baker, durante o último ano da presidência do primeiro Bush; promovido a diretor de assuntos europeus no Conselho de Segurança Nacional durante o governo Clinton; atualmente, titular de uma cadeira na Escola de Relações Exteriores e de Governo, em Georgetown, e membro sênior do Conselho de Relações Exteriores, Kupchan temia pelo internacionalismo liberal quando a segunda presidência de Bush se aproximava do fim. Durante a Guerra Fria, este havia sido a grande tradição do estadismo norte-americano, combinando um pesado investimento na força militar com um forte compromisso com as instituições internacionais – o poder e a parceria

---

[24] Ibidem, p. 11; idem, "Liberal Order Building", em Melvyn Leffler e Jeffrey Legro (orgs.), *To Lead the World*, cit., p. 103.
[25] John Ikenberry, *Liberal Leviathan*, cit., p. 343-4s; idem, "Liberal Order Building", cit., p. 105.
[26] Idem, *Liberal Leviathan*, cit., p. 299.

mantidos em um equilíbrio que comandava um consenso bipartidário. Agora, em meio à crescente polarização no Congresso e entre a opinião pública, um amplo acordo em torno da política externa norte-americana havia se desvanecido e o pacto em que ela fora baseada havia se desfeito. Pois, sob o segundo Bush, o poder tinha anulado a parceria, em uma virada conservadora cujos efeitos colaterais haviam prejudicado muito o país no exterior. Era necessária uma nova grande estratégia para reparar o equilíbrio entre os dois, adaptada às novas circunstâncias em que o país agora se encontrava[27].

A principal delas era a perda previsível da predominância mundial absoluta que os Estados Unidos haviam desfrutado no fim da Guerra Fria. Já em 2002, Kupchan havia tentado chegar a um acordo com essa condição em *The End of the American Era* [O fim da era norte-americana] argumentando que, enquanto os EUA ainda apreciavam uma predominância unipolar, o poder estava se tornando mais difuso internacionalmente e o povo norte-americano voltava seus olhos para dentro do país. Excessos especulativos em Wall Street, além disso, eram preocupantes[28]. Até então, a União Europeia, um enorme sucesso até aquele momento, era a única grande concorrente no horizonte. Mas os EUA seriam prudentes se enfrentassem o desafio de um mundo mais plural com antecedência, dando-lhe forma com a criação de uma "diretoria global", incluindo também Rússia, China e Japão, bem como, talvez, Estados de outras partes da Terra. Isso envolveria "um esforço consciente para isolar a política externa e as suas raízes nacionais da política partidária", onde culturas e interesses regionais infelizmente estavam divergindo. Um "acanhado cessar-fogo político" seria necessário, se o internacionalismo liberal tivesse de ser revivido[29].

---

[27] Charles Kupchan e Peter Trubowitz, "The Illusion of Liberal Internationalism's Revival", *International Security*, verão 2010, argumentando contra a complacência: era errado afirmar que o internacionalismo liberal estava em boa forma na América. Era necessário um novo programa vigoroso para lhe restaurar a saúde.

[28] A consciência de Kupchan de que uma bolha financeira se desenvolvera sob Clinton não o impediu de se entusiasmar e afirmar: "A parte econômica da casa não poderia ter estado em mãos melhores. Rubin vai entrar para a história como uma das pessoas mais ilustres e talentosas a honrar o Tesouro desde Alexander Hamilton", Charles Kupchan, *The End of the American Era: US Foreign Policy and the Geopolitics of the Twenty-First Century* (Nova York, Alfred A. Knopf, 2002), p. 25.

[29] Ibidem, p. 296, 244. A confiança de Kupchan nas credenciais políticas de seu país para a liderança global manteve-se inalterada. Uma vez que "não era um Estado imperial com intenção predatória", informou a seus leitores (em 2002), "os Estados Unidos são certamente mais queridos do que levados a mal na maioria das regiões do mundo, incluindo o Oriente Médio", ibidem, p. 228.

Uma década depois, o diagnóstico de *No One's World* [Mundo de ninguém] (2012) foi mais radical. Econômica, educacional e tecnologicamente, outras grandes potências não só estavam diminuindo a distância que as separava dos Estados Unidos, mas algumas – a China, principalmente –, no devido momento, iriam ultrapassá-los em vários pontos. O resultado seria um mundo interdependente, sem um único guardião ou centro de gravidade, no qual o Ocidente não poderia, como Ikenberry insinuara, simplesmente encurralar os outros na ordem institucional que havia criado após a guerra. Em vez disso, argumentou Kupchan, os outros países procurariam revisá-la de acordo com seus próprios interesses e valores, e o Ocidente teria de ser parceiro deles na tarefa. Isso significaria retirar a exigência de que todos fossem democracias afiançadas antes de serem admitidos na formação de um novo sistema de regras e condutas internacionais. A modernização estava tomando muitos caminhos diferentes ao redor do mundo e não poderia haver como ditar suas formas em outros lugares.

Três tipos de autocracia eram marcantes nesse universo emergente: a comunal, como na China; a paternal, como na Rússia; e a tribal, como no Golfo. Teocratas no Irã, homens fortes na África, populistas na América Latina, "democracias com atitude" (menos amistosas aos EUA) como a Índia foram adicionados à infusão. Os Estados Unidos, que sempre haviam defendido a tolerância, o pluralismo e a diversidade em casa, deveriam estender o mesmo respeito multicultural à variedade de governos, doutrinas e valores no exterior, e podiam se dar a esse luxo. Como o "capitalismo havia mostrado sua atração universal", havia poucos motivos para ansiedade quanto a isso. Não havia necessidade de insistir na reprodução de formas ocidentais dele. Não era a democracia liberal que deveria ser o padrão para a aceitação como parte interessada na ordem global que estava por vir, mas a "governança responsável", desfrutando de legitimidade para os padrões locais[30].

Enquanto isso, a tarefa era restaurar a coesão e vitalidade do Ocidente, ameaçado pela renacionalização da política na União Europeia e por sua polarização nos Estados Unidos. Em casa, os norte-americanos enfrentavam dificuldades econômicas e o aumento da desigualdade, em um sistema político paralisado por interesses especiais e custosos financiamentos de campanha. Para superar o impasse partidário e revitalizar a economia, os centristas deveriam procurar se concentrar em um populismo progressista que – sem abandonar os

---

[30] Idem, *No One's World: the West, the Rising Rest and the Coming Global Turn* (Nova York, Oxford University Press, 2012), p. 189.

princípios ocidentais – aceitaria uma medida de planejamento, "combinando orientação estratégica com o dinamismo que vem da concorrência de mercado". Para reforçar a coesão da comunidade atlântica, a Otan não apenas deveria continuar a ser utilizada para operações fora de área, como nos Bálcãs ou no Afeganistão, mas também ser convertida ao "palco principal do Ocidente para coordenar o envolvimento com os poderes emergentes" – um esforço em que, se pudesse ser atraído para a Otan, Moscou poderia no devido tempo desempenhar um papel excelente[31].

A paisagem multipolar emergente no exterior e a necessidade de restaurar a solvência em casa impuseram uma modesta redução dos compromissos norte-americanos no exterior. Para economizar recursos, mais confiança deveria ser depositada em aliados regionais e algumas bases poderiam ser fechadas. Em compensação, a Europa deveria intensificar os seus gastos militares. Kupchan conclui seu argumento com uma advertência geral:

> Os Estados Unidos ainda aspiram a um nível de domínio global para o qual eles têm recursos e vontade política insuficientes. As elites norte-americanas continuam a adotar uma narrativa nacional consistente com essa política – "nação indispensável", "o século americano", "o momento da América" –, esses e outros bordões ainda inspiram o debate político sobre a estratégia dos EUA. Eles excluem um debate elaborado sobre a ordem global mais diversificada que temos pela frente.[32]

Aparentemente, em tais declarações, *No One's World* marca uma ruptura com a insistência axiomática na primazia norte-americana como a condição de estabilidade e progresso internacionais que está no cerne do consenso da política externa nos Estados Unidos. A intenção de Kupchan, no entanto, não é dar adeus ao "internacionalismo liberal" que serviu ao país tão firmemente durante a Guerra Fria, mas sim modernizá-lo. Parcerias precisam voltar a se equilibrar com o poder. Mas os supostos parceiros mudaram e não há nenhum motivo para ter escrúpulos sobre deficiências variadas das normas da comunidade do Atlântico, uma vez que todos estão a caminho de uma forma ou de outra da modernidade capitalista. O recondicionamento da parceria, porém, não implica renunciar ao poder. Na necessária tarefa da construção de um novo consen-

---

[31] Ibidem, p. 171, 111; idem, "Nato's Final Frontier: Why Russia Should Join the Atlantic Alliance", *Foreign Affairs*, maio-jun. 2010.
[32] Idem, *No One's World*, cit., p. 204.

so global, "os EUA devem assumir a liderança". O propósito de uma "redução criteriosa e seletiva" não é diminuir a influência norte-americana em geral, mas sim "reconstruir as bases bipartidárias para uma marca constante e sustentável de liderança norte-americana". Nessa tarefa, a "primazia militar norte-americana é um bem nacional precioso", cuja reconfiguração não precisa debilitar "a capacidade dos EUA de projetar poder em uma escala global"[33].

Do mesmo modo, ao admitir autocracias responsáveis para os conselhos do mundo, os EUA não precisam abandonar seus compromissos históricos com a democracia e os direitos humanos. A "responsabilidade de proteger" era inteiramente consistente com esse propósito. Estados vilões como Irã, Sudão ou Coreia do Norte devem ser enfrentados e a tirania, erradicada; onde necessário, com intervenções preventivas – otimamente multilaterais, como na ação exemplar da Otan na Líbia, mas, em todos os casos, humanitárias. Impérios, assim como os indivíduos, têm seus momentos de falsa modéstia. O tipo de redução previsto por Kupchan pertence a eles. Nas entrelinhas, seu lema é bastante antigo: *reculer pour mieux sauter**.

---

[33] Ibidem, p. 7, 179, 203; idem, "Grand Strategy: the Four Pillars of the Future", *Democracy – A Journal of Ideas*, 2012, p. 13-24, em que Kupchan observa que os EUA "têm de se proteger contra fazer muito pouco", especialmente no Golfo Pérsico e na Ásia Oriental, nos quais "reduções têm de ser acompanhadas de palavras e ações que tranquilizem os aliados do poder permanente da América"; embora, em geral, como "não há substituto para o uso da força para lidar com ameaças iminentes", os EUA precisam "reformar suas forças armadas e se manter prontos para o espectro completo de possíveis missões".

* Recuar para saltar melhor. Em francês no original. (N. T.)

11
Ideais realistas

A produção do pensador mais influente comumente identificado com o neoconservadorismo, Robert Kagan, tem se dado em contraste aparentemente diametral. No planejamento de políticas e, em seguida, na mesa dos assuntos interamericanos do Departamento de Estado sob Shultz e Baker, Kagan teve um papel de controle na campanha dos Contras do governo Reagan, a respeito da qual escreveu, tempos depois, a história mais abalizada, *A Twilight Struggle* [Uma luta crepuscular]. Defensor vigoroso da estratégia do segundo Bush de remodelação do mundo, ele foi conselheiro de política externa de McCain durante sua candidatura à presidência. Mas, como a maioria dos teóricos inconsistentes e pouco confiáveis, ele prontamente cruzou as linhas partidárias, apoiando Clinton em 1992 e aconselhando sua esposa no Departamento de Estado durante o primeiro governo de Obama. Sua fama vem da época do livro que publicou em 2003, *Of Paradise and Power* [Sobre paraíso e poder], durante uma temporada em Bruxelas como marido da vice-embaixadora dos EUA para a Otan[34]. Lançada no auge das tensões transatlânticas acerca da iminente invasão do Iraque, a obra sugeria uma explicação delas que desconsiderava rapidamente as lamentações liberais do racha na comunidade do Atlântico.

Europa e América foram divididas, não como convencionalmente mantido, por contrastes subjetivos na cultura ou política (o "modelo social" do Velho Mundo), mas por diferentes situações objetivas que determinavam perspectivas

---

[34] Victoria Nuland: sucessivamente, chefe de gabinete de Strobe Talbott no governo Clinton, vice-conselheira de Política Externa de Cheney e, mais tarde, enviada a Bruxelas, no governo Bush. Atualmente, é secretária-adjunta para Assuntos Europeus no governo Obama.

opostas. Se a UE significava a defesa da lei em um mundo kantiano de paciência e persuasão pacífica, e os EUA significavam poder em um mundo hobbesiano de vigilância e força, essa era uma função de suas respectivas capacidades militares: fraqueza e força. Quando essa distribuição se inverteu, também o foram as posturas concomitantes: no século XIX, os norte-americanos geralmente apelaram para a lei internacional e para os valores do comércio pacífico, denunciando a política do poder como os europeus fazem hoje, enquanto os europeus praticavam – e pregavam – as necessidades da *Realpolitik* e o caráter inerentemente agonístico de um sistema interestatal, cujo último recurso era a violência. No século XX, com a mudança na correlação de forças, houve uma inversão de atitudes[35].

A inversão não foi totalmente simétrica porque, mais do que o "intervalo de poder" objetivo de cada época, havia a particularidade da história de cada lado. Traumatizada pelas guerras de destruição mútua às quais a política do poder no Velho Mundo havia levado, a Europa depois de 1945 aceitou, por cinquenta anos, uma dependência estratégica completa da América na luta contra o comunismo. Então, assim que a União Soviética entrou em colapso, a Europa foi efetivamente liberada de tais preocupações. Isso não significava, porém, que ela era capaz de construir um contrapoder em relação aos Estados Unidos ou de pisar novamente no palco mundial como um grande protagonista. A integração europeia em si era um processo tão complexo e sem precedentes que permitiu pouco foco consistente em qualquer coisa externa a ela, ao mesmo tempo que enfraquecia – com a ampliação da UE – qualquer capacidade de ação unitária. Ao contrário dos sonhos de seus entusiastas, a integração era o inimigo da projeção de poder global, não a condição dela. O resultado foi uma despesa militar muito baixa, nenhum sinal de qualquer aumento desta e pouca cooperação estratégica até mesmo dentro da própria UE.

A experiência norte-americana foi inteiramente diferente. Em sua origem, os EUA também haviam sido uma república "protegida", guardada não só por dois oceanos mas pelo poder naval britânico. No entanto, mesmo quando ainda era um Estado comparativamente fraco para os padrões da época, sempre havia sido expansionista – das desobstruções indígenas às anexações mexicanas, da tomada do Havaí à conquista das Filipinas – e nenhum estadista norte-americano jamais duvidou do futuro dos EUA como um grande poder e da superioridade dos valores norte-americanos a todos os outros. A partir de então,

---

[35] Robert Kagan, *Of Paradise and Power: America and Europe in the New World Order* (Nova York, Alfred A. Knopf, 2003), p. 7-11.

o país não conheceu invasão ou ocupação e apenas limitadas baixas nas duas Guerras Mundiais, surgindo depois de 1945 como uma potência global na Guerra Fria. Por sua vez, o fim desta não levou a nenhuma retração do poderio dos EUA ou à retirada para a terra natal, mas, pelo contrário, a uma nova expansão de projeção do poder norte-americano, primeiro sob Clinton e depois sob Bush, com um salto gigante após os ataques de 11 de Setembro. Pois, assim como Pearl Harbor havia levado à ocupação do Japão e à transformação dos EUA em uma potência do Leste Asiático, também as Torres Gêmeas fariam dos EUA um poder no Oriente Médio *in situ*[36]. Uma nova era de hegemonia norte-americana estava apenas começando.

Sob seu manto protetor, a Europa havia entrado em um paraíso pós-histórico, cultivando as artes da paz, da prosperidade e da vida civilizada. Quem poderia culpá-las? Os norte-americanos, que mantinham guarda contra as ameaças no mundo hobbesiano além da zona kantiana, não podiam entrar naquele Éden e, orgulhosos de seu poder, não desejavam fazê-lo. Eles haviam ajudado a criar a União Europeia e deveriam cuidar bem dela, tendo grande cuidado diplomático com suas suscetibilidades, assim como os europeus deveriam aprender a valorizar e se ajustar ao novo nível de supremacia norte-americana, em um mundo onde o triunfo do capitalismo fez a coesão do Ocidente menos premente e o inimigo remanescente do fundamentalismo muçulmano não apresentava nenhum importante desafio ideológico ao liberalismo. Em Washington, o multilateralismo sempre havia sido importante, praticado em nome dos interesses dos EUA, e não como um ideal em si mesmo. Havia menor necessidade disso agora, e se tivesse de agir sozinha não havia razão para a América ser impedida pelas inibições europeias. Os prazeres de Vênus tinham de ser respeitados; as obrigações de Marte estavam em outro lugar.

Expandindo o pequeno esboço do passado norte-americano em *Of Paradise and Power* em uma pesquisa completa com *Dangerous Nation* [Nação perigosa] (2006), Kagan mirou direto na autoimagem dos EUA como uma sociedade historicamente autocentrada, aventurando-se apenas com relutância e esporadicamente pelo mundo exterior. Desde o início, os Estados Unidos haviam sido, pelo contrário, uma força agressiva, expansionista, baseada na limpeza étnica, na especulação de terras e no trabalho escravo, desavergonhados herdeiros do legado cruel do colonialismo britânico no Novo Mundo. Em uma narrativa detalhada que desmistificava um episódio após o outro, da Guerra dos

---

[36] Ibidem, p. 95-6.

Sete Anos à Guerra Hispano-Americana – com grande parte dela, para além do escasso papel conferido aos ideais de uma Commonwealth Cristã, William Appleman Williams teria encontrado pouco com o que discordar –, Kagan enfatizou a importância central da Guerra Civil como o modelo, não apenas para o uso norte-americano de um poder irrestrito com a aprovação divina – como Lincoln disse, "os juízos do Senhor são verdadeiros e inteiramente justos" –, mas como o padrão para futuros empreendimentos na conquista ideológica e na construção da nação[37].

Dois anos depois, *The Return of History and the End of Dreams* [O retorno da história e o fim dos sonhos] consertou uma articulação fraca no argumento de *Of Paradise and Power*. Se após o comunismo restava apenas o fundamentalismo muçulmano como a única alternativa ideológica ao liberalismo, e aquele, no entanto, era muito arcaico para representar qualquer desafio sério ao último, o conflito com ele só poderia ser um assunto secundário, sem nenhuma semelhança com a Guerra Fria. Nesse caso, porém, onde estavam os perigos ameaçadores dos quais Marte tinha de proteger Vênus? Corrigindo o alvo, Kagan agora explicava que a ordem internacional liberal exaltada por Mandelbaum e Ikenberry não havia, como eles imaginavam, suplantado antigos conflitos de grandes potências. Estes estavam reemergindo no novo século com a ascensão da China e a recuperação da Rússia – vastas autocracias contrárias por natureza às democracias do Ocidente, cujos governantes não eram meros cleptocratas se refestelando na riqueza e no poder para seu próprio bem, mas líderes que acreditavam que, ao trazer ordem e prosperidade às suas nações e ao restaurar sua influência e seu prestígio globais, estavam servindo a uma causa maior. Bem conscientes de que as democracias gostariam de derrubá-los do poder, era improvável que eles tivessem sua resistência com relação ao Ocidente diminuída, como sempre se esperava, por meros laços comerciais e interdependência econômica. Historicamente, o comércio poucas vezes superava as forças emocionais do orgulho nacional e da competição política[38]. Era uma ilusão acreditar que um ecúmeno consensual e pacífico estivesse muito próximo. O tempo para sonhos havia acabado. As grandes potências partilhavam alguns valores em comum; as autocracias eram antagonistas. Uma Liga das Democracias era necessária para predominar sobre elas.

---

[37] Idem, *Dangerous Nation: America and the World 1600-1900* (Londres, Atlantic Books, 2006), p. 269-70.

[38] Idem, *The Return of History and the End of Dreams* (Nova York, Alfred A. Knopf, 2008), p. 78-80. Essa descrição das grandes autocracias é o ponto exato da discordância futura de Kupchan em relação a Kagan.

The World America Made [O mundo que os Estados Unidos fizeram] (2012) trouxe confiança para essa luta. Embora China e Rússia pudessem ser ameaçadoras, os Estados Unidos eram mais do que capazes de repeli-las. Como a de Roma, em sua época, ou, por milênios, a da China imperial, a ordem norte-americana do século XX havia estabelecido normas de conduta, moldado ideias e crenças e determinado legitimidades de domínio em torno de si. A paz e a democracia haviam se espalhado sob sua carapaça. Mas esses não foram fruto da cultura, da sabedoria ou dos ideais norte-americanos. Foram efeitos da atração exercida pelo poder dos EUA, sem o qual não poderiam ter sido estabelecidos. Esse poder – por todos os excessos ou falhas dos quais, como qualquer predecessor, esse país nunca esteve isento – permanece, excepcionalmente, aceito e encorajado por outros países. Em um padrão historicamente único, nenhuma coalizão tentou se comparar aos Estados Unidos.

Isso não ocorre porque o poder norte-americano sempre foi usado com moderação, ou de acordo com a lei internacional, ou após consulta com os aliados, ou simplesmente por causa dos benefícios que sua ordem liberal, em geral, confere. Crucial também é o fato de só os Estados Unidos não serem contíguos a qualquer outra grande potência, como são Europa, Rússia, China, Índia e Japão, todos com mais motivos para temer seus vizinhos imediatos do que os distantes EUA. Nessa fase não pode haver "paz democrática" porque Rússia e China não são democracias; e a paz que existe é ainda uma experiência muito breve – desde 1945, apenas vinte anos mais do que 1870-1914 – para depender de armas nucleares para ser mantida indefinidamente. A única garantia confiável de paz continua sendo a predominância norte-americana. Caso esta se desvanecesse, o mundo estaria em risco. Mas, felizmente, os EUA não estão em declínio. Sua posição histórico-mundial é como a da Grã-Bretanha em 1870, não depois. Problemas econômicos internos existem e precisam ser corrigidos. O país não é onipotente. No entanto, não sofre demanda excessiva por tropas ou dinheiro e os gastos militares permanecem uma porcentagem modesta do PIB. Sua hegemonia está essencialmente inalterada e permanecerá assim enquanto os norte-americanos derem ouvidos ao chamado de Theodore Roosevelt: "Vamos basear um internacionalismo sábio e prático em um sólido e intenso nacionalismo"[39].

A autoridade do primeiro Roosevelt indica a distância desse corpo de escritos da linhagem que se origina de Wilson, em sua forma mais pronunciada em *Of Paradise and Power* e *Dangerous Nation*. Mas o próprio ditado fala ao invariante

---

[39] Idem, *The World America Made* (Nova York, Alfred A. Knopf, 2012), p. 98.

subjacente da ideologia da política externa norte-americana desde a Segunda Guerra Mundial, que teve seu equivalente na China imperial: *ru biao, fa li* – decorativamente confucionista, substantivamente legalista[40]. O internacionalismo liberal é o idioma obrigatório do poder imperial norte-americano. O realismo, ao arriscar uma correspondência mais próxima de sua prática, permanece facultativo e subordinado. O primeiro pode se declarar como tal e alcançar, com regularidade, expressão virtualmente pura. O segundo deve pagar tributo ao primeiro e oferecer uma articulação dos dois. Assim é com Kagan. Em 2007, ele juntou forças com Ivo Daalder – um perene reserva democrático, encarregado dos assuntos da Bósnia no Conselho de Segurança Nacional de Clinton, mais tarde embaixador de Obama na Otan – para defender uma Liga das Democracias praticamente idêntica ao Concerto das Democracias proposto um ano antes por Ikenberry e Slaughter como uma maneira de consolidar o apoio às intervenções humanitárias[41]. Reafirmada em *The Return of History* e adotada como uma plataforma por McCain em 2008, com Kagan ao seu lado, essa concepção era um wilsonismo elevado ao cubo, alarmando até mesmo muitos liberais autênticos. Logo foi abatida como indesejável para os aliados dos EUA na Europa e provocativa para seus adversários na Rússia e na China, que eram mais bem diplomaticamente persuadidas às fileiras das nações livres do que estigmatizadas *ab initio* como estranhas a elas. *The World America Made* teve melhor sorte. Seus argumentos cativaram Obama, que confidenciou seu entusiasmo pelo livro na véspera de seu discurso do Estado da União, em 2012, no qual proclamou que "a América está de volta"[42]. Kagan retornaria o elogio, creditando Obama não só com "uma política muito inteligente na Ásia" – a aber-

---

[40] Literalmente: "Confucionismo por fora, legalismo por dentro" – o legalismo na antiga China representa o governo pela força; o confucionismo, pela hipocrisia da benevolência.

[41] A primeira versão desse conceito foi a "Comunidade de Democracias" lançada por Albright em 2000 – entre os convidados: o Egito de Mubarak, o Azerbaijão de Aliyev e a dinastia Khalifa no Bahrein. O principal manifesto de uma Liga das Democracias mais vigorosa veio de Ivo Daalder e James Lindsay, "Democracies of the World, Unite", *The American Interest*, jan.-fev. 2007 (estadistas mais velhos que participariam do Conselho Consultivo proposto incluiriam Fischer, Menem, Koizumi e Singh), seguido por Daalder e Kagan, "The Next Intervention", *Washington Post*, 6 ago. 2007, e Kagan, "The Case for a League of Democracies", *Financial Times*, 13 maio 2008.

[42] "Em um encontro em *off* com os principais âncoras jornalísticos", conforme divulgado pela *Foreign Policy*, "Obama deixou muito claro esse argumento usando um artigo escrito na *New Republic* por Kagan intitulado 'The Myth of American Decline'. Obama gostou tanto do artigo de Kagan que passou mais de dez minutos falando sobre isso na reunião, repassando seus argumentos parágrafo por parágrafo, confirmou o porta-voz do Conselho de Segurança Nacional, Tommy Vietor". O artigo era a pré-publicação de um trecho de *The World America Made*, cit.

tura de uma nova base na Austrália era "um poderoso símbolo da presença estratégica duradoura da América na região" – mas um retorno bem-vindo a "uma postura pró-democracia não apenas no Oriente Médio, mas também na Rússia e na Ásia". Se o histórico foi frustrado por sua incapacidade de obter um acordo com Bagdá para que as tropas dos EUA continuassem no Iraque, foi abrilhantado por sua intervenção na Líbia. Os termos de louvor de Kagan falam por si:

> Obama se colocou em meio a uma grande tradição de presidentes norte-americanos que compreenderam o papel especial dos Estados Unidos no mundo. Ele rejeitou completamente a chamada abordagem realista, exaltou o excepcionalismo norte-americano, falou de valores universais e insistiu que o poder dos EUA deveria ser utilizado, quando fosse o caso, em nome desses valores.[43]

II

O realismo vem, sem tais negações, em um amálgama mais incomum na perspectiva de um pensador com credenciais da Guerra Fria superiores até mesmo às de Kagan. Responsável, como conselheiro de Segurança Nacional de Carter, pela operação norte-americana que armou e financiou a revolta islâmica contra o comunismo afegão e a subsequente guerra para expulsar o Exército Vermelho do país, Zbigniew Brzezinski é o ex-detentor do mais alto cargo na galeria de estrategistas norte-americanos contemporâneos. De origem *szlachta* polonesa, suas raízes europeias apresentam uma comparação enganosa com Kissinger[44]. O contraste na formação e nas perspectivas é acentuado. Onde Kissinger se imaginava como o herdeiro dos estadistas do equilíbrio de poder do Velho Mundo, Brzezinski vem da mais recente, e bem distinta, linhagem da geopolítica. Essa é uma filiação mais radicalmente distante das devoções wilsonianas às quais Kissinger sempre prestou tributo nominal. Mas, nesse caso, o realismo mais intenso para o qual ela se inclina, liberto das liturgias da democracia e do mercado, vem combinado a uma *Kulturkritik* de cunho classicamente ameaçador, cuja gênese reside na retórica de mal-estar associada à presidência de Carter. O mandato de Brzezinski no poder, interrompido quando Reagan foi eleito, em 1980, foi apenas a metade do de Kissinger, deixando-o com um maior

---

[43] *Weekly Standard*, 28 mar. 2011.
[44] Brzezinski não chegou aos EUA como refugiado em 1938, mas sim como descendente do cônsul-geral polonês no Canadá.

impulso de imprimir sua marca durante os governos subsequentes, com uma sucessão de cinco livros cronometrados em torno de calendários eleitorais: *Out of Control* [Fora de controle] (1993), quando Clinton tomou posse; *The Grand Chessboard* [O grande tabuleiro de xadrez] (1997), quando ele começou seu segundo mandato; *The Choice* [A escolha] (2004), quando Kerry concorreu com Bush à Casa Branca; *Second Chance* [Segunda chance] (2007), quando a perspectiva de retomada democrática se avultava; *Strategic Vision* [Visão estratégica] (2012), quando Obama se aproximava de um segundo mandato[45].

Brzezinski expôs sua visão geral na primeira dessas obras, que ele dedicou a Carter. Longe de a vitória na Guerra Fria anunciar uma nova ordem mundial de tranquilidade, segurança e prosperidade em comum internacionais, os Estados Unidos estavam diante de uma época de turbulência global, da qual o país era uma das principais causas. Porque, embora a União Soviética tivesse desaparecido, não havia motivo para complacência doméstica. A sociedade norte-americana não estava apenas marcada por elevados níveis de endividamento, déficits comerciais, baixos níveis de poupança e investimento, crescimento de produtividade lento, sistema de saúde inadequado, ensino secundário inferior, infraestrutura em deterioração, ricos gananciosos e pobres sem-teto, racismo e crime, impasses políticos – males enumerados por Brzezinski muito antes de eles se tornarem uma lista padrão na literatura otimista que seguia os passos de Friedman-Mandelbaum. Ela estava mais profundamente corroída por uma cultura de autoindulgência hedonista e individualismo desmoralizado. Uma "cornucópia permissiva" havia criado o uso de drogas em massa, a licenciosidade, a corrupção da mídia visual, o orgulho cívico decadente e o vazio espiritual. Mas, ao mesmo tempo, nas atrações de sua riqueza material e seduções de sua cultura popular, os EUA eram uma força desestabilizadora em todos os lugares nas zonas menos desenvolvidas do mundo, interrompendo modos de vida tradicionais e fascinando populações despreparadas para a mesma "escalada dinâmica do desejo" que estava arruinando a América.

---

[45] Como pode ser inferido dessa programação, os laços de Brzezinski com o Partido Democrata têm sido mais estreitos do que os de Kissinger com o Republicano, sem no entanto serem exclusivos: veja seu diálogo amigável com Brent Scowcroft, assessor de Segurança Nacional de Bush pai, em *America and the World: Conversations on the Future of American Foreign Policy* (Nova York, Basic Books, 2008). Seus comentários sobre Obama têm sido geralmente elogiosos – "um verdadeiro senso de direção estratégica e uma sólida compreensão do que é o mundo de hoje" –, ao mesmo tempo que apressa o presidente a ser mais intrépido; Zbigniew Brzezinski "From Hope to Audacity: Appraising Obama's Foreign Policy", *Foreign Affairs*, jan.-fev. 2010.

Tais efeitos eram ainda mais incendiários, pois na maior parte da terra – ainda pobre e subdesenvolvida – os distúrbios estavam à espera de quando o aumento de jovens, desencadeado pela explosão demográfica, interagisse com o crescimento da alfabetização e dos sistemas de comunicações eletrônicas e detonasse um "despertar político global". Com isso em curso, massas recentemente ativadas estavam propensas a fantasias primitivas, escapistas e maniqueístas, de uma inclinação etnicamente estreita e muitas vezes antiocidental, insensível às necessidades de pluralismo e compromisso. A exportação de uma falta de autorrestrição norte-americana só poderia pôr mais lenha na fogueira. Politicamente, os Estados Unidos eram os guardiões da ordem no mundo; culturalmente, eles eram uma força semeando a desordem. Essa era uma contradição extremamente perigosa. Para resolvê-la, os EUA teriam de colocar sua própria casa em ordem. "A menos que haja algum esforço deliberado para restabelecer a centralidade de alguns critérios morais para o exercício do autocontrole sobre a gratificação como um fim em si mesmo, a fase de predominância norte-americana pode não durar muito", Brzezinski advertiu: era improvável que um "poder global que não é guiado por um conjunto de valores globalmente relevante pudesse exercer por tanto tempo sua predominância"[46]. Um novo respeito pela natureza deve finalmente fazer parte disso, mesmo que sociedades ricas e pobres não possam compartilhar as mesmas prioridades ecológicas. Em casa, os problemas econômicos e sociais, por mais agudos que fossem, eram menos intratáveis do que problemas metafísicos de propósito e significado comuns. O que os EUA precisavam, acima de tudo – Brzezinski repudiou quaisquer receitas específicas para reformas –, era reavaliação cultural e autoexame filosófico, algo que não se obtinha da noite para o dia.

Enquanto isso, as questões do mundo não podiam esperar. A hegemonia norte-americana poderia estar correndo o risco da dissolução norte-americana, mas a única alternativa a isso era a anarquia global – guerras regionais, hostilidades econômicas, convulsões sociais, conflitos étnicos. Apesar de todos os seus defeitos, os Estados Unidos continuavam a desfrutar de uma superioridade absoluta em todas as quatro dimensões-chave do poder – militar, econômica, tecnológica, cultural; e eram uma autoridade hegemônica benigna, cujo domínio, embora em alguns aspectos lembrasse os impérios anteriores, confiava mais do que seus antecessores na cooptação das elites dependentes em vez da submissão absoluta. Huntington estava certo de que uma primazia norte-americana susten-

---

[46] Idem, *Out of Control* (Nova York, Macmillan, 1993), p. 12.

tável era central para o futuro da liberdade, da segurança, dos mercados abertos e das relações pacíficas em todo o mundo. Para preservar esses elementos, os EUA precisavam de "uma estratégia geopolítica integrada, global e em longo prazo" para a grande massa de terra central do planeta, de cujo destino o padrão de poder mundial dependia: "Para a América, o principal prêmio geopolítico é a Eurásia"[47].

De *The Grand Chessboard* em diante, esse seria o objeto do trabalho de Brzezinski, com um conjunto mais detalhado de receitas do que qualquer de seus pares tem oferecido. Desde o fim da Guerra Fria, começa sua interpretação, um poder não eurasiano foi preeminente na Eurásia pela primeira vez na história. A primazia global dos EUA dependia de sua capacidade de sustentar tal preponderância. Como eles o fariam? Na luta contra o comunismo, os EUA haviam se entrincheirado nas periferias ocidental e oriental do megacontinente, na Europa e no Japão, e ao longo de sua margem sul, no Golfo. Agora, porém, a União Soviética tinha desaparecido e a Rússia, que a sucedeu, havia se tornado um enorme buraco negro por toda a Eurásia, de grande preocupação estratégica para os Estados Unidos. Era ilusório pensar que a democracia e uma economia de mercado pudessem se enraizar rapidamente, muito menos juntas, nesse vazio geopolítico. Faltavam tradições para a primeira, e terapias de choque para apresentar a última haviam sido uma insensatez.

As elites russas estavam ressentidas com a redução histórica de seu território e, potencialmente, vingativas; existiam ali os ingredientes de um fascismo russo. O maior golpe para elas foi a independência da Ucrânia, com a qual não estavam conformadas. Para impedir quaisquer tentações de revanchismo em Moscou, os EUA deveriam construir uma barreira que englobasse a Ucrânia, o Azerbaijão e o Uzbequistão, ao sul, e – de forma crucial – ampliasse o alcance da Otan, ao leste. Para Brzezinski, a expansão da Aliança Atlântica para as fronteiras da Rússia era a mais importante prioridade da era pós-Guerra Fria. Levada a cabo por sua ex-discípula Albright no Departamento de Estado – um filho seu também estava intimamente envolvido no Conselho de Segurança Nacional –, sua realização foi uma grande conquista. Pois, com a Europa servindo de trampolim para a expansão progressiva da democracia em áreas cada vez maiores na Eurásia, a chegada da Otan às suas fronteiras poderia, no devido tempo, convencer os russos de que era para as boas relações com a União Europeia que eles deveriam se virar para seu futuro, abandonando qualquer nostalgia por um passado

---

[47] Idem, *The Grand Chessboard: American Primacy and Its Geostrategic Imperatives* (Nova York, Basic Books, 1997), p. 29.

imperial, talvez até mesmo – por que não? – dividindo-se em três Estados mais modestos, um a oeste dos Urais, um na Sibéria e um terceiro no Extremo Oriente, ou uma confederação sem uma organização rígida entre eles.

A UE, por sua vez, partilhando uma herança civilizacional em comum com os EUA, sem dúvida, apontava o caminho para maiores formas de organização pós-nacional: "Mas, antes de tudo, a Europa é a ponte geopolítica essencial da América no continente eurásio". Lamentavelmente, ela própria não estava na melhor das condições, sofrendo de uma queda generalizada na vitalidade interna e da perda de um dinamismo criativo, com sintomas de escapismo e falta de coragem na região dos Bálcãs. A Alemanha foi útil para a expansão da Otan, e a França poderia equilibrá-la com a Polônia. A Grã-Bretanha era irrelevante. Mas, quanto ao seu status em comum, Brzezinski não mediu palavras: "O fato brutal é que a Europa ocidental, e cada vez mais a Europa central, permanece, em grande parte, um protetorado norte-americano, com seus Estados aliados que lembram antigos vassalos e subordinados"[48]. Essa não era uma situação saudável, assim como não era desejável a perspectiva de a Europa se tornar uma grande potência, capaz de competir com os Estados Unidos em regiões de interesse vital para eles, como o Oriente Médio ou a América Latina. Qualquer rivalidade desse tipo seria destrutiva para ambos os lados. Cada um tinha suas próprias tradições diplomáticas. Mas

> uma Europa essencialmente multilateralista e uma América um tanto unilateralista dão um casamento de conveniência perfeito. Agindo separadamente, a América pode ser preponderante, mas não onipotente; a Europa pode ser rica, mas impotente. Atuando em conjunto, a América e a Europa são, na prática, onipotentes globalmente.[49]

Essa última colocação era um floreio atípico. No outro extremo da Eurásia, Brzezinski era mais prudente. Lá, por falta de qualquer sistema de segurança coletiva, o Japão não podia desempenhar o mesmo tipo de papel que a Alemanha na Europa. Ele permaneceu, no entanto, um bastião norte-americano, que poderia ser incentivado a desempenhar o papel de um Canadá asiático – rico, inofensivo, respeitado, filantrópico. Mas o que dizer da China? Orgulhoso de seu papel sob Carter na negociação das relações diplomáticas com Pequim como um contrapeso a Moscou, Brzezinski – como Kissinger, pelas mesmas razões – advertiu consisten-

---

[48] Ibidem, p. 58.
[49] Idem, *The Choice* (Nova York, Basic Books, 2004), p. 91, 96.

temente contra quaisquer políticas que pudessem ser interpretadas como a criação de uma coalizão contra a China, que inevitavelmente iria tornar-se a potência dominante regional – embora ainda não mundial. O melhor caminho seria claramente "cooptar uma China democratizante e de livre mercado a um quadro de cooperação regional asiático maior". Mesmo na ausência de um resultado tão feliz, no entanto, "a China deveria se tornar a âncora da América no Extremo Oriente no domínio mais tradicional da política de poder", servindo como "um ativo de vital importância geoestratégica – a esse respeito, tão importante quanto a Europa e mais importante do que o Japão – para a garantia da estabilidade da Eurásia"[50]. Ainda assim, uma espinhosa questão permanecia sem resposta:

> Para colocar as coisas de forma bastante direta, qual escopo da esfera de influência chinesa, e onde, a América deveria estar preparada para aceitar, como parte de uma política de cooptação bem-sucedida da China nas questões mundiais? Quais áreas atualmente fora do "raio político da China poderiam ter de ser concedidas ao domínio do reemergente Império Celestial?[51]

Para resolver essa sensível questão, era necessário um consenso estratégico entre Washington e Pequim, mas este não precisava ser decidido de imediato. Para o momento, seria importante convidar a China a se juntar ao G7.

Com os flancos ocidental e oriental da Eurásia assegurados, restava a frente Sul. Lá, cerca de trinta Estados menores abrangiam um "retângulo de violência" que se estende do Suez a Xinjiang e que poderia ser mais bem descrito como Bálcãs Global – uma região repleta de ódios étnicos e religiosos, governos fracos, um aumento ameaçador no número de jovens, para não falar dos perigos da proliferação nuclear, mas rica em petróleo, gás e ouro. Os EUA estavam muito distantes da Ásia Central para serem capazes de dominá-la, mas poderiam bloquear as tentativas russas de restaurar seu domínio sobre a área. No Oriente Médio, entretanto, os EUA, desde a Guerra do Golfo, desfrutavam de uma preponderância exclusiva. Mas esse era um domínio frágil, Brzezinski advertia, sem raízes políticas e culturais na região, muito dependente de elites locais corruptas para obedecerem às suas ordens. Após o ataque às Torres Gêmeas e ao Pentágono, ele criticou a guerra contra o terror como uma reação exagerada que confundiu uma tática – muito antiga entre os fracos – com um inimigo, recusando-se a ver os

---

[50] Idem, The *Grand Chessboard*, cit., p. 54, 193, 207.
[51] Ibidem, p. 54.

problemas políticos no mundo árabe que estavam por trás disso, problemas nos quais os EUA haviam tomado parte. Também não foi nada bom tentar impingir a democracia na região como uma solução. Era necessário ter paciência no Oriente Médio, onde a modernização social gradual era o melhor caminho a ser seguido, não a democratização artificial. Os EUA e a UE deveriam explicitar os termos de um tratado de paz entre israelenses e palestinos, a respeito do qual havia um consenso internacional: ajuste mútuo das fronteiras de 1967, retorno apenas simbólico de refugiados e desmilitarização de qualquer Palestina do futuro.

Em obras posteriores de Brzezinski, muitos desses temas foram radicalizados. *Second Chance* ofereceu uma retrospectiva contundente do desempenho da política externa de Bush I, Clinton e Bush II. O primeiro, apesar de lidar com o fim da Guerra Fria com habilidade suficiente (ainda que não tenha sido capaz de ver a importância de apoiar a independência da Ucrânia e de dividir a União Soviética), estragou o resultado insatisfatório da Guerra do Golfo, o que poderia ter sido evitado pela troca do exílio forçado para Saddam pela preservação do Exército iraquiano, e perdeu a oportunidade única que isso dava à Casa Branca de impor um acordo de paz entre Israel e os palestinos a partir disso. Não havia nenhuma substância real para seu discurso de uma nova ordem mundial, cuja ausência só poderia parecer uma recaída pela "antiga ordem imperial". Em seu favor, Clinton teve uma grande conquista, a expansão da Otan; outra, de alguma importância, com a criação da OMC; e havia pelo menos restaurado o equilíbrio fiscal em casa. Mas ele também tinha fracassado em obter um acordo de paz no Oriente Médio, levando israelenses e palestinos juntos a Camp David tarde demais e, em seguida, favorecendo em demasia os últimos. Sua fé no mantra insípido da globalização havia produzido um determinismo econômico complacente, resultando em uma condução fortuita e oportunista das relações exteriores.

Piores ainda foram as doutrinas neoconservadoras que a substituíram, as quais, sem o 11 de Setembro, teriam permanecido um fenômeno marginal. Sob o governo do segundo Bush, elas haviam levado a uma guerra no Iraque, cujos custos superaram em muito seus benefícios, não apenas desviando recursos do embate no Afeganistão, mas causando uma perda grave da posição norte-americana no mundo. Esse lúgubre desempenho foi agravado pelo fracasso da Rodada Doha e por um malfadado acordo nuclear com a Índia que arriscava despertar a ira chinesa[52]. Praticamente em toda parte, grandes tendências geopolíticas haviam se

---

[52] Brzezinski viria a criticar Obama pela venda de armamentos avançados para a Índia também e, pelos mesmos motivos, alertar contra os defensores de uma ligação mais próxima com

movido contra os Estados Unidos. "Quinze anos depois de sua coroação como líder global, a América está se tornando uma democracia amedrontada e solitária em um mundo politicamente antagônico."[53] A situação tampouco estava melhor internamente. Das catorze entre as vinte doenças mensuráveis do país que ele havia listado em 1993, nove haviam piorado desde então. Os EUA necessitavam em demasia de uma revolução cultural e de uma mudança de regime.

No entanto, *Strategic Vision* insiste cinco anos mais tarde, o declínio norte-americano seria um desastre para o mundo, que mais do que nunca necessita da liderança norte-americana responsável. Embora ainda contornando a obsolescência em casa e aparentando estar pouco atentos ao que ocorria no exterior, os EUA mantiveram grandes forças, juntamente com suas fraquezas. Estas deveriam ser colocadas em prática em uma grande estratégia para a Eurásia, que agora podia ser atualizada. Seus objetivos deviam ser dois. O Ocidente deveria ser expandido com a integração da Turquia e da Rússia, ambas totalmente dentro de sua estrutura, ampliando suas fronteiras para Van e Vladivostok e quase alcançando o Japão. A juventude europeia poderia repovoar e dinamizar a Sibéria. No leste da Ásia, o imperativo seria criar um equilíbrio entre as diferentes potências da região. Sem prejuízo a esse objetivo, a China poderia ser convidada a formar um G2 com os Estados Unidos. No entanto, a China deveria se lembrar de que se ela se entregasse às tentações nacionalistas, poderia encontrar-se rapidamente isolada, pois,

> ao contrário da localização geográfica favorável dos Estados Unidos, a China é potencialmente vulnerável a um cerco estratégico. O Japão fica no caminho do acesso da China ao oceano Pacífico, a Rússia separa a China da Europa e a Índia se

---

Nova Déli. Quem se destacou entre os últimos foi Fareed Zakaria, que se entusiasma dizendo que é quase inevitável os EUA desenvolverem mais do que uma relação meramente estratégica com a Índia. Isso porque não só os indianos são talvez a nação mais pró-americana na Terra como também os dois povos são tão parecidos – "os indianos entendem a América. É uma barulhenta sociedade aberta, com um sistema democrático caótico, como a deles. Seu capitalismo se parece nitidamente com o capitalismo vale-tudo da América", assim como "os norte-americanos entendem a Índia", tendo tido "uma experiência positiva com os indianos na América". Os laços entre os dois países, Zakaria prevê, serão como os dos EUA com a Grã-Bretanha ou Israel: "amplos e profundos, indo muito além de funcionários do governo e negociações diplomáticas"; *The Post-American World*, cit., p. 150-2, uma obra sobre a qual Christopher Layne observou que seria mais apropriadamente intitulada de *The Now and Forever American World*. Ver Sean Clark e Sabrina Hoque (orgs.), *Debating a Post-American World: What Lies Ahead?* (Nova York, Routledge, 2012), p. 42.

[53] Zbigniew Brzezinski, *Second Chance* (Nova York, Basic Books, 2007), p. 181.

eleva sobre um oceano nomeado em homenagem a si mesma que serve como principal acesso da China ao Oriente Médio.

Um mapa repara a diplomática omissão dos EUA desse círculo de poderes[54]. Geopoliticamente, então, "os Estados Unidos devem adotar um papel duplo. Devem ser o *promotor* e o *fiador* da maior e mais ampla unidade no Ocidente, e devem ser o *estabilizador* e o *conciliador* entre as grandes potências no Oriente"[55]. Mas nunca devem se esquecer de que, como Raymond Aron escreveu certa vez, "a força de uma grande potência diminui se ela deixa de servir a uma ideia". O propósito maior da hegemonia norte-americana, que não duraria para sempre, era a criação de um quadro estável para conter distúrbios em potencial, baseado em uma comunidade de valores partilhados que por si só poderia superar "a crise global do espírito". A democracia, cuja demanda havia sido superestimada até mesmo por ocasião da queda do comunismo, na qual muitos outros anseios estavam envolvidos, não era a resposta indicada[56]. Isso se encontrava em outro ideal:

> Só identificando-se com a ideia de dignidade humana universal – com sua exigência básica de respeito a emanações políticas, sociais e religiosas culturalmente diversas – a América pode superar o risco de que o despertar político global se volte contra ela.[57]

Em seu registro peculiar, a construção geral de Brzezinski – em parte, geopolítica, em parte, metacultural – não escapa, mas replica, o dualismo da ideologia norte-americana para o serviço diplomático desde 1945[58]. Em sua formulação, "internacionalismo idealista é o ditame de bom senso do realismo intransigente". Em sua versão recente do combinatório, porém, os dois componentes têm uma inflexão acentuadamente europeia: uma *Realpolitik* com base em um cálculo geográfico descendente de Mackinder e uma *Kulturkritik*

---

[54] Idem, *Strategic Vision* (Nova York, Basic Books, 2012), p. 85-6.
[55] Ibidem, p. 185.
[56] Idem, *Out of Control*, cit., p. 54, 60-1. Na verdade, a democracia havia se tornado, desde a queda do comunismo, uma ideologia uniforme duvidosa, em que "a maioria dos governos e a maioria dos atores políticos adulam as mesmas verdades e se valem dos mesmos clichês".
[57] Idem, *Second Chance*, cit., p. 204.
[58] Para o termo "metacultura" e a *Kulturkritik* como uma subespécie dela, ver Francis Mulhern, *Culture/Metaculture* (Londres/Nova York, Routledge, 2000), e idem, "Beyond Metaculture", *NLR*, n. 16, jul.-ago. 2002.

dos costumes contemporâneos descendente de Arnold ou Nietzsche. Como uma tradição, a *Kulturkritik* sempre tendeu a um pessimismo em desacordo radical com o otimismo do credo norte-americano, como Myrdal classicamente a representou. No caso de Brzezinski, a tardia ausência dessa nota nacional tem dependido, sem dúvida alguma, também de seu relativo sucesso pessoal, e a frieza de sua visão sobre a euforia pós-Guerra Fria é devida, em parte, ao desagrado de ver o colapso do comunismo atribuído tão amplamente a Reagan, e não a Carter ou a governos anteriores, e a aspereza do seu julgamento de presidências subsequentes à sua incapacidade de retornar aos altos cargos – uma língua afiada que é, ao mesmo tempo, causa e efeito da falta de promoção. Em sua capacidade de fornecer verdades contundentes sobre seu país adotivo e seus aliados – os Estados Unidos com sua "elite hegemônica" de "burocratas imperiais", uma Europa de "protetorados" e "vassalos" dependentes deles –, Brzezinski rompe com seus companheiros. A emoliência não está entre seus defeitos.

Em seus desvios da norma norte-americana, a substância, assim como o estilo, de sua produção traz as marcas de suas origens europeias. Acima de tudo, na implacável russofobia, sobrevivendo à queda do comunismo e ao desaparecimento do inimigo soviético, que é um produto de séculos de história polonesa. Por duas décadas, suas estratégias eurasianas girariam em torno do espectro de uma possível restauração do poder russo. Já a China, por contraste, ele continuava a ver, não só por um investimento pessoal em seu passado, mas por uma fixação anacrônica na conjuntura de seu alcance, como uma aliada dos Estados Unidos contra um inimigo comum em Moscou. Quando finalmente lhe ocorreu que a China havia se tornado uma ameaça em potencial muito maior para a hegemonia global dos Estados Unidos, ele simplesmente trocou as peças no tabuleiro do seu imaginário, agora concebendo a Rússia como o braço geopolítico de um Ocidente prolongado, conectando a Europa ao Japão para cercar a China, em vez de a China como a âncora norte-americana no Leste contra a Rússia. Em seu desprendimento da realidade, esses esquemas – culminando, em certo ponto, em um sistema de segurança transeurasiano que se prolongaria de Tóquio a Dublin – pertencem às autoprojeções norte-americanas das quais o pensamento de Brzezinski, ao contrário, se afasta: onde o realismo obstinado se torna uma ideação rósea e auspiciosa.

III

Mais compacta e menos passional, a escrita de Robert Art, ocupando uma posição mais distante do centro wilsoniano do espectro, oferece um contraste aguçado. Precisão analítica, argumentação elaborada de forma mais cerrada e moderação lúcida do julgamento são os seus pontos de destaque, produzindo um realismo de resolução mais elevada[59]. A diferença começa com a definição de Art sobre seu objeto. "A grande estratégia difere da política externa." A última abrange todas as maneiras em que os interesses de um Estado podem ser concebidos e os instrumentos com os quais eles podem ser procurados. A primeira se refere mais especificamente às formas em que um Estado emprega seu poder militar para apoiar seus interesses nacionais: "A política externa lida com todas as metas e todos os instrumentos da arte de governar; a grande estratégia lida com todas as metas, mas apenas um instrumento"[60]. O foco inabalável do interesse de Art é o papel da força armada na conduta dos Estados Unidos no mundo. Menos visível aos olhos do público do que outros, sem um best-seller em seu nome, de sua cadeira na Brandeis ele tem servido de forma mais discreta como consultor do Pentágono – na equipe de planejamento em longo prazo, sob Weinberger – e da CIA.

O ponto de partida de Art é a fungibilidade – não ilimitada, mas substancial – do poderio militar: as diferentes maneiras pelas quais ele pode ser explorado política ou economicamente. A diplomacia coercitiva, o uso da ameaça da força para obrigar outro Estado a obedecer à ordem de um mais forte – experimentado por Washington, observa ele, mais de uma dezena de vezes entre 1990 e 2006 –, é raramente um sucesso visível: entre seus fracassos, até o momento, há tentativas de obrigar o Irã ou a Coreia do Norte a abandonar seus programas nucleares. As armas nucleares, por sua vez, são mais úteis do que muitas vezes se supõe, não apenas como elemento de dissuasão contra ataques em potencial, mas por causa da grande margem de segurança que elas fornecem às manobras diplomáticas; das vantagens a serem extraídas dos Estados para os quais sua proteção pode se estender; e dos recursos que a relação custo-benefício da segurança que elas oferecem libera para outros fins. De modo mais geral, desde que a anarquia se mantenha entre os Estados, a força não só continua a ser o árbitro final das disputas entre eles como também afeta os modos por meio dos quais elas podem ser resolvidas sem o uso da força.

---

[59] Os três exemplos-modelo de Art, ele explica, são Spykman, Lippman e Tucker, autores de "talvez os melhores livros escritos sobre a grande estratégia norte-americana nos últimos cinquenta anos", cuja tradição geopolítica ele procurou seguir. Robert J. Art, *A Grand Strategy for America* (Ithaca, Cornell University Press, 2003), p. 15.

[60] Idem, *America's Grand Strategy and World Politics* (Nova York, Pearson Longman, 2008), p. 1.

Disso não há exemplo mais positivo do que o papel do poder militar dos EUA em unir as nações do mundo livre depois de 1945, ao criar as condições políticas para o entrelaçamento evolutivo de suas economias:

> A força não pode ser irrelevante como uma ferramenta de política para as relações econômicas da América com seus grandes aliados de poder: a preeminência militar da América permeia politicamente essas relações. Ela é o cimento da interdependência econômica.[61]

Os japoneses e europeus ocidentais poderiam crescer e prosperar juntos sob a segurança de uma proteção nuclear dos EUA, cujo preço foi a submissão a acordos monetários e diplomáticos norte-americanos. Pois "seria estranho, de fato, se essa dependência não fosse explorada pelos Estados Unidos em assuntos políticos e econômicos de seu interesse". Assim tem sido – com Washington primeiramente obrigando sua aliada Grã-Bretanha a aceitar taxas de câmbio fixas em Bretton Woods antes mesmo da chegada da bomba atômica e, em seguida, cortando a ligação do dólar com o ouro em 1971, não somente sem consultar seus aliados, mas, durante vinte anos desde então, constrangendo-os com escolhas desagradáveis entre inflação e recessão. Sem sua preeminência militar, bem como a sua força industrial, os EUA nunca poderiam ter agido dessa forma: "A América usou seu poder militar politicamente para lidar com seu problema de desvalorização do dólar". Estamos a um longo caminho do placebo da nação das nações.

Desde o fim da Guerra Fria, quais são os propósitos aos quais as Forças Armadas dos EUA deveriam servir? Atipicamente, Art os classifica em uma hierarquia explícita, distinguindo entre interesses que são realmente vitais e aqueles que são apenas desejáveis, em uma geopolítica atualizada. Dentre os vitais, incluem-se, em ordem de importância: a segurança da pátria contra as armas de destruição em massa, a prevenção de grandes conflitos de poder na Eurásia, um fluxo constante de petróleo da Arábia. Desejáveis, em ordem de importância, são: a preservação de uma ordem econômica internacional aberta, o fomento da democracia e da defesa dos direitos humanos, a proteção do meio ambiente global. O rumo que Art recomenda para a busca desses objetivos é o do "engajamento seletivo": uma estratégia que dá prioridade aos interesses vitais dos Estados Unidos, mas "mantém a esperança de que os interesses desejáveis

---

[61] Ibidem, p. 132.

podem ser parcialmente realizados", estabelecendo um equilíbrio entre tentar usar a força para fazer muito e fazer muito pouco[62]. Operacionalmente, o engajamento seletivo é uma estratégia de defesa no ataque, permitindo uma redução dos níveis globais das tropas norte-americanas, mas exigindo a manutenção de bases militares dos EUA no exterior, onde elas servem não só como guardiãs da estabilidade política, mas também controlam o nacionalismo econômico.

Da mesma forma, a expansão da Aliança Atlântica para o Leste – um projeto elaborado nas altas esferas do governo Clinton desde o início – foi concebida não apenas para preencher um vácuo de segurança ou dar à Otan um novo sopro de vida, mas para preservar a hegemonia norte-americana na Europa. No Oriente Médio, a política no Golfo deveria ser "dividir, não conquistar", colocando os vários governantes ricos em petróleo uns contra os outros, sem tentar um controle mais próximo deles. No Afeganistão, os EUA tiveram de manter o rumo. Entretanto, seria loucura atacar o Irã. A segurança de Israel era um interesse norte-americano essencial. Um acordo para o problema palestino, no entanto, seria o passo mais importante para minar o apoio ao terrorismo antiamericano. O caminho para alcançá-lo estava em um tratado formal de defesa com Israel, estacionando forças norte-americanas no seu território e obrigando-o a restituir os territórios ocupados. No leste da Ásia, a segurança da Coreia do Sul também era um interesse norte-americano essencial. No entanto, o objetivo da política dos EUA deveria ser a desnuclearização e a unificação da península. Caso a China ganhasse influência preponderante na Coreia posteriormente, isso poderia ser aceito. A aliança dos EUA com a Coreia era descartável, ao contrário da aliança com o Japão – o alicerce da presença norte-americana e a condição de sua supremacia marítima no leste da Ásia.

A ascensão da China pairava sobre a região. Como os Estados Unidos deveriam responder a isso? Não tratando a República Popular da China como um perigo potencial comparável à URSS de antigamente. A União Soviética tinha sido uma ameaça geopolítica para a Europa e o Golfo. A China não era nenhuma das duas coisas. Se, eventualmente, ela passasse a dominar grande parte do Sudeste Asiático, como a Coreia também poderia fazer, e daí? Desde que os EUA mantivessem bases navais em Singapura, nas Filipinas ou na Indonésia, enquanto a Europa, o Golfo, a Índia, a Rússia e o Japão permanecessem independentes ou vinculados aos EUA, a hegemonia chinesa em terra, no leste e no sudeste da Ásia, não penderia o equilíbrio mundial de poder. A

---
[62] Ibidem, p. 235.

República Popular da China nunca poderia representar o mesmo tipo de ameaça à influência norte-americana que a União Soviética, abrangendo a vasta extensão da Eurásia, havia representado outrora. Deixando o atrito com Taiwan de lado – solucionável, em seu devido tempo, quer pela redução da ilha a uma dependência do continente por meio de influência econômica, quer pela reunificação política com ela, caso o continente se democratizasse –, não havia base para uma guerra entre os EUA e a China. Pequim iria construir uma Marinha poderosa, mas não seria capaz de desafiar o comando norte-americano do Pacífico. Na verdade, a China precisava adquirir um impedimento nuclear marítimo para que a destruição mútua assegurada pudesse funcionar, e os EUA não deveriam se opor a isso.

O papel da força perdurou, como deveria. A arte de governar a política e a economia norte-americanas não poderia ser bem-sucedida sem a projeção do poder militar no exterior para moldar os acontecimentos, não apenas para reagir a eles; para dar forma a um ambiente, não apenas para sobreviver em um. Isso não significava que ela deveria ser empregada de forma irresponsável ou indiscriminada. Art, ao contrário de muitos que apoiaram isso na época e se dissociaram disso mais tarde, era um oponente de destaque da guerra contra o Iraque, seis meses antes do seu início[63] e, uma vez em andamento, declarou-a um desastre. O "wilsonismo muscular" havia levado à desgraça e à perda de legitimidade. Mesmo o engajamento seletivo não estava imune às tentações inerentes de um poder imperial – pois assim eram os Estados Unidos – em tentar muito, ao invés de demasiadamente pouco. Sua primazia mundial duraria apenas mais algumas décadas. Depois disso, o futuro provavelmente estaria na transição para "um sistema internacional suspenso por um longo tempo entre um dominado pelos EUA e um com base regional, descentralizado"[64]. O país faria bem em se preparar para esse momento e, enquanto isso, colocar sua casa econômica em ordem.

Como teórico da segurança nacional, Art permanece dentro dos limites da instituição da política externa, partilhando sua suposição inquestionável sobre a necessidade da primazia norte-americana no mundo, se os distúrbios não

---

[63] Ver "War with Iraq is *Not* in America's National Interest", *The New York Times*, 26 set. 2002, um anúncio assinado por cerca de trinta "estudiosos de assuntos de segurança internacional": entre outros, Robert Jervis, John Mearsheimer, Robert Pape, Barry Posen, Richard Rosecrance, Thomas Schelling, Stephen Van Evera, Stephen Walt e Kenneth Waltz.

[64] Robert J. Art, *America's Grand Strategy and World Politics*, cit., p. 387.

sobrevierem⁶⁵. Dentro dessa literatura, no entanto, a qualidade intelectual do seu trabalho se destaca não só por sua falta de *pathos* retórico, mas também pela calma e pelo respeito com que outras posições menos convencionais são consideradas e certos tabus ortodoxos são quebrados. Oposição desde o início da guerra contra o Iraque, impaciência com a obstinação de Israel e aceitação da supremacia regional para a China podem ser encontradas em Brzezinski também. No entanto, não são apenas os estilos completamente diferentes que os separam. Art não é obcecado com a Rússia – sua ausência é marcante em suas recentes reflexões – e suas propostas para Tel Aviv e Pequim são mais incisivas: forçar um tratado indesejável sobre um; admitir uma hegemonia estendida em terra e uma capacidade de ataque via marítima ao outro. Em tudo isso, o espírito do neorrealismo, em seu sentido técnico, ao qual Art pertence – cujo representante principal, Kenneth Waltz, poderia defender a proliferação de armas nucleares como favorável à paz –, está claro.

No entanto, o neorrealismo como teoria pura, um paradigma no estudo das relações internacionais, é uma coisa; o discurso ideológico da política externa norte-americana, outra. Por esses portais, ele não pode entrar desacompanhado. Art não foge a essa regra. Engajamento seletivo, explica ele, é uma estratégia de "*Realpolitik* extra". Qual é o extra? A noite em que todas as vacas são pretas: "realismo *cum* liberalismo". O primeiro visa "manter os Estados Unidos seguros e prósperos"; o segundo, "chamar a atenção do mundo para os valores que a nação preza – democracia, livres mercados, direitos humanos e abertura internacional"⁶⁶. A distinção entre eles corresponde à hierarquia dos interesses dos Estados Unidos: o realismo assegura o que é vital, o liberalismo procura o que

---

⁶⁵ Art procura distinguir "domínio" de "primazia". O primeiro iria de fato "criar um império norte-americano global", permitindo aos EUA "impor seus ditames sobre os outros", e, ele admite, enquanto "os EUA nunca buscaram uma política de direito de domínio plena", desde 1945 "imagens dela apareceram quatro vezes": logo no início da Guerra Fria (reversão não declarada); sob Reagan; após o fim da Guerra do Golfo (o documento da Direção de Planejamento de Defesa, de 1992); e no âmbito do segundo Bush. "O domínio é uma tentação poderosa para uma nação tão forte quanto os Estados Unidos." Mas é impossível de se realizar, e qualquer baforada dele é autodestrutiva. A primazia, entretanto, é "influência superior", e não "domínio absoluto". Tampouco é uma grande estratégia, mas simplesmente aquela margem de força militar extra que faz do Estado que a desfrute o ator mais influente em geral. Idem, *A Grand Strategy for America*, cit., p. 87-92. No entanto, uma vez que, como Samuel Huntington certa vez observou, não existe por definição algo como o poder absoluto em um sistema interestatal, o poder de qualquer Estado sendo sempre relativo ao de outros, a distinção entre os dois termos é inevitavelmente porosa.

⁶⁶ Idem, *America's Grand Strategy and World Politics*, cit., p. 235.

é apenas desejável. Esse último é um adicional: a escrita de Art é extremamente preocupada com o primeiro. Mas ele não é um simples adorno, sem incidência sobre a estrutura da sua concepção como um todo. Porque a linha entre o vital e o desejável é inerentemente turva, e a própria lista de Art flutua entre os dois termos ao longo do tempo. "Abertura econômica internacional", a clássica Porta Aberta, está – de fato, pode-se dizer – em segundo lugar dentre os (então) cinco principais interesses norte-americanos em "A Defensible Defense" [Uma defesa defensável] (1991), apenas para ser rebaixada para o quarto lugar dentre seis em "Geopolitics Updated" [Geopolítica atualizada] (1998), com base em que 90% do PIB dos EUA são produzidos em casa. Em *A Grand Strategy for America* [Uma grande estratégia para a América] (2003), há apenas um interesse vital: defesa da pátria, e dois muito importantes – a paz na Eurásia e o petróleo do Golfo[67]. A guerra não deve ser travada para promover a democracia ou a proteção dos direitos humanos (classificada sem razões em seu apoio acima da mudança climática global) –, mas haverá exceções, nas quais intervenções militares para criar democracia ou restringir a carnificina serão necessárias. Art admite, de forma bastante sincera, que o engajamento seletivo tem suas "armadilhas", uma vez que, a menos que se tome cuidado, "compromissos podem se tornar ilimitados", enquanto ele mesmo cai no exemplo perfeito disso – "manter o curso" (para onde?) no Afeganistão[68]. O que é seletivo acerca da necessidade de "permanentes bases operacionais avançadas" no leste e sudeste da Ásia, Europa, Golfo Pérsico e Ásia Central, evitando, "em geral", apenas a América do Sul e a África?[69] A fórmula reveladora, repetida mais de uma vez para explicar os méritos dessa versão da grande estratégia, informa os norte-americanos de que a projeção de poder dos EUA pode "moldar os acontecimentos" e "dar forma ao ambiente" para "torná-los mais adequados aos interesses dos EUA"[70]. Na incerteza e vastidão dessa ambição, ilimitada com toda a força, o realismo se dissolve em uma justificação potencial para todos os fins de qualquer das aventuras realizadas em nome do liberalismo.

---

[67] Idem, *A Grand Strategy for America*, cit., p. 46; idem, *America's Grand Strategy and World Politics*, cit., p. 190, 235, 237.
[68] Ibidem, p. 254, 379.
[69] Ibidem, p. 374.
[70] Ibidem, p. 373, 235.

12
A ECONOMIA EM PRIMEIRO LUGAR

Há construções significativas no discurso da política externa norte-americana que fogem de sua díade obrigatória? Talvez, a seu modo, uma. Em experiência e propósito, Thomas P. M. Barnett pertence à companhia dos grandes estrategistas, mas em perspectiva está em uma direção claramente diversa da deles. Sovietólogo formado em Harvard, ele lecionou na Faculdade de Guerra Naval, trabalhou no Escritório de Transformação da Força, instituído por Rumsfeld no Pentágono, votou em Kerry e agora dirige uma empresa de consultoria que oferece conexões técnicas e financeiras com o mundo exterior em regiões como o Curdistão iraquiano. *Great Powers* [Grandes potências], o produto dessa trajetória, é diferente de qualquer outra coisa na literatura, na forma e no conteúdo. No estilo jovial de um vendedor com inesgotável estoque de hábeis slogans, ele traça uma visão digerível, porém longe de ser convencional, da globalização como a narrativa-mestra de compreensão da natureza e do futuro do poder planetário norte-americano – calculada para desconcertar igualmente as platitudes *bien-pensant* do clintonismo e sua condenação por críticos como Brzezinski, em um triunfalismo tão confiante que prescinde de uma boa quantidade de seus apetrechos habituais.

Os EUA, prossegue Barnett, não têm motivo para dúvida ou desânimo no rescaldo de uma guerra no Iraque que foi bem-intencionada, mas irremediavelmente mal administrada. Sua posição não está afrouxando: "Esse ainda é o mundo da América". Pois, como a primeira e mais bem-sucedida economia de livre mercado e união política multiétnica da Terra, cuja evolução prefigura a da humanidade em geral, "somos o código-fonte da globalização moderna – seu DNA". A implicação? "Os Estados Unidos não estão chegando a um fim ruim, mas a um bom começo – com nosso sistema norte-americano projetado com sucesso sobre o mundo."[71] Essa projeção, bem entendida, não envolve nem exige a promoção norte-americana da democracia em geral. Para Barnett, que se declara sem inibição um determinista econômico, é o capitalismo que é a força revolucionária real gerada pela América, cuja expansão torna desnecessárias as tentativas de introduzir parlamentos e eleições em todo o mundo. A Guerra Fria foi vencida pelo uso da força militar norte-americana para ganhar tempo a fim de que a superioridade econômica do Ocidente sobre a União Soviética fizesse seu trabalho. Assim também na era pós-Guerra Fria, a paz vem antes da justiça: se os EUA estão dispostos a ir devagar em suas demandas políticas em regiões que não conhecem nem aceitam a democracia liberal, enquanto, ao mesmo tempo, atingem os objetivos de suas demandas econômicas, eles verão a realização de seus ideais dentro de tais locais em momento oportuno.

> A América precisa se perguntar: é mais importante tornar a globalização verdadeiramente global, mantendo a paz da grande potência e derrotando quaisquer insurgências antiglobalização que possam aparecer nas próximas décadas? Ou restringimos nosso apoio ao avanço da globalização à demanda inicial de que o mundo primeiro se assemelhe a nós politicamente?[72]

Então, hoje, não é uma liga de democracias que se requer, mas sim uma liga de potências capitalistas, comprometida a tornar o sistema de capitais viável em um cenário mundial, rebatizada conforme os ditames de Lincoln como uma "equipe de rivais" que compreende a China e a Rússia, juntamente com o Japão, a Europa, a Índia e o Brasil. Os norte-americanos não têm nenhuma razão para hesitar diante da inclusão de qualquer um dos seus antigos adversários da Guerra Fria. Custou aos Estados Unidos meio século depois de sua revolução para desenvolver uma democracia popular multipartidária – mesmo assim, excluindo, então, mulheres e escravos –, e eles protegeram suas indústrias por mais um século depois disso. A China está reduzindo a distância entre ela e a América, com os métodos de Hamilton e Clay, embora agora ela precise de reformas regulatórias iguais as da Era Progressista (como também a Wall Street contemporânea). Sua política externa nacionalista já se assemelha à do primeiro Roosevelt. Quanto à Rússia, com seu brutalismo econômico e materialismo

---

[71] Thomas P. M. Barnett, *Great Powers: America and the World After Bush* (Nova York, G.P. Putnam's Sons, 2009), p. 1-2, 4.
[72] Ibidem, p. 30.

grosseiro, sua mistura de individualismo cru e chauvinismo coletivo, ela está em sua Era Dourada – e haverá muitas outras versões suas mais jovens contra as quais os EUA irão de encontro, que pode não considerar em suas próprias estimativas: "Moscou pragmaticamente vê a América pelo que ela realmente é agora: militarmente sobrecarregada, financeiramente exagerada e ideologicamente exausta". Mas seu antiamericanismo é, em grande parte, para aparecer. Em vista do passado da Rússia, os EUA dificilmente poderiam pedir um parceiro melhor do que Putin, cujo regime é nacionalista como o da China, mas não expansionista. "Nenhum dos dois representa uma ameaça sistêmica, porque cada um deles apoia o avanço da globalização e, por isso, considera os perigos do mundo tanto quanto nós", sem nenhum desejo em desafiar a ordem dominante do comércio liberal, mas apenas em extrair o máximo benefício egoísta desta[73]. As variedades de capitalismo que esses e outros rivais em ascensão representam são um dos seus predicados como um sistema, permitindo experimentos e compensações em suas formas que só podem fortalecê-lo.

Entre o núcleo avançado e as zonas mais atrasadas do mundo, resta uma lacuna histórica a ser superada. Mas um efeito dominó capitalista já está em atividade. Nesse sentido,

> a África vai ser uma imitação da Índia, que é uma imitação da China, que é uma imitação da Coreia do Sul, que é uma imitação do Japão, que há meio século foi desenvolvido por nós como uma imitação dos Estados Unidos. Chame-o de os "seis graus de replicação" da globalização.[74]

Mas se, economicamente falando, "a história 'terminou' realmente", a transição de um ponto a outro da lacuna vai gerar turbulência social sem precedentes, enquanto populações tradicionais são desarraigadas e as formas habituais de vida são destruídas antes que a prosperidade da classe média chegue. A religião sempre será a ponte mais importante através da lacuna, como uma maneira de lidar com esse tumulto, e à medida que a globalização se espalha é lógico que deve ocorrer o maior despertar religioso da história, porque ela traz as mudanças mais radicais nas condições econômicas já conhecidas. Sob essa agitação, quanto mais as sociedades se tornam mistas e multiculturais, mais os indivíduos, na ausência de uma cultura comum, se apegam à sua identidade

---

[73] Ibidem, p. 184-5, 227-31.
[74] Ibidem, p. 248.

religiosa. Aí também a América, com seus padrões multiculturais de fé, é a vanguarda de um processo universal.

O que dizer da zona de guerra onde o próprio Barnett esteve envolvido? Mesmo levando em conta todos os falsos pretextos apresentados em sua defesa, a decisão de invadir o Iraque não foi irracional: embora mal administrada, ela abalou a estagnação do Oriente Médio e começou a reconectar a região com a tração da globalização. Em contraste, a guerra no Afeganistão é um beco sem saída, servindo apenas como uma ameaça de futuros problemas com o Paquistão. O maior fracasso de Bush foi não ter obtido nada do Irã pela derrubada de dois de seus inimigos sunitas, Saddam e o Talibã, e persistido – em respeito à pressão saudita e israelense – com a tentativa de contê-lo, em vez de cooptá-lo. Não é nenhuma surpresa, portanto, que os mulás tenham concluído que as armas nucleares os manteriam a salvo das tentativas norte-americanas de derrubá-los também. Nisso, eles estão absolutamente certos. O Irã deveria ser admitido no clube nuclear, já que a única maneira de impedi-lo de adquirir esses recursos seria a utilização de armas nucleares contra ele – o bombardeio convencional não obteria os resultados esperados. O Oriente Médio necessita não de um ataque inútil ao Irã por parte de Israel ou dos EUA, mas de um sistema de segurança regional imposto, em cooperação com os EUA, pelas grandes potências asiáticas, China e Índia, ambas mais dependentes do petróleo do Golfo do que a América, e o Irã – o único país da região onde os governos podem ser depostos do cargo por meio do voto – desempenha o papel que sua dimensão e cultura lhe dão o direito[75].

Quanto ao resto, ao elevar os padrões contra grandes guerras de poder de modo a inviabilizá-las, a força militar norte-americana tem sido um presente enorme para a humanidade. Mas o Pentágono dos dias atuais precisa reduzir a força de suas tropas no exterior em pelo menos um quarto e, se possível, em um terço. Para Barnett, que fez conferências para Petraeus e Schoomaker, o futuro da contrainsurgência reside no novo modelo do Africom*, que, diferentemente de outras áreas de comando do Pentágono – Central, Pacífico, Europa, Norte, Sul –, mantém uma rede superficial de "locais de operações de contingência" na África, combinando vigilância militar com ajuda civil: "Imperialismo para alguns, mas, para mim, nada mais do que um Corpo da Paz que porta

---

[75] Ibidem, p. 10-11, 26-7.
* Comando dos Estados Unidos para a África, um dos quartéis-generais regionais do Departamento de Defesa dos EUA. (N. T.)

pistolas"[76]. O investimento chinês vai fazer mais para ajudar a fechar a lacuna no Continente Negro, mas o Africom também está fazendo sua parte.

Em um cenário mais amplo, as obsessões norte-americanas com o terrorismo, a democracia e as armas nucleares são irrelevantes. O que importa é o grande desdobramento de uma globalização que se assemelha à internet, conforme definição de um de seus fundadores: "Ninguém é dono dela, todo mundo a usa e qualquer um pode adicionar serviços a ela". As duas formam agora um único processo. Assim como a globalização se torna "um virtual Acordos de Helsinque para todos que se cadastrarem", assim é o WikiLeaks – como na frase vinda de um planejador recém-saído do Departamento de Defesa – "a Rádio Europa Livre da era da vigilância"[77]. Para entrar no clube, não se exige que uma sociedade seja uma democracia eleitoral, reduza suas emissões de carbono ou desista da sensível proteção de suas indústrias. As regras para se tornar membro são simplesmente: "*Venha como você estiver* e *venha quando puder*". À medida que a classe média aumenta e, por volta de 2020, passe a representar metade da população mundial, os EUA não precisam ter medo de perder sua preeminência. Enquanto permanecerem líderes na tomada de riscos da economia global, "nunca haverá um mundo pós-americano. Apenas um mundo pós-caucasiano"[78].

Coroado com um poema de Lermontov como epígrafe e uma homenagem a H. G. Wells como suas palavras finais, enquanto exercício de grande estratégia, *Great Powers* é, à sua maneira, não menos exótico do que *God and Gold*. Os dois podem ser colocados nas extremidades da prateleira de livros do campo em questão. Onde a construção de Mead casa realismo e idealismo *à americana* em uma união angustiante, Barnett evita abraçá-los, sem chegar – pelo menos formalmente – a conclusões muito diferentes. Em sua concepção do poder norte-americano no novo século, embora ele tire seu chapéu para o presidente, a linhagem wilsoniana está próxima de zero. Mesmo a "ordem internacional liberal" é mais um símbolo do que um marco, uma vez que, em seu uso, não faz caso da proteção econômica. Se em seus significados locais o idealismo é quase ausente, elementos do realismo são mais visíveis. Theodore Roosevelt – não apenas o mais jovem, mas "o indivíduo mais amplamente talentoso e experiente a servir como presidente" – é destacado como o grande transformador da política norte-americana, tanto em seu país como no exterior, e *Dangerous*

---

[76] Ibidem, p. 286-9.
[77] Ibidem, p. 301, 318.
[78] Ibidem, p. 413, 251.

Nation, de Kagan, saudada como a obra que fez Barnett pensar nas maneiras pelas quais ele poderia conectar os norte-americanos à globalização por meio de sua própria história. Mas as animadas boas-vindas que *Great Powers* dá às autocracias da China e da Rússia como versões mais jovens dos Estados Unidos estão nos antípodas de Kagan. O tratamento de Putin é o suficiente para fazer os cabelos de Brzezinski ficarem arrepiados. A pronta aceitação de armas nucleares iranianas cruza uma linha vermelha para Art.

Essa iconoclastia não é simplesmente uma questão de temperamento, embora seja claramente também isso – não é nenhuma surpresa que a Faculdade de Guerra Naval sentiu que poderia passar sem os serviços de Barnett. É porque a problemática subjacente tem tão pouco a ver com o papel da força militar, onde a tradição realista tem seu foco principal, ou mesmo com a expansão econômica, como um impulso nacionalista. A guinada que a exclui dos relatos convencionais do excepcionalismo norte-americano, ao mesmo tempo que entrega uma versão maximizada dela, é sua redução da importância do país no mundo ao princípio puro do capitalismo – fornecedor do código genético de uma globalização que não depende de, nem requer, os Catorze Pontos ou a Carta do Atlântico, mas simplesmente o poder do mercado e do consumo de massa, com uma pitada de força para acabar com os adversários que pudessem surgir em seu caminho. Em seu determinismo econômico imperturbável, o resultado não é diferente de uma variante materialista, do outro lado da barricada, da visão da América em *Império*, de Hardt e Negri. Esse império, em seu sentido mais tradicional, que eles repudiam, não fugiu completamente de cena em *Great Powers*, seu louvor ao Comando para a África deixa isso claro. Lá, as pegadas são cada vez mais frequentes. Criado apenas em 2007, o Africom tem agora efetivos militares norte-americanos implantados em 49 dos 55 países do continente[79]. Não é a América que domina o mundo – o mundo se torna a América. Essa é a mensagem presumida de *Great Powers*. Nesse ínterim, há menos distinção entre os dois do que sugere o prospecto.

II

Uma visão econômica alternativa, ao mesmo tempo antítese e coda, mais tradicional em perspectiva, contudo mais *à la page* no segundo governo de Obama,

---

[79] Ver a espantosa documentação compilada por Nick Turse, "The Pivot to Africa", *TomDispatch.com*, 5 set. 2013.

está disponível desde então. *The Resurgence of the West* [O ressurgimento do Ocidente] (2013), de Richard Rosecrance – da Faculdade Kennedy, em Harvard, com passagem pelo quadro de planejamento de políticas do Departamento de Estado –, toma como seu ponto de partida o declínio econômico norte-americano relativo à ascensão da China ou da Índia. Estas são sociedades que ainda se beneficiam da transferência de mão de obra da agricultura para a indústria ou serviços e da importação de tecnologia estrangeira, que permitem um crescimento muito rápido. Os EUA, como qualquer outra economia madura com população de classe média, não podem ter esperanças de sustentar taxas comparáveis. No entanto, ao forjar uma união transatlântica com a Europa, eles poderiam compensar espacialmente pelo que estão perdendo temporariamente, com a criação de um mercado mais de duas vezes maior do que o dos EUA, comandando mais da metade do PIB mundial – uma ampliação que desencadeia maiores investimento e crescimento, e cria uma incomparável força econômica no mundo. Isso porque, embora as tarifas entre os EUA e a UE estejam baixas agora, há uma abundância de barreiras não tarifárias – acima de tudo, nos serviços e produtos alimentícios – cuja extinção iria dinamizar ambos. Além disso, uma união aduaneira, com a ligação das duas moedas, teria efeito tão disciplinador sobre outras potências quanto a desatrelação do dólar ao ouro por Nixon teve outrora, nos tempos do secretário do Tesouro, Connally[80].

A terceirização para países asiáticos de baixos salários – suficientemente satisfatória para as corporações dos EUA hoje, mas não para o Estado norte-americano, que não pode demitir os cidadãos como pode fazer com os trabalhadores e corre o risco de ser punido se os empregos desaparecerem – iria diminuir e as vantagens inerentes à alta tecnologia e aos grupos científicos do Ocidente se tornariam integralmente efetivas. A China, mais dependente do que qualquer outra grande potência de matérias-primas e de mercados no exterior, com uma base de produção em grande parte composta por elos de cadeias de produção que começam e terminam em outros lugares, não estaria em posição de desafiar um gigante transatlântico desse tipo – possivelmente transpacífico também, se o Japão a ele se juntasse. Nem os benefícios de uma União Ocidental estariam confinados aos Estados Unidos e à Europa. Historicamente, as transições hegemônicas sempre carregaram os riscos de guerras entre os poderes ascendente e descendente e, hoje, muitos temem que a China pudesse se

---

[80] Richard Rosecrance, *The Resurgence of the West: How a Transatlantic Union Can Prevent War and Restore the United States and Europe* (New Haven, Yale University Press, 2013), p. 79.

provar uma Alemanha guilhermina para a Inglaterra eduardiana dos EUA. Mas a lição de história é também a de que a paz está mais bem assegurada não por um precário equilíbrio de poder – foi isso que levou à Primeira Guerra Mundial – mas por um desequilíbrio de poder, impedindo todas as perspectivas de desafiá--lo, atraindo, em vez disso, outros a participarem dele. Rejuvenescendo o Ocidente, um pacto euro-americano criaria exatamente isso: "A possibilidade de um desequilíbrio de poder duradouro está diante de nós. Ela só precisa ser aproveitada". Além disso, uma vez estabelecido, "o poder excessivo pode agir como um ímã"[81]. Realmente, quem pode dizer que a própria China não poderia um dia se juntar à Tafta*, garantindo a paz eterna?

Com opinião desfavorável da saúde econômica e demográfica europeia, a visão de qualquer tipo de Tafta como um abre-te sésamo à restauração das fortunas norte-americanas é objeto de escárnio em *Great Powers*:

> Sempre que ouço um político norte-americano proclamar a necessidade de fortalecer a aliança ocidental, eu sei que esse líder promete se guiar por nosso rastro histórico, em vez de elaborar uma estratégia para o futuro. Recapturar a glória do passado não é recapturar nossa juventude, mas negar nossa paternidade deste mundo em que vivemos com tanta dificuldade hoje em dia.[82]

Os europeus são pensionistas dentro dele. Seria errado rejeitá-los, mas não faria sentido depender deles. Afinal de contas, Barnett observa gentilmente, na autoestrada da globalização, o avô pode passear de carona, pouco importa quem estiver sentado no banco da frente ao lado do motorista.

---

[81] Ibidem, p. 108, 163, 173, 175.

* Área de Livre-Comércio do Transatlântico, na sigla em inglês para *Transatlantic Free Trade Area*, uma proposta de criação de uma zona de livre-comércio que abrangeria Estados Unidos, Europa e, eventualmente, Canadá e México. (N. T.)

[82] Thomas P. M. Barnett, *Great Powers*, cit., p. 369.

13
Fora do castelo

O motorista continua sendo norte-americano. Os discursos de política externa desde a época de Clinton retornam a um grupo comum de temas enfrentados pela nação: os distúrbios da pátria, a ameaça do terrorismo, a ascensão de potências no Oriente. Os diagnósticos do grau de perigo que esses temas representam para os Estados Unidos variam – com Mead ou Kagan otimistas, Mandelbaum ou Kupchan preocupados, Brzezinski alarmista. O que não muda, embora suas expressões variem, é o valor axiomático da liderança norte-americana. A hegemonia dos Estados Unidos continua a servir tanto aos interesses particulares da nação quanto aos interesses universais da humanidade. Certamente, ela precisa de ajustes pontuais e, às vezes, tem sido mal dirigida. Sobre seus benefícios para o mundo, porém, não pode haver qualquer objeção séria. O *American way of life*, é verdade, não pode mais ser exposto à imitação com a confiança de Henry Luce, setenta anos atrás. Indisposições no país e passos em falso no exterior o tornaram menos persuasivo. Mas se as clássicas versões afirmativas dos benefícios do poder norte-americano agora têm de ser qualificadas, sem ser abandonadas, sua legitimação negativa é apresentada de forma ainda mais ardorosa. A primazia dos EUA pode por vezes irritar os outros, até mesmo com razão, mas quem poderia duvidar que a alternativa a ela seria muito pior? Sem a hegemonia norte-americana, fatalmente seguir-se-ia a desordem global – guerra, genocídio, depressão, fome. Em última instância, a paz e a segurança do planeta dependem disso. A admiração por ela já não é mais necessária; simplesmente, a aceitação *um schlimmeres zu vermeiden**.

---

* Para evitar o pior. Em alemão no original. (N. T.)

Que, de uma forma ou de outra, ela necessite de reparos é a premissa de praticamente toda essa literatura. A lista de indicações para a reforma interna é repetida com regularidade incansável em um escritor após o outro: a desigualdade ficou fora de controle, o sistema educacional está em declínio, a assistência médica é muito cara, a infraestrutura está desatualizada, a energia é desperdiçada, os valores investidos em pesquisa e desenvolvimento são insuficientes, a mão de obra é pouco qualificada, as finanças são sub-regulamentadas, os benefícios estão fora de controle, o orçamento está no vermelho, o sistema político é excessivamente polarizado. O necessário, quase sempre, é uma agenda "centrista": investimentos maiores em ciência e capital humano, melhorias nos transportes e nas comunicações, controle de custos na assistência médica, contenção fiscal, reivindicações mais realistas para a segurança social, conservação de energia, renovação urbana etc. O cardápio pode ser ignorado – em grande parte, Kagan ou Barnett já o ignoram –, mas raramente, se nunca, é totalmente rejeitado.

Remédios para reveses externos ou perigos iminentes dividem opiniões. O governo republicano de 2000-2008, mais controverso do que seu antecessor, contou com o apoio de Kagan do início ao fim, Mead e Barnett inicialmente, enquanto sofria críticas, em grande parte veementes, de Ikenberry e Kupchan, Art e Brzezinski. Em função disso, há o coro universal a dizer que, no interesse da própria primazia norte-americana, maior consideração deveria ser dada aos sentimentos dos aliados e estrangeiros do que Bush e Cheney estiveram dispostos a demonstrar, se a legitimidade é para ser restaurada. O multilateralismo é a palavra mágica para os wilsonianos, mas de forma similar casos mais difíceis apresentam seus cumprimentos ao mesmo requisito – Kagan pede maior tato ao lidar com os europeus, Mead pede uma "diplomacia de civilizações" ao lidar com o Islã, Art quer que a hegemonia norte-americana "pareça mais benigna", Fukuyama clama por "pelo menos uma preocupação retórica com os pobres e excluídos"[83].

A democracia, por sua vez, cuja propagação até pouco tempo era um objetivo irrenunciável de qualquer diplomacia que se preze, está agora em segundo plano. Abertamente descartada como diretriz por Kupchan, Barnett e Brzezinski, rebaixada por Art, uma questão de horticultura em vez de engenharia para

---

[83] Walter R. Mead, *God and Gold*, cit., p. 378s. Robert J. Art: "A tarefa para os líderes dos EUA é difícil: fazer os Estados Unidos parecerem mais benignos e, ao mesmo tempo, promover seus interesses nacionais, empregando o poder considerável que a nação exerce", *America's Grand Strategy and World Politics*, cit., p. 381. Francis Fukuyama, "Soft Talk, Big Stick", em Melvyn Leffler e Jeffrey Legro (orgs.), *To Lead the World*, cit., p. 215.

Mandelbaum, apenas Ikenberry e Kagan procuram melancolicamente por uma liga de democracias para endireitar o mundo. A zona onde a América procurou, mais recentemente, introduzi-la tem sido desanimadora. Mas enquanto alguns expressam muita satisfação com o desempenho norte-americano no Oriente Médio, ninguém propõe qualquer alteração significativa das disposições norte-americanas nele. Para todos, sem exceção, o controle militar do Golfo é uma condição *sine qua non* do poder global dos EUA. Laços com Israel continuam a ser um importante "interesse nacional", até mesmo para Art; somente Brzezinski se permite um murmúrio discreto sobre a alavancagem excessiva de Tel Aviv em Washington. A solução mais ousada para resolver a questão palestina é blindar os bantustões propostos sob Clinton – fragmentos desmilitarizados de um quarto do mandato anterior, deixando todos os grandes assentamentos judaicos no lugar – com as tropas norte-americanas em apoio às Forças de Defesa de Israel e a assinatura de um tratado formal de defesa com Israel. Se o Irã se recusar a obedecer às instruções ocidentais de interromper seu programa nuclear, ele terá *in extremis* de ser atacado – embora ninguém veja com bons olhos essa perspectiva – esperançosamente com uma pequena ajuda ou uma piscadela amigável de Moscou e Pequim. Só Barnett quebra o tabu que protege o monopólio nuclear israelense em nome da não proliferação.

Como a soberania norte-americana deve ser preservada na arena da *Weltpolitik* apropriada – o domínio das grandes potências e seus conflitos, reais ou potenciais? A União Europeia é a menos polêmica dessas, uma vez que, evidentemente, não representa uma ameaça para a hegemonia dos EUA. Ikenberry e Kupchan, piamente; Art, impassivelmente; e Brzezinski e Kagan desdenhosamente sublinham ou recordam a necessidade de coesão ocidental, para a qual Rosecrance propõe uma forma institucional de grande extensão. O Japão ainda é, de forma segura, um distrito dos EUA, e a Índia ainda não é uma protagonista; Rússia e China é que são os principais motivos da discórdia. Em cada caso, o campo se divide entre os defensores da contenção e os apóstolos da cooptação. Brzezinski não só prenderia a Rússia entre um acastelamento norte-americano na Europa e outro na China, mas, idealmente, dividiria o país por completo. Para Mandelbaum, entretanto, a expansão da Otan até as fronteiras da Rússia é uma provocação gratuita que só pode ricochetear contra o Ocidente, enquanto Kupchan espera incluir a própria Rússia dentro da Otan. Para Kagan, China e Rússia são igualmente regimes hostis, bastante conscientes das esperanças do Ocidente de transformá-los ou miná-los, que só podem ser tratados por meio da demonstração de uma força superior. Para Mandelbaum e

Ikenberry, pelo contrário, a China é o grande prêmio cuja adesão à ordem internacional liberal é cada vez mais plausível, e irá torná-la irreversível, enquanto para Barnett, com sua concepção mais descontraída sobre tal ordem, a República Popular da China, para todos os efeitos, já está no papo. Art está disposto a conceder-lhe uma faixa de predominância do Nordeste ao Sudeste Asiático – desde que os EUA continuem a comandar os mares no Pacífico. Brzezinski, depois de primeiramente imaginar a China como, *par pouvoir interposé*, uma base avançada da América para cercar a Rússia a partir do Leste, agora contempla a Rússia cercando a China a partir do Norte.

II

Nessas recomendações de época, três características são mais marcantes. Apesar de toda a atenção que prestam atualmente às desgraças domésticas, um tanto nova em um discurso de política externa, a ênfase da preocupação nunca transcende a superficialidade do tratamento. Sobre as causas subjacentes da longa desaceleração no crescimento da produção, rendimento médio e produtividade e do aumento concomitante das dívidas doméstica, corporativa e pública, não só nos EUA, mas em todo o mundo capitalista avançado, não há uma linha sequer de investigação ou reflexão. Nessa comunidade, o trabalho daqueles que as exploraram – Brenner, Duncan, Duménil e Levy, Aglietta – é um livro fechado. Sem dúvida, seria insensato esperar que os especialistas em relações internacionais estivessem familiarizados com o trabalho de historiadores econômicos. Em sua ignorância, no entanto, as origens do declínio que muitos lamentam e procuram remediar permanecem invisíveis.

Estes são assuntos internos. As recomendações externas, naturalmente muito mais abundantes e ambiciosas, são de uma ordem diferente. Ali, o compromisso profissional está longe de ser estéril. Para a tarefa de corrigir a posição atual do país em geral e imaginar o futuro do mundo, a paixão e a inventividade continuam sendo utilizadas. Notável, no entanto, é a natureza fantástica das construções a que estas dão origem repetidas vezes. Rearranjos gigantescos do tabuleiro de xadrez da Eurásia, grandes países movidos como tantos castelos ou peões ao longo dele; prolongamentos da Otan até o estreito de Bering; o Exército de Libertação da Palestina patrulhando as torres da [companhia petrolífera saudita] Aramco; Ligas da Democracia ostentando Mubarak e Ben Ali; um *Zollverein** da Moldávia ao

---

* A aliança aduaneira dos Estados alemães no século XIX. (N. T.)

Oregon, se não até Kobe; o Fim da História como a Paz de Deus. Na quase completa separação da realidade de muitas destas – mesmo a mais prosaica, a União Ocidental dos EUA e UE, sem sequer uma linha sobre os meios políticos de sua realização –, é difícil não ver uma veia de desespero inconsciente, como se a única forma de restaurar a liderança norte-americana à plenitude de seus méritos e poderes neste mundo, mesmo que por um intervalo de tempo finito, fosse imaginar outro mundo inteiramente diferente.

Por fim, e mais decisivamente, à exuberância de esquemas para a metamorfose de seus inimigos e amigos corresponde igualmente a escassez de quaisquer ideias importantes para a retração do próprio império. Não uma retirada, mas um ajuste é o resultado final comum. Dos ajustes em andamento – mais tentáculos na África, Ásia Central e Austrália; assassinatos por via aérea à escolha presidencial; vigilância universal; guerra cibernética – pouco se diz. Aqueles que falam disso pertencem a outro lugar. "Na política internacional", Christopher Layne escreveu, "lideranças hegemônicas benevolentes são como unicórnios – não existem. As lideranças hegemônicas amam a si mesmas, mas outros desconfiam delas e as temem, e por bons motivos"[84]. A tradição de discordância da política externa nos EUA que ele representa está viva e passa bem. Tal como seu equivalente na Grã-Bretanha imperial do passado, ela continua a ser, como sempre foi, marginal no debate nacional e invisível nos assuntos do Estado, mas não menos penetrante por isso. É lá que o realismo genuíno, entendido não como uma postura nas relações interestatais ou uma teoria sobre elas, mas como uma capacidade de olhar para as realidades sem autoengano e descrevê-las sem eufemismo, pode ser encontrado. Os nomes de Johnson, Bacevich, Layne, Calleo e também de Kolko ou Chomsky são aqueles a honrar. O título do último livro de Chalmers Johnson, que pede o fechamento da CIA e de uma infinidade de bases do Pentágono, pode simbolizar o sentido de sua obra e um momento mais distante do que nunca: *Dismantling the Empire* [Desmantelando o império].

---

[84] Christopher Layne, *Peace of Illusions: American Grand Strategy from 1940 to the Present* (Ithaca, Cornell University Press, 2006), p. 142.

APÊNDICE

Após três anos de guerra no Iraque, sem um fim à vista, o *establishment* da política externa foi invadido por exames de consciência. Dúvidas sobre a invasão formam, agora, uma biblioteca. Entre os títulos que a compõem, poucos receberam cobertura mais ampla do que os de Francis Fukuyama. A fama do autor de *O fim da história e o último homem** é, obviamente, um dos motivos. O *frisson* de uma deserção ilustre das fileiras do neoconservadorismo é outro, e sem dúvida mais imediato. No entanto, tomar *America at the Crossroads* [A América na encruzilhada] apenas como uma sinalização política do que está por vir é diminuir o interesse intelectual que a obra oferece. Este reside essencialmente na sua relação com o trabalho que tornou Fukuyama famoso.

O argumento de *America at the crossroads* se divide em três partes. Na primeira, Fukuyama retraça as origens do neoconservadorismo contemporâneo. Sua história começa com um grupo de intelectuais de Nova York, na maioria judeus, que foram socialistas na juventude, mas se uniram à causa da democracia na Guerra Fria e, posteriormente, se mantiveram firmes contra a Nova Esquerda quando a nação combatia o comunismo no Vietnã. No devido tempo, das fileiras desse meio surgiu uma agenda social: a crítica do liberalismo de bem-estar social desenvolvida no livro *The Public Interest* [O interesse público], organizado por Irving Kristol e Daniel Bell. Enquanto isso, Leo Strauss, em Chicago, emprestava profundidade filosófica à reação moral contra a lassidão dos anos 1960, e seu pupilo Allan Bloom dava-lhe vigor cultural. Inteligência militar e perícia técnica eram fornecidas pelo estrategista nuclear

---

* Rio de Janeiro, Rocco, 1992. (N. E.)

Albert Wohlstetter, teórico da capacidade dos mísseis de ataque a alvos nucleares e profeta da guerra eletrônica. Fukuyama explica que, de uma forma ou de outra, esteve pessoalmente envolvido em todas essas iniciativas. Mas seu relato delas é calmo e equilibrado e, quando muito, subestima a potência do coquetel político que representaram. Sua ênfase recai, antes, em sua confluência final com correntes mais amplas e populares do conservadorismo – crença em um governo de dimensões modestas, piedade religiosa, nacionalismo – na base do Partido Republicano. Em conjunto, essa foi a torrente política que impulsionou a mudança de direção da gestão Reagan.

Mas o maior triunfo da ascendência conservadora – a vitória na Guerra Fria – continha, prossegue ele, as sementes do que viria a ser a ruína do neoconservadorismo. Pois a queda da União Soviética criou um excesso de confiança na capacidade norte-americana de remodelar o mundo em geral. Exagerando o papel da pressão econômica e militar dos EUA no colapso repentino da URSS, que na realidade se deteriorava por dentro, uma leva mais jovem de pensadores – em meio aos quais ele destaca William Kristol e Robert Kagan – chegou a acreditar que a tirania podia ser derrubada e a liberdade plantada com velocidade equivalente em outros lugares. Foi essa ilusão, de acordo com Fukuyama, que levou ao ataque contra o Iraque. Ignorando não apenas o cenário político completamente diferente do Oriente Médio, mas também as advertências dos neoconservadores originais contra os esquemas excessivamente voluntaristas de reconstrução social, os idealizadores da invasão sobrecarregaram os EUA com um desastre cuja recuperação levará anos. O recurso desnecessário a uma força unilateral isolou os Estados Unidos da opinião pública mundial, em especial de seus aliados europeus, enfraquecendo em vez de fortalecer a posição dos EUA no mundo. Fukuyama dedica o resto de seu livro ao esboço de uma política externa alternativa que restauraria a América ao seu legítimo lugar no mundo. Um "wilsonismo realista", mitigando a melhor das convicções neoconservadoras com um sentido mais informado da intratabilidade das outras culturas e dos limites do poder norte-americano, manteria a necessidade da guerra preventiva como um último recurso e a promoção da democracia em todo o globo como um objetivo permanente. Os EUA, no entanto, teriam de conferenciar com os aliados, depender com mais frequência do poder persuasivo [*soft power*] em vez do poder coercitivo [*hard power*], comprometer-se com a construção de Estados à luz da ciência social e incentivar o desenvolvimento de novas formas, sobrepostas, de multilateralismo, ignorando os impasses das Nações Unidas. "A forma mais importante sob a qual o poder norte-americano pode ser exercido", Fukuyama conclui, "não é aquela que se daria por meio do exercício do poder militar, mas sim por meio da capacidade dos Estados Unidos de moldar as instituições internacionais". Pois o que estas podem fazer é "reduzir os custos de transação da obtenção do consentimento" às ações dos EUA[1].

Na estrutura tripartite de *America at the crossroads* – história condensada do neoconservadorismo; crítica da forma como este deu com os burros n'água no Iraque; propostas para uma versão corrigida –, o cerne do argumento se encontra na seção intermediária. O relato de Fukuyama do meio ao qual ele pertenceu e de seu papel na preparação para a guerra é equilibrado e informativo. Mas é uma visão de dentro que contém uma ilusão de ótica reveladora. Tudo se passa como se os neoconservadores fossem a força motriz básica por trás da marcha para Bagdá, e são as suas ideias que têm de ser curadas para que a América volte aos trilhos. Na realidade, a frente de opinião que pressionou por um ataque ao Iraque era muito mais ampla do que uma facção republicana particular. Ela incluía muitos liberais e democratas. A defesa mais detalhada do ataque a Saddam Hussein foi produzida por Kenneth Pollack, um funcionário do governo Clinton. O trabalho de Philip Bobbitt, sobrinho de Lyndon Johnson e outro e mais graduado ornamento do aparato de segurança nacional de Clinton, continua a ser, de longe, a teorização mais abrangente de um programa de intervenção militar norte-americana para destruir regimes vilões [*rogue regimes*] e defender os direitos humanos ao redor do mundo. Comparados com as seiscentas páginas de seu principal trabalho, *The Shield of Achilles* [O escudo de Aquiles], obra de grande ambição histórica que se encerra com uma série de cenários dramáticos de futuras guerras para as quais os Estados Unidos têm de se preparar, os escritores da *Weekly Standard* oferecem apenas um aperitivo pouco substancioso. Nenhum neoconservador produziu nada remotamente comparável àquele trabalho. Também não faltaram trombeteiros menores na ponta liberal do espectro de autores – os Ignatieffs e Bermans – favoráveis a uma expedição ao Oriente Médio. Não havia falta de lógica nisso. A guerra dos democratas nos Bálcãs, com sua rejeição da soberania nacional como um anacronismo, foi a precondição e o teste imediato da guerra na Mesopotâmia dos republicanos – o genocídio no Kosovo afirmado apenas com um pouco menos de exagero do que as armas de destruição em massa no Iraque. As operações daquilo a que Fukuyama em um ponto se permite, em um raro

---

[1] Francis Fukuyama, *America at the Crossroads*, cit., p. 190-1.

lapso, chamar de "império ultramarino da América"[2] têm sido historicamente bipartidárias e continuam a sê-lo.

No próprio campo republicano, além do mais, os intelectuais neoconservadores foram apenas um, e não o mais importante, elemento na constelação que impulsionou a administração Bush ao Iraque. Dos seis "Vulcanos" descritos no estudo definitivo de James Mann que abriu o caminho para a guerra, somente Paul Wolfowitz – originalmente um democrata – pertence ao retrospecto de Fukuyama. Nenhuma das três principais figuras no planejamento e justificação do ataque, Rumsfeld, Cheney e Rice, tinha quaisquer ligações neoconservadoras em particular. Fukuyama está ciente disso, mas não oferece explicação, apenas observando que "neste momento não sabemos a origem de seus pontos de vista"[3]. O que, então, ele descreve a respeito de sua própria localização nessa galáxia? Aqui – deve-se dizer que isto não é algo característico –, ele suaviza o registro. Com um ar enganosamente casual, ele diz que, embora de início tenha sido "razoavelmente agressivo em relação ao Iraque"[4] em um período no qual não se previa nenhuma invasão, quando posteriormente ela foi lançada, ele se posicionou contra.

A respeito disso, sua memória falhou com ele. Em junho de 1997, Fukuyama foi um dos fundadores, ao lado de Rumsfeld, Cheney, Quayle, Wolfowitz, Scooter Libby, Zalmay Khalilzad, Norman Podhoretz, Elliott Abrams e Jeb Bush, do Projeto para um Novo Século Norte-Americano, cuja declaração de princípios clamava por "uma política reaganista de força militar e clareza moral" a fim de "promover a causa da liberdade política e econômica no exterior". Em janeiro de 1998 (de forma reveladora, ele data erroneamente esse evento), foi um dos dezesseis signatários de uma carta aberta do Projeto a Clinton, insistindo na necessidade de uma "vontade de empreender ações militares" a fim de garantir "a remoção do regime de Saddam Hussein do poder", declarando ainda que "os EUA têm a autoridade sob as atuais resoluções da ONU para tomar as medidas necessárias" para agir dessa maneira. Quatro meses mais tarde, estava entre os que denunciavam a falta de uma ação desse tipo como uma "capitulação diante de Saddam" e um "golpe incalculável na liderança e credibilidade norte-americanas", elencando as exatas medidas exigidas contra o regime Baath: "Deveríamos ajudar a estabelecer e apoiar (com meios econômi-

---

[2] Ibidem, p. 30.
[3] Ibidem, p. 4.
[4] Ibidem, p. x.

cos, políticos e militares) um governo provisório, representativo e livre" nas "zonas liberadas no norte e no sul do Iraque", sob a "proteção dos EUA e dos poderes militares aliados". Em outras palavras: uma invasão a fim de criar um regime Chalabi em Basra ou Najaf e derrubar Saddam dessa base.

Sob Bush, o Projeto – suas fileiras agora reforçadas por leais democratas como Stephen Solarz e Marshall Wittman – voltou ao ataque, e Fukuyama estava novamente à frente na pressão por um assalto ao Iraque. No dia 20 de setembro de 2001, pouco mais de uma semana após o 11 de Setembro, ele adicionou sua assinatura a um pedido franco em favor da guerra, que ignorava qualquer relevância de ligações com a Al Qaeda e nem mesmo se incomodava em trazer à tona o espectro das armas de destruição em massa:

> É possível que o governo iraquiano tenha dado assistência de alguma forma ao recente ataque contra os Estados Unidos. No entanto, mesmo que as evidências não vinculem o Iraque diretamente ao ataque, qualquer estratégia que vise à erradicação do terrorismo e de seus patrocinadores tem de incluir um esforço determinado para remover Saddam Hussein do poder no Iraque. Falhar na incumbência de tal esforço constituirá uma rendição antecipada e talvez decisiva na guerra contra o terrorismo internacional. Os Estados Unidos têm, portanto, de fornecer apoio militar e financeiro total à oposição iraquiana. A força militar norte-americana deve ser usada para fornecer uma "zona de segurança" no Iraque a partir da qual a oposição possa operar. E as forças norte-americanas têm de estar preparadas para endossar o nosso compromisso com a oposição iraquiana por todos os meios necessários.

Além disso, os signatários acrescentavam que "qualquer guerra contra o terrorismo tem de ter como alvo o Hezbollah" e se preparar para "medidas adequadas de retaliação" contra a Síria e o Irã, como seus patrocinadores.

Relembrar essa campanha por sangue e aço no Oriente Médio não é escolher Fukuyama em meio aos outros neoconservadores para incriminá-lo de forma especial. O Congresso, afinal, daria a luz verde para a guerra no Iraque com uma unanimidade bipartidária praticamente total. A questão colocada pela implicação mais profunda de Fukuyama no esforço para a guerra em Bagdá do que a que ele agora sugere ter tido é outra. É a seguinte: por que, se originalmente estava tão comprometido com a aventura no Iraque, ele mais tarde rompeu de maneira tão forte com seus companheiros de pensamento em relação a ela? Os desastres da ocupação são, é claro, a razão mais óbvia – todos os tipos de criaturas, grandes e pequenas, abandonando o barco conforme este afundava nas águas da guerra. Mas essa não pode ser a principal explicação para a mudança de opinião de Fukuyama. Ele próprio diz que tinha perdido a crença em uma invasão antes de a guerra começar, e não há motivos para duvidarmos dele. Além disso, a desilusão com a falta de sucesso prático em um empreendimento a princípio considerado louvável tem sido bastante comum entre conservadores, sem levar ao tipo de crítica histórica e de dissociação nas quais Fukuyama embarcou. Teria sido perfeitamente possível dizer que a Operação Liberdade do Iraque deu errado, mesmo que em retrospecto tenha sido um erro desde o início, sem que fosse preciso escrever um obituário do neoconservadorismo. O que, de uma hora para a outra, distanciou tanto Fukuyama de seus companheiros de espírito?

Dois fatores de divisão podem ser deduzidos de *America at the Crossroads* e do ensaio "The Neoconservative Moment" [O momento neoconservador], publicado em *The National Interest*, que o precedeu. Fukuyama não compartilhava do mesmo grau de compromisso com Israel que os seus colegas judeus. Em *The National Interest*, ele se queixou não da subordinação real dos objetivos dos EUA aos de Israel no Oriente Médio, mas, em vez disso, de uma mimese da perspectiva israelense do mundo árabe entre muitos de seus companheiros. A aplicação de um punho de ferro à região poderia muito bem ser racional para Tel Aviv, observou então, mas esse não era necessariamente o caso para Washington. Sua crítica foi bastante discreta, mas recebeu uma resposta veemente. Ao retrucar, Charles Krauthammer acusou Fukuyama de inventar uma "nova maneira de judaizar o neoconservadorismo", menos grosseira do que as calúnias de Pat Buchanan e Mahathir Mohammad, mas igualmente ridícula – levando Fukuyama, por sua vez, a se opor às imputações de antissemitismo. Evidentemente marcado por essa troca e consciente da delicadeza geral do tema em questão, Fukuyama não volta a ele em *America at the Crossroads*, explicando que a mentalidade que havia criticado, "embora verdadeira em relação a certos indivíduos, não pode ser atribuída a neoconservadores de forma generalizada" e oferecendo, como tentativa de reconciliação, um apoio geral às políticas do governo em relação à Palestina. Por detrás da polidez, é duvidoso que suas reservas em relação ao tema tenham desaparecido.

Outra consideração, no entanto, foi certamente mais importante. Uma viagem à Europa no fim de 2003, explicou ele, abriu seus olhos para o desalento sentido por muitos admiradores dos EUA, até mesmo os mais ferrenhos, em relação ao unilateralismo da gestão Bush. A decepção expressa por um pilar do atlanticismo como o editor do *Financial Times* foi reveladora. Poderia uma política externa que alienava em muito nossos aliados mais próximos realmente valer a pena? Ao contrário de Israel, que depois da retratação inicial pouco aparece em *America at the Crossroads*, a Europa se manifesta de forma proeminente no livro. Fukuyama expressa um temor extremo acerca das reações europeias à administração Bush. Ele crê que a rixa causada pela guerra no Iraque não é uma mera briga passageira; trata-se de uma "mudança tectônica" na aliança ocidental. Com milhares nas ruas, a "Europa nunca antes havia surgido de forma tão espontaneamente unificada em torno de uma única questão, motivo pelo qual o ex-ministro das Finanças da França, Dominique Strauss-Kahn, classificou as manifestações como 'o nascimento da nação europeia'"[5]. O antiamericanismo se move de forma descontrolada em todo o Atlântico, e a unidade do Ocidente está em risco.

Embora temores desse tipo sejam atualmente generalizados, eles têm pouca relação com a realidade. A hostilidade europeia em relação à guerra é ampla, mas não profunda. Houve forte oposição à invasão, mas, depois de consumada, esta não deu origem a muitos novos protestos. As manifestações contra a ocupação têm sido poucas e realizadas em intervalos cada vez maiores – basta comparar com a guerra no Vietnã. O governo britânico que se juntou ao ataque norte-americano não foi punido nas urnas. O governo alemão que se opôs à invasão logo passou a ajudar nos bastidores, fornecendo informações sobre alvos em Bagdá e assistência com detenções da CIA*. O governo francês, taxado por Fukuyama de traidor dos EUA no Conselho de Segurança, com efeito disse à Casa Branca para seguir em frente sem uma nova resolução e trabalhou em estreita colaboração com Washington para instalar regimes adequados no Haiti

---

[5] Ibidem, p. 100-1.

* No original, *extraordinary renditions*, termo que se refere a detenções ilegais e sequestros de suspeitos que a CIA realiza em todo o mundo, levando essas pessoas para centros clandestinos de detenção. Ver a respeito, por exemplo, "New Light Shed on US Government's Extraordinary Rendition Programme", *The Guardian*, 22 maio 2013. Disponível em: <http://www.theguardian.com/world/2013/may/22/us-extraordinary-rendition-programme>; "A Staggering Map of the 54 Countries that Reportedly Participated in the CIA's Rendition Program", *The Washington Post*, 5 fev. 2013. Disponível em: <http://www.washingtonpost.com/blogs/worldviews/wp/2013/02/05/a-staggering-map-of-the-54-countries-that-reportedly-participated-in-the-cias-rendition-program/>; e "Outsourcing Torture: the Secret History of America's 'Extraordinary Rendition' Program", *New Yorker*, 14 fev. 2005. Disponível em: <http://www.newyorker.com/magazine/2005/02/14/outsourcing-torture>. Acesso em 4 jan. 2015. (N. T.)

e no Líbano. Todos estão de acordo com relação ao Irã. A hostilidade europeia ao atual presidente está mais para ressentimento do que para uma raiva colérica. O que tem irritado mais é a indiferença às sutilezas diplomáticas e a pouca deferência ao vício aceitável de ostentar virtude. Tanto as elites quanto as massas estão ligadas aos véus que tradicionalmente cortinavam a conformidade com a vontade norte-americana e se ressentem com um governo que se desfez deles. Queixas desse tipo, uma questão mais de estilo do que de substância, passarão com um retorno ao decoro. Uma restauração Clinton teria como resultado, sem dúvida, uma pronta e extasiada reunião do Velho Mundo com o Novo.

Aqui, Krauthammer foi mais perspicaz do que seu crítico. Rejeitando a ansiedade de Fukuyama de que a política externa norte-americana está em perigo porque perdeu legitimidade internacional, ele observou com justiça que aquilo que a ameaça não é qualquer falta de certificados da UE ou de resoluções da ONU – os EUA possuem uma abundância de endossos desse tipo, como ele nota –, mas sim a insurgência iraquiana. É a vontade da resistência que ameaça a Doutrina Bush. O restante são efeitos continuados de baixa intensidade. Sem a *maquis*, a opinião pública europeia não teria preocupações maiores com a captura do Iraque do que teve com a do Panamá.

A leitura equivocada dos sentimentos europeus por parte de Fukuyama é agora convencional. Sua visão do fundamentalismo islâmico, no entanto, é agradavelmente não convencional, em desacordo tanto com seu próprio meio quanto com o saber em voga. Em comparação com os grandes antagonistas históricos da democracia capitalista, fascismo e comunismo, a Al Qaeda e suas afiliadas são uma força minúscula. A não ser que, por algum meio, elas se apoderem de armas de destruição em massa, não têm possibilidade de infligir danos graves à sociedade norte-americana, quanto mais de se tornarem uma ameaça global à civilização liberal. Proclamar uma "guerra contra o terrorismo" generalizada é uma inflação inútil das operações pontuais necessárias para acabar com o punhado de fanáticos que sonham com um novo califado. Entrar em pânico a respeito dessa ameaça relativamente menor gera o risco de produzir grandes erros de cálculo e deve ser evitado, em especial, por norte-americanos, que desde o 11 de Setembro correm mais riscos de sofrer novos atentados do que os europeus, com os seus enclaves maiores de imigrantes muçulmanos.

Essa é uma lucidez tardia, depois de tanto choro a respeito dos estragos nas cartas abertas, mas é uma lucidez mais típica das notas tocadas na escrita de Fukuyama, cujo tom é geralmente frio e sereno. Seu julgamento nos leva de volta à lógica de sua obra maior como um todo. O argumento célebre de *O fim* *da história e o último homem* era o de que, com a derrota do comunismo, em seguida à do fascismo, não era mais possível imaginar nenhuma melhoria no capitalismo liberal como forma de sociedade. O mundo ainda estava cheio de conflitos, que continuariam a gerar eventos inesperados, mas eles não alterariam esse veredito. Não havia nenhuma garantia de uma rápida viagem da humanidade de todos os cantos da Terra em direção a uma democracia próspera, pacífica, baseada na propriedade privada, nos mercados livres e em eleições regulares, mas essas instituições eram o ponto final do desenvolvimento histórico. O encerramento da evolução social agora em vista não poderia ser considerado em absoluto uma bênção. Pois, com ele, inevitavelmente viria uma diminuição da tensão ideal, talvez até mesmo certo *tedium vitae**. Podia-se prever uma nostalgia por tempos mais perigosos e heroicos.

A base filosófica dessa construção veio, como Fukuyama explicou, da reformulação da dialética do reconhecimento de Hegel produzida por um exilado russo na França, Alexandre Kojève, para quem séculos de lutas entre senhores e escravos – classes sociais – estavam à beira de se converter em uma condição definitiva de igualdade, um "estado universal e homogêneo", que traria a história a um estado de suspensão: uma concepção que ele identificou com o socialismo e, mais tarde, com o capitalismo, mesmo que sempre o fizesse com uma ironia inescrutável. Fukuyama abraçou essa estrutura narrativa, mas a fundamentou em uma ontologia da natureza humana, inteiramente alheia a Kojève, derivada de Platão e fruto – juntamente com uma perspectiva muito mais conservadora – de sua formação straussiana. Kojève e Strauss valorizavam um ao outro como interlocutores e compartilhavam muitos pontos intelectuais de referência, mas politicamente – bem como metafisicamente – eram muito distantes. Strauss, um inflexível pensador de direita, não tinha tempo para Hegel, quanto mais para Marx. A seus olhos, a dedução de Kojève das concepções de liberdade e igualdade a partir de Hegel e de Marx poderia apenas pressagiar um nivelamento, uma tirania planetária. Ele acreditava em regimes particulares e em uma hierarquia natural.

Assim, houve sempre uma tensão na síntese de Fukuyama de suas duas fontes. Nos anos finais da Guerra Fria, quando sua junção delas tomou forma, isso podia permanecer escondido, porque os interesses universais do capitalismo democrático eram consensualmente guardados, sem pressões significativas, por uma Pax Americana: não havia contradição relevante entre a hegemonia dos

---

* O tédio da vida. Em latim no original. (N. T.)

EUA e o Mundo Livre. No entanto, depois que o comunismo foi erradicado na Rússia e neutralizado na China, surgiu uma nova situação. Por um lado, já não havia um inimigo comum para obrigar outros Estados capitalistas à aceitação disciplinada do comando por parte dos EUA. Mas, ao mesmo tempo, o desaparecimento da URSS aumentou enormemente o alcance global do Estado norte-americano. Assim, justamente quando a potência hegemônica era objetivamente menos essencial para o sistema como um todo, subjetivamente ela foi obrigada a se tornar mais ambiciosa do que nunca, pois era agora a única superpotência do mundo. Nessas condições, era inevitável que os requisitos gerais do sistema em algum ponto divergissem das operações do Estado-nação singular presente no seu topo. É esse o contexto no qual *America at the Crossroads* deve ser entendido, pois a ruptura de Fukuyama com o neoconservadorismo ocorreu na linha de falha entre os dois. No centro do livro temos um ataque prolongado ao "excepcionalismo" norte-americano, o qual ele entende como a doutrina de que "os Estados Unidos são diferentes de outros países e pode-se confiar que eles usarão seu poder militar de forma justa e sábia, de modos que outras potências não poderiam". Essa é a ilusão propagada por Kristol e Kagan, ele argumenta, que antagonizou aliados e levou aos erros presunçosos da guerra no Iraque.

Politicamente, as lealdades de Fukuyama foram construídas em uma matriz straussiana. Mas, intelectualmente, a marca de Kojève é mais profunda, fornecendo a narrativa mestra de sua prosa. Forçado por alterações da paisagem estratégica a escolher entre a lógica dos dois, sua cabeça tem prevalecido sobre seu coração. Se Fukuyama deu adeus à companhia dos neoconservadores, isso ocorreu porque a guerra no Iraque expôs uma diferença genealógica entre eles. Na origem, suas principais ideias eram europeias, de um modo que as deles nunca foram. Kojève, de fato, considerava a criação de uma Europa supranacional como a razão determinante para que um capitalismo globalizado, em vez de um socialismo burocrático continuamente restringido por questões nacionais, fosse, ao contrário de suas expectativas iniciais, o destino comum da humanidade. Para Strauss, por outro lado, cuja mais antiga aliança era com o sionismo, cada regime era particular por natureza: ele era imune aos esquemas universais. Embora ele mesmo não fosse grande admirador da sociedade norte-americana, respeitava os Pais Fundadores e cultivava uma escola ardentemente nacionalista de pensadores constitucionais. As opções dos diferentes herdeiros neoconservadores refletem seus respectivos antepassados.

Não que ambos os lados repudiem as preocupações do outro, que permanecem comuns a eles. Pelo contrário, é a forma como estas são combinadas – o equilíbrio entre elas – que separa os dois lados. Kristol ou Krauthammer podem ser patriotas norte-americanos, mas ninguém tem mais compromisso com a difusão da democracia capitalista em todo o mundo do que eles: a esse respeito, poucos universalismos são tão agressivos quanto o deles. Vice-versa, Fukuyama pode criticar o excepcionalismo dos EUA, mas ele certamente não renunciou à porção nacional de sua herança. Sua nova revista não se chama *The American Interest* [O interesse norte-americano] à toa. Krauthammer chama sua perspectiva de "realismo democrático", Fukuyama classifica a sua como "wilsonismo realista". Uma distinção sem diferenças? Não exatamente – mais uma inversão na qual os substantivos indicam as fidelidades primárias e os adjetivos, as secundárias. Para o núcleo neoconservador, o poder norte-americano é o motor da liberdade do mundo: não há nem pode haver qualquer diferença entre eles. Para Fukuyama, a coincidência não é automática. Os dois podem se afastar um do outro – e nada, provavelmente, seria mais capaz de forçá-los a isso do que declarar que não o podem fazer, em nome de uma virtude norte-americana única incapaz de convencer quaisquer outras pessoas. Como ele mesmo diz:

> Não se acredita muito na ideia de que os Estados Unidos se comportam desinteressadamente no cenário mundial porque, na maioria das vezes, isso não é verdade e, de fato, não pode ser verdade, se os líderes norte-americanos cumprem suas responsabilidades para com o povo norte-americano. Os Estados Unidos são capazes de agir com generosidade na sua provisão de bens públicos globais e têm sido os mais generosos quando suas ideias e seus interesses coincidem. Mas os Estados Unidos são também uma grande potência com interesses não relacionados aos bens públicos globais.[6]

A negação dessa verdade óbvia leva a políticas que prejudicam os interesses norte-americanos e não entregam os benefícios globais: veja Bagdá.

Como é possível, então, reconciliá-los? Fukuyama permanece inteiramente comprometido com a missão norte-americana de espalhar a democracia ao redor do mundo e com o uso de todos os meios eficazes à disposição de Washington para fazê-lo. Suas críticas ao governo Bush são de que suas políticas no Oriente Médio têm sido não somente ineficazes, mas contraproducentes. A promoção da mudança do regime interno por meio da combinação correta de pressões econômicas e políticas é uma coisa. Ações militares para impô-la

---

[6] Ibidem, p. 111.

externamente são outra, que tende ao infortúnio. Na realidade, é claro, não há uma linha divisória nítida entre as duas coisas no repertório imperial. Fukuyama se esquece da derrubada bem-sucedida dos sandinistas na Nicarágua, da qual Robert Kagan é o principal historiador – um triunfo da vontade política que ele certamente aplaudiu à época. Hoje, no rastro do Iraque, ele está preocupado em se distanciar de ativismos desse tipo. Agora, ele explica que não há nenhum desejo universal por liberdade que garanta que a democracia emergirá sempre que uma sociedade for libertada da tirania. A liberdade moderna, em geral, exige determinados níveis de desenvolvimento econômico e social para a existência dos hábitos necessários à sua manutenção. Estes não podem ser criados de uma hora para a outra, mas têm de ser cuidadosamente cultivados ao longo de muitos anos. Nem receitas neoliberais que dependam inteiramente de incentivos de mercado trarão a ordem e a prosperidade necessárias. Para o surgimento destas, um Estado forte, capaz de "boa governança", é a condição essencial, e uma política norte-americana sensível dará, com frequência, prioridade à promoção desse caráter de Estado, e não à construção da democracia nas partes mais perigosas do mundo.

A serviço dessa revisão, Fukuyama desfigura sua construção original. *O fim da história e o último homem*, ele nos assegura, era na verdade um exercício de teoria da modernização. Tudo o que ele disse foi que o desejo de padrões de vida mais elevados – e não de liberdade – era universal, e que esses padrões criaram uma classe média que tendia a buscar a participação política, com a democracia, no devido tempo, surgindo como um subproduto desse processo. Essa banalização de um argumento complexo da filosofia da história não é apenas um esforço para simplificar sua mensagem para um público mais amplo. Ela possui um impulso expurgador. No trabalho que tornou Fukuyama famoso, a busca por reconhecimento e os sussurros do desejo – conduzindo, respectivamente, a luta pela igualdade e o avanço da ciência – eram os dois motores da história. A concatenação deles nunca foi inteiramente resolvida na teoria, gerando disjunções significativas na parte final da história[7]. Na estrutura da narrativa como um todo, entretanto, a atribuição dos respectivos significados por parte de Fukuyama era inequívoca; o "desejo por trás do desejo" do homem econômico foi "um impulso inteiramente não econômico, *a luta pelo reconhe-*

---

[7] Para reflexões sobre a qualidade do argumento de Fukuyama como um todo e seu lugar na linha dos teóricos do encerramento histórico, ver Perry Anderson, "The Ends of History", em *A Zone of Engagement* (Londres/Nova York, Verso, 1992), p. 279-375.

cimento". Foi a dialética política desencadeada dessa forma que se constituiu no "motor primário da história da humanidade". O universo mental de Alexandre Kojève estava distante daquele representado pelos Daniel Lerners, Gabriel Almonds e outros desse tipo.

Se essa visão agora parece ser uma espécie de estorvo para Fukuyama, talvez isso ocorra porque se tratava de uma teoria do conflito mortal. Hegel e Kojève foram, cada um em seu próprio tempo – Iena, Stalingrado –, filósofos da guerra. Seu legado é muito agonístico para os propósitos de uma demarcação divisória entre a recém-descoberta cautela em relação à arte de governar que Fukuyama agora recomenda e a hipomania democrática dos antigos amigos na *The Weekly Standard*. As platitudes da teoria da modernização são mais seguras. Mas há um preço a ser pago para a queda de nível intelectual representada por "State-Building 101" [Introdução à construção de Estados] – título, sem ironia excessiva, de um dos ensaios recentes de Fukuyama. Como um cientista social comum, ele nunca é menos do que competente. Há até mesmo em sua crítica de receitas de livre mercado para o desenvolvimento de países pobres e em seu clamor por autoridades públicas fortes, o que poderia ser lido como um vestígio de sua formação hegeliana: a ideia do Estado como portador da liberdade racional. Mas as variadas propostas com as quais *America at the crossroads* termina – maior dependência do poder persuasivo, mais consultas aos aliados, respeito pelas instituições internacionais – são de uma previsibilidade desoladora, os truísmos de todo editorial ou periódico bem pensante da terra. O máximo que se pode dizer delas é que, ao oferecerem um prospecto bipartidário para o *establishment* da política externa, elas selam um voto claro em Kerry e um entendimento com Brzezinski, que coedita *The American Interest* com Fukuyama. Não há a menor sugestão nessas páginas de qualquer mudança fundamental na surpreendente acumulação de bases militares ao redor do mundo ou no domínio do Oriente Médio por parte dos EUA, quanto mais na simbiose com Israel. Tudo o que levou o país ao 11 de Setembro continua em vigor.

Basta olhar para o virulento ensaio de John Mearsheimer e Stephen Walt na edição atual da *London Review of Books*[*] – de maneira significativa, ausente de qualquer publicação norte-americana – para ver o enorme abismo entre o *muzak* estratégico desse tipo e a reflexão genuinamente crítica sobre a política

---

[*] "The Israel Lobby", *London Review of Books*, v. 28, n. 6, 23 mar. 2006, p. 3-12. Disponível em: <http://www.lrb.co.uk/v28/n06/john-mearsheimer/the-israel-lobby>. Acesso em 19 jan. 2015. (N. T.)

externa norte-americana de pensadores que conquistaram o título de realistas. Depois de iniciar seu livro sob a égide de Wilson, que trouxe o evangelho da democracia para os povos da terra, Fukuyama o encerra convocando Bismarck, que sabia como praticar a autocontenção na hora da vitória, como inspiração para seu "caminho alternativo para os Estados Unidos se relacionarem com o restante do mundo"[8]. O que o Chanceler de Ferro, que tinha um senso de humor sombrio, teria feito de seu emparelhamento com os Catorze Pontos não é difícil de imaginar. Em tais prescrições, de Fukuyama e de tantos outros atualmente, a América não está em nenhuma encruzilhada. Ela está onde sempre esteve, buscando a quadratura do círculo da filantropia e do império para sua própria satisfação.

Abril de 2006

---

[8] Francis Fukuyama, *America at the Crossroads*, cit., p. xii.

POSFÁCIO

Desde a composição destes ensaios, alguns eventos deram início, como muitas vezes desde os anos 1970, a uma nova onda de lamentos nos meios de comunicação ocidentais e entre a classe política norte-americana por uma gradual diminuição do poder dos EUA, em meio a críticas ao governo Obama por sua indecisão ao lidar com as novas ameaças à segurança internacional. Os desenvolvimentos que despertaram a última rodada de preocupações são muito recentes, a maioria deles ainda sem nenhum resultado mais claro, para permitir algo além de breves comentários. Eles se dividem em duas zonas principais, o grande Oriente Médio e a Europa. Qual é, até o momento, o balanço em cada uma delas?

No centro do mundo muçulmano, a derrubada militar do governo eleito no Cairo, substituindo um desleixado poder pela Irmandade Muçulmana com o retorno do regime de Mubarak sob nova administração, estabilizou as posições dos EUA no país de maior importância política para os norte-americanos, do qual depende a tranquilidade de Israel como Estado vitorioso. Com o estabelecimento do regime do general Sisi e o fechamento de túneis para o Egito ocorrendo de forma ainda mais completa do que com Mubarak, a resistência palestina em Gaza poderia ser mais uma vez estrangulada, dessa vez com uma invasão punitiva de grande escala do enclave por parte de Israel, enquanto ajuda e armas norte-americanas continuam a fluir para os signatários de Camp David. Na Síria, por sua vez, a orquestração norte-americana das monarquias do Golfo e da Turquia para uma guerra por procuração visando desalojar Assad até agora se mostrou militarmente menos eficaz do que os combatentes do Hezbollah e as linhas iranianas de abastecimento defendendo-o ao longo do eixo crítico que vai de Damasco a Alepo. Com a ascensão de uma insurgência sunita radical no vácuo existente a leste, estendendo-se para o norte do Iraque e tomando Mosul, o cálculo em Washington mudou – e a atenção se voltou para Bagdá. Lá, a supervisão dos adultos mostrou-se demasiado frouxa: o regime Maliki, desprezando conselhos norte-americanos, agora dependia, com exclusividade, de um sistema de segurança e de um Exército xiitas, ambos crivados de corrupção. Com jihadistas instalados em Fallujah e Ramadi, e ameaçando Erbil, o governo Obama não perdeu tempo em remover Maliki e substituí-lo por um instrumento mais respeitoso da vontade norte-americana, nem em armar o novo governo com ataques aéreos contra posições do Isis*. No Iraque, a pacificação da opinião pública sunita, conforme o modelo do "Despertar de Anbar"** do governo Bush, de 2006-2007, passou, então, a ser a próxima exigência. Na Síria, bombardeios muito mais pesados foram desencadeados para deter a propagação do controle por parte do Isis no norte do país, em uma nova mostra do desdém do presidente pela legislação nacional[1]. Reunindo seus clientes árabes em uma coalizão contra as forças jihadistas que se colocaram contra o regime em Damasco, ao mesmo tempo que continua a querer a derrubada do próprio Assad, Washington acaba de lançar sua quarta guerra do século na região.

Com a fadiga doméstica tornando impossível, por enquanto, um retorno das tropas terrestres ao Iraque ou ao Levante, a lição aprendida em Washington é a de que é um erro permitir que estas saiam por completo dos locais ocupados, sem manter uma força residual para situações emergenciais. No Afeganistão, onde Karzai não mostrou mais vontade do que Maliki em aceitar uma força à prova de falhas como essa, Obama deixou claro que os EUA não estão para brincadeiras. No entanto, garantir uma passagem tranquila para um sucessor mais favorável aos interesses norte-americanos não tem sido fácil, com os candidatos rivais – cada um deles a professar a necessidade de as tropas norte-americanas permanecerem no local – atolados em fraudes eleitorais mútuas, precisando ser mantidos na disputa por emissários dos Estados Unidos, enquanto o Talibã permanece invicto. No outro extremo da região, a dissolução da Líbia, a vitrine da intervenção humanitária pelo Ocidente, em contendas internas sublinhou as

---

* Sigla em inglês para Estado Islâmico do Iraque e do Levante, posteriormente alterado para Estado Islâmico (IS, em inglês; EI, em português). (N. T.)

** Política de apoio norte-americano a tribos árabes sunitas da província iraquiana de Anbar, antes ligadas à Al Qaeda, para que lutassem contra os antigos aliados. (N. T.)

[1] Para as reflexões de um jurista impecavelmente *mainstream*, ver Bruce Ackerman, "Obama's Betrayal of the Law", *The New York Times*, 13-14 set. 2014.

dificuldades de um controle a curta distância em vez do controle direto em contextos revivalistas e neotribais. Nesses variegados teatros de conflito, a supremacia norte-americana ainda tem de encontrar seu ponto de equilíbrio.

Na frente estrategicamente decisiva na região, porém, a administração Obama tem razões para uma satisfação provisória, já que o atual governo clerical do Irã, curvando-se sob a pressão das sanções implacáveis e da sabotagem secreta, dá sinais crescentes de resignação ao *diktat* norte-americano de que Israel tem de continuar a desfrutar de um monopólio nuclear na região, em troca da suspensão do bloqueio ao país. Interesses comuns em proteger do Isis o reciclado governo xiita em Bagdá continuam a manter a perspectiva de uma cooperação mais ampla, para a qual a silenciosa ajuda iraniana às invasões originais norte-americanas do Afeganistão e do Iraque oferece um precedente – desta vez, de forma mais aberta e em escala maior, com o objetivo de reconciliar Teerã com Riad a fim de tornar o Oriente Médio seguro para todas as suas elites. A reintegração do Irã à ordem econômica global presidida pelos Estados Unidos representaria, com toda a lógica – os formuladores políticos em Washington assim explicam –, uma diminuição do apoio de Teerã ao regime de Damasco e, depois que o Isis fosse esmagado, o afastamento de Assad por outra rota. O governo Rouhani, embora busque claramente uma entente com os EUA, não é tão imune a críticas internas ou às diretivas ambíguas do líder supremo para que nada disso possa ser visto como um resultado previsto de antemão. O duplo objetivo das negociações em Genebra ainda não foi alcançado. Mas está mais próximo.

Na Europa, a cena tem sido dominada por um cabo de guerra político a respeito da Ucrânia, em que um Estado sucessor fraco, um produto-padrão da dissolução da União Soviética, criou um vácuo de poder de tipo clássico – o Ocidente procurando arrastar o país para um átrio da União Europeia, a Rússia procurando brecar uma nova expansão da Otan, cercando-a a partir do Sul. No início de 2014, a rejeição de última hora pelo regime corrupto de Yanukovich, baseado nas regiões ao leste da Ucrânia, de um acordo comercial com a UE em favor de um com a Rússia desencadeou sua derrocada por um levante popular na capital e no oeste do país, seguida da rápida implantação de um corpo diplomático e de pessoal de segurança norte-americanos com vistas a construir um parceiro confiável para Washington e Bruxelas em seu lugar[2]. Contra-

---

[2] Para a documentação dessa medida e uma análise da crise na Ucrânia, ver Susan Watkins, "Annexations", *NLR*, n. 86, mar.- abr. 2014, p. 5-13.

-atacando com a anexação da Crimeia, considerada por quase todos os russos como ligada à Ucrânia só por um acidente recente, Putin elevou sua popularidade em casa. No entanto, ao subtrair a população do leste do país, reduziu seu poder de influência de longo prazo na própria Ucrânia, o que o tentou a reduzir suas perdas – qualquer esperança de recuperar influência no centro – por meio de um estímulo ao irredentismo russo na região de Donbass, anexada à Ucrânia cerca de trinta anos antes. O resultado foi um levante contra Kiev em quase toda a região Leste, em parte espontâneo, em parte instigado por Moscou, resultando em uma guerra civil localizada em que milícias rebeldes foram, até agora, salvas de uma derrota para o Exército ucraniano, com assistência não oficial da inteligência norte-americana, pela chegada não admitida de proteção e tropas russas. Até o momento em que escrevia este posfácio, a perspectiva era de um impasse militar de intensidade relativamente baixa.

No concurso para ganhar o controle na Ucrânia, os EUA e a UE têm os trunfos dos oligarcas maleáveis, de um eleitorado favorável e, *in extremis*, de uma capacidade ocidental para um xeque-mate econômico. Porque, se a Ucrânia depende da Rússia para seu abastecimento de energia, a Rússia depende, para seu investimento de capital e sua estabilidade financeira, de um sistema bancário global controlado pelos Estados Unidos, interligando vulnerabilidades capazes de excluir uma grande escalada das hostilidades por ambos os lados. Elas não são simétricas: a capacidade de os EUA e a UE prejudicarem a Rússia excede a capacidade da Rússia, exceto no caso de uma invasão direta, de prejudicar a Ucrânia. Embora a própria Europa, ao contrário dos EUA, esteja em uma situação de vir a sofrer em algum grau por causa das sanções até agora impostas à Rússia, a determinação norte-americana de punir Putin mostrou mais uma vez quão limitada é a autonomia de qualquer capital europeia quando a primazia norte-americana está em risco.

A crise na Ucrânia é um produto final lógico da decisão do governo Clinton de ignorar as promessas de seu antecessor e pressionar a expansão da Otan para o Leste, contra a qual muitos veteranos incontestáveis da Guerra Fria advertiram-no. A perspectiva de um protetorado ocidental tácito em Kiev, com o modelo político que este implicaria, representa uma ameaça enervante para o regime russo, como sua reação à Revolução Laranja* já havia deixado claro. Putin sabe o custo de desafiar a vontade norte-americana e, por mais de uma década, se

---

* Protestos em massa que levaram à anulação da eleição presidencial ucraniana de 2004 por denúncias de fraude à convocação de novas eleições. (N. T.)

inclinou a ela. No entanto, depois de sofrer uma humilhação após a outra nas mãos de um ingrato Ocidente às acomodações russas, era bastante provável que, ao fim, a paciência russa se esgotasse e os reflexos defensivos adquirissem um tom agressivo. Classicamente, em tais situações corre-se o risco de abandonar o cálculo racional. Mas o efeito de demonstração das sanções contra o Irã se mantém como um aviso para Moscou, uma barreira contra a qual a Rússia não tem como bater de frente sem incorrer em consequências adversas. No grande conflito de poder em torno do mar Negro, os protestos dos EUA acerca da Crimeia, há muito uma parte da Rússia, chegarão ao fim. A Ucrânia continua a ser o maior prêmio, embora um prêmio cuja manutenção será dispendiosa, agora ao seu alcance. Uma potência hegemônica pode sacrificar um peão para ganhar um castelo.

Para Washington, em longo prazo, os dois teatros de operações onde os interesses mais profundos e abrangentes estão em jogo são mais importantes do que essas escaramuças às margens da UE. O primeiro deles é o econômico. Para o capitalismo global como um todo, ainda não há saída à vista da lógica do excesso de capacidade produtiva em relação à fraca demanda dependente de endividamento. Mas, dentro desse sistema, o complexo Tesouro-Wall Street continua a controlar as alavancas diplomáticas e monetárias. Para desencalhar o setor financeiro, Tóquio e Frankfurt estão assumindo o fardo da flexibilização quantitativa [*quantitive easing*], à medida que o FED se move em direção a um possível "afunilamento". Mas as prioridades estruturais para os EUA são os pactos de livre-comércio para os quais estão pressionando a União Europeia, de um lado do globo, e o Japão, no outro extremo, a fim de que ambos criem um único ecúmeno comercial do Atlântico ao Pacífico, cujo centro se localizaria na América do Norte. Nenhum deles está se movendo muito rapidamente em direção a uma conclusão desse tipo, embora, se Obama não conduzi-los à linha de chegada, os dois permanecerão na agenda do próximo governo norte-americano. No Extremo Oriente, pelo menos, onde os ganhos são potencialmente maiores para os EUA, o desempenho do governo Abe tem sido particularmente encorajador: não apenas sinalizando prontidão para desmantelar os dispositivos tradicionais de proteção econômica do Japão, mas para estender seu alcance diplomático e de investimento do Sudeste Asiático à Índia, em uma desconfiança em relação à China que ambos compartilham.

O segundo teatro de operações é militar. Neste, largamente despercebidos, com uma melhoria dramática na variedade e precisão do seu arsenal nuclear, os Estados Unidos recuperaram a superioridade estratégica absoluta em armas de destruição em massa de que desfrutaram por um período após a Segunda Guerra Mundial. Em uma nova iniciativa representativa, Obama lançou uma "onda de âmbito nacional de revitalização atômica que inclui planos para uma nova geração de portadores de armas nucleares", a um custo estimado em até um trilhão de dólares[3]. Com a erosão do arsenal nuclear da Rússia e as imensas limitações dos chineses, os EUA não estão longe de uma capacidade de primeiro ataque que poderia, em teoria, acabar com as duas potências sem temer uma retaliação[4]. Se qualquer cenário desse tipo permanece além da imaginação, ele continua a figurar nos cálculos daquilo que já foi um dia chamado de dissuasão. Essa é a real – tecnológica – proliferação, da qual o Tratado de Não Proliferação de Armas Nucleares é apenas um tapa-buraco.

20 de novembro de 2014

---

[3] Ver William Broad e David Sanger, "US Ramping Up Major Renewal of Nuclear Arms", *The New York Times*, 21 set. 2014, e o editorial do jornal no dia seguinte, "Backsliding on Nuclear Promises" [Recaída equivocada das promessas nucleares], *The New York Times*, 22 set. 2014.

[4] Ver os trabalhos sucessivos de Kier Lieber e Daryl Press: "The Rise of US Nuclear Primacy", *Foreign Affairs*, mar.-abr. 2006, p. 42-54; "The End of MAD? The Nuclear Dimension of US Primacy", *International Security*, 2006, p. 7-44; "The Nukes We Need: Preserving the American Deterrent", *Foreign Affairs*, nov.-dez. 2009, p. 39-51; "Obama's Nuclear Upgrade: the Case for Modernizing America's Nukes", *Foreign Affairs*, jul. 2011 (posfácio); "The New Era of Nuclear Weapons, Deterrence and Conflict", *Strategic Studies Quarterly*, 2013, p. 3-14.

ÍNDICE ONOMÁSTICO

Acheson, Dean G,. 24-5, 28, 38-9, 41-2, 44, 54, 56, 59-60, 75, 77, 82, 142
Adams, Brooks, 16-7 e 25
Adams, John, 14
Adelman, Kenneth L., 100
Al Qaeda, 110, 113-4, 205, 208, 216
Allende, Salvador, 87
Alsop, Joseph W., 38
Aron, Raymond, 179
Art, Robert J., 22, 108, 180-2, 184-6, 192, 196-8
Assad, Bashar al-, 124-5, 128, 215-7

Bacevich, Andrew J., 115, 133, 199
Barnett, Thomas P. M., 187-8, 190-2, 194, 196-8
Begin, Menachem W., 89
Beinart, Peter A., 145
Berger, Samuel R. "Sandy", 109
Bin Laden, Osama, 120
Bobbitt, Philip C., 145, 203
Brenner, Robert P., 51, 86, 89, 99, 198
Brezhnev, Leonid I., 87, 97
Broad, William J., 220
Brzezinski, Zbigniew K., 93, 98, 105, 157, 171-80, 185, 187, 192, 195-8, 213
Bundy, McGeorge, 82
Bush, George H. W. (filho), 43, 47, 110, 112, 114, 117, 120, 123, 128-9, 132, 142, 144-5, 148, 155-6, 160, 165, 167, 172, 177, 185, 190, 196, 204-8, 211, 216

Bush, George W. (pai), 101, 104-5, 108, 131, 142, 152, 159, 172, 177

Calleo, David P., 133, 199
Carter, James E. "Jimmy", 88-90, 94-6, 131, 145, 147, 171-2, 175, 180
Cheney, Richard B. "Dick", 165, 196, 204
Chiang Kai-shek, 31, 71
Churchill, Winston S., 26, 28, 32, 59
Clark, Paul Coe, 94, 178
Clinton, William J. "Bill", 52, 105-10, 117, 128, 144-5, 154-7, 159-60, 165, 167, 170, 172, 177, 183, 187, 195, 197, 203-4, 208, 218
Coatsworth, John H., 95

Daalder, Ivo H., 170
De Gaulle, Charles, 27-8, 86
Dulles, Allen W., 64, 92
Dulles, John F., 36, 64
Eden, R. Anthony, 78
Eisenhower, Dwight D., 43, 78, 92

Fisher, Louis, 122
Foglesong, David S., 39, 42, 64
Forrestal, James V., 40, 54-5, 82
Franco, Francisco, 27
Friedman, Thomas L., 154-5, 172
Fukuyama, Francis, 144, 152, 196, 201-14

Gaddis, John Lewis, 40, 45-8, 52, 58, 71, 88, 123
Gardner, Lloyd C., 42, 45, 49, 52, 78, 95
Gleijeses, Piero, 82
Gorbachev, Mikhail S., 100-1, 107, 128, 153
Gordon, Lincoln, 82

Harding, Warren G., 19
Harper, John L., 28-9, 37, 47, 101
Hearden, Patrick J., 24-5, 45, 76
Hegel, Georg W. F., 209, 213
Helms, Richard M., 82
Hendrickson, David C., 115, 142
Hogan, Michael J., 40, 49
Hull, Cordell, 20, 24, 29, 32, 56, 76, 142

Ikenberry, G. John, 144, 152, 156-9, 161, 168, 170, 196-8

Jefferson, Thomas, 13-4, 26, 142, 147, 149
Johnson, Chalmers A., 115, 130, 199
Johnson, Lyndon B., 42, 74, 86, 124, 203

Kagan, Robert, 14, 105, 144, 165-8, 170-1, 192, 195-7, 202, 210, 212
Karzai, Hamid, 127, 216
Kennan, George F., 28, 36-9, 41-3, 46, 57-8, 60, 64-5, 69, 71-5, 77, 81-2, 88, 90, 95, 117, 157
Kennedy, John F., 36, 43, 74, 82, 131, 142
Kennedy, Robert F., 82
Keynes, John Maynard, 31
Kiernan, Victor, 16
Kimball, Warren F., 29, 31, 49
Kissinger, Henry A., 42, 46, 74, 88, 97, 141, 143-4, 148-9, 157, 171-2, 175
Kohl, Helmut, 101
Kojève, Alexandre V., 209-10, 213
Kolko, Gabriel, 26, 28, 30, 45, 48-9, 61, 199
Kornbluh, Peter, 88
Krauthammer, Charles, 206, 208, 211
Kristol, William, 201-2, 210-1

Kupchan, Charles A., 159-63, 168, 195-7

LaFeber, Walter, 45, 81
Lake, Anthony, 154, 157
Layne, Christopher, 115, 178, 199
Leffler, Melvyn P., 47-9, 52-3, 56, 62, 64, 77-8, 95, 101, 144, 159, 196
Legro, Jeffrey W., 144, 159, 196
Lippmann, Walter, 36, 69
Lumumba, Patrice E., 91-2

Mahan, Alfred T., 16-7
Maliki, Nouri al-, 216
Mandelbaum, Michael, 140, 152-6, 168, 172, 195, 197
Mann, James, 120, 122, 133, 204
Manning, Chelsea E., 121
Mao Zedong, 86-7, 90, 98
Mayers, David A., 37, 41, 77
Mazzetti, Mark, 121
McCormick, Thomas J., 12, 44-5, 49, 57
Mead, Walter Russell, 141-3, 147-8, 151-2, 154, 191, 195-6
Mearsheimer, John J., 145, 184, 213
Miscamble, Wilson D., 34, 58, 64, 75
Mobutu Sese Seko, 91
Mussolini, Benito, 27

Nasser, Gamal Abdel, 78-9, 88
Niebuhr, Reinhold, 151-2
Nitze, Paul H., 36, 54, 63, 4, 82, 88, 105, 108, 139
Nixon, Richard M., 42, 85-90, 97, 122, 131, 143, 147, 149, 193
Noriega Morena, Manuel Antonio, 103
Nye, Joseph S., 52, 145

Obama, Barack H., 43, 119-24, 126-33, 144, 165, 170-2, 177, 192, 215-7, 219-20
Offner, Arnold A., 33-4, 57, 61
Organização das Nações Unidas, 26, 32, 38, 80, 128, 157, 202

Organização do Tratado do Atlântico Norte (Otan), 46, 57-9, 101, 107-9, 114, 117, 122, 125, 128-9, 154, 156-8, 162-3, 165, 170, 174-5, 177, 183, 197-8, 217-8
Organização dos Estados Americanos (OEA), 80
Organização Mundial do Comércio (OMC), 105, 129, 158, 177
O'Sullivan, John, 14

Pahlavi, Mohammad Reza Xá, 78, 95
Perry, Matthew C., 15
Pétain, Philippe, 27
Pollack, Kenneth, 203
Popov, Vladimir, 99
Pravda, Alex, 101
Putin, Vladimir V., 117, 128, 189, 192, 218

Reagan, Ronald W., 89, 92, 94, 96, 99-100, 131, 147, 152, 165, 171, 180, 185, 202
Rhodes, Benjamin J., 133
Rice, Condoleezza, 204
Roosevelt, Franklin D., 15-6, 20, 26-34, 39-40, 42, 57, 59, 71, 76-7, 93, 104, 107, 133, 142-3, 147
Roosevelt, Theodore, 17, 38, 142-3, 149, 151, 169, 188, 191
Rosecrance, Richard N., 184, 193, 197
Rumsfeld, Donald H., 187, 204

Sadat, Anwar, 80, 89
Saddam Hussein, 96, 104, 109-10, 112, 115, 117, 177, 190, 203-5
Sandars, Christopher T., 63, 131
Sanger, David E., 121, 124, 220
Savimbi, Jonas M., 92
Schroeder, Paul W., 115
Schurmann, Franz, 30-1, 39
Seward, William H., 14
Sisi, Abdel Fattah al-, 126, 215
Slaughter, Anne-Marie, 156-7, 170
Somoza García, Anastasio, 82, 93-4

Spykman, Nicholas J., 21-4, 30, 52-3, 55, 70-1, 181
Stalin, Joseph, 28, 34-5, 40, 72, 95, 98
Steil, Benn, 31, 56
Stephanson, Anders, 6, 14-5, 35-7, 47, 57, 60, 145
Stimson, Henry L., 61, 93
Strauss, Leo, 201, 207, 209-10

Thompson, John A., 40, 49-50
Thompson, Nicholas, 74, 82, 95
Trotski, Leon, 99
Truman, Harry S., 33-4, 39-40, 42, 44, 46, 52-3, 56, 59, 61, 63, 71-2, 77, 82, 131, 142
Tucker, Robert, 49-50, 52, 115, 142, 181

Volcker, Paul A., 89

Walt, Stephen M., 184, 213
Waltz, Kenneth N., 184-5
Watkins, Susan, 6, 105, 217
Westad, Odd Arne, 47-9, 57, 78, 82, 92, 95, 101
White, Harry Dexter, 31
Whitman, Walt, 16
Williams, William Appleman, 45, 49-50, 115, 168
Wilson, Woodrow, 17-9, 27, 34, 40, 64, 143-4, 149, 151, 169, 214
Witte, Ludo De, 92
Wolfowitz, Paul D., 204
Woodring, Harry H., 20
Wright, C. Bem, 38

Yeltsin, Boris N., 107-9, 117, 128

Zakaria, Fareed R., 145, 178
Zubok, Vladislav, 35, 100

Foto do bombardeio de Nagasaki em 9 de agosto de 1945, tirada por Charles Levy (US National Archives).

Publicado em fevereiro de 2015, ano em que se completaram sete décadas do uso da bomba atômica pelos Estados Unidos nos ataques nucleares que dizimaram as cidades japonesas de Hiroshima e Nagasaki, este livro foi composto em Adobe Garamond 11/14 e reimpresso em papel Avena 80g/m², pela gráfica Lis, para a Boitempo, em outubro de 2020, com tiragem de 500 exemplares.